Rennes-le-Chateau
Rätsel in den Pyrenäen

Eine Entdeckungsreise zu den verlorenen Schätzen der Templer und Katharer

von Thomas Ritter

© 3. Auflage, Copyright 2005 by Bohmeier Verlag, Germany-04315 Leipzig, Konstantinstr. 6, Tel.: +49 (0) 341-6812811 - Fax: +49 (0) 341-6811837, und immer erreichbar unter Fon: 0700-62442578 und unter unserer Internet-Homepage: www.magick-pur.de

© Covergesamtdesign von Joe A. Davis

© Alle Fotos: Thomas Ritter

Gesamtherstellung: Bohmeier Verlag, Printed in Germany

ISBN 3-89094-345-4

Rennes-le-Chateau

Rätsel in den Pyrenäen

Eine Entdeckungsreise zu den verlorenen Schätzen der Templer und Katharer

von Thomas Ritter

Inhaltsverzeichnis

Quaerendo invenietis – Suche und du wirst finden.

(aus dem Tagebuch Berenger Saunieres)

I. Ein merkwürdiges Dorf

In der kitschig und grellbunt ausgemalten Kirche von Rennes-le-Chateau trägt der Teufel selbst das Weihwasserbecken. Doch die Dörfler dort schweigen sich zu diesem merkwürdigen Umstand aus. Niemand ist hier bereit, dem Fremden neugierige Fragen zu beantworten. Erst recht nicht mehr, seitdem im April 1996 ein Unbekannter die Statue des Teufels zerstörte. Der Vandale köpfte die Skulptur und zerschmetterte ihr auch noch den rechten Arm. Asmodi – so heißt der Dämon – musste eine aufwendige Restauration über sich ergehen lassen. Doch inzwischen ist er wiederhergestellt und erwartet die Besucher der Kirche an seinem angestammten Platz unter dem Weihwasserbecken. Die Einheimischen sehen den Touristen jetzt noch genauer als früher auf die Finger. Die Kirche wird mit Videokameras und durch Mitarbeiter des Pfarramtes überwacht. Angesichts der scheinbar sinnlosen Zerstörungswut jenes Unbekannten eine durchaus verständliche Reaktion, zumal es sich nicht um den einzigen Fall von Vandalismus in den zurückliegenden Jahren handelt. Immer wieder waren von solchen Zerstörungsakten bestimmte Gräber auf dem Friedhof und das Interieur der kleinen Kirche betroffen.

Was aber vermag jemanden zu solchen Taten in diesem einsamen Bergdorf bewegen?

Eigentlich ist Rennes-le-Chateau ein ziemlich armseliges Nest. Keine hundert Menschen wohnen heute mehr hier. Das winzige Dorf liegt etwa 40 km südlich von Carcassonne auf einem Bergrücken inmitten der wunderschönen hügeligen Landschaft des Rhazes. Man kann es zu Fuß in einer halben Stunde recht gut umrunden. Nach Couiza, der nächsten größeren Ortschaft, fährt man reichlich fünf Kilometer auf einer schmalen Bergstraße hinunter. Folgt man dieser Straße nach Rennes-le-Chateau umgekehrt hinauf, so scheint es, als ob man hinüberwechselt in eine fremde, ganz eigentümliche Welt. Hier oben gehen die Uhren anders. Die Schatten der geheimnisvollen Ereignisse, die sich einst hier abspielten, liegen noch immer über dem kleinen Ort.

Dem Neuankömmling zeigt sich das Dorf ziemlich stark vom Zahn der Zeit benagt, obwohl in den letzten Jahren verstärkte Anstrengungen unternommen worden, um Rennes-le-Chateau attraktiver zu gestalten. Lediglich das an eine Villa erinnernde Landhaus „Bethania“ und die eigenwillige neogotische Architektur des „Tour Magdala“ genannten Turmes am westlichen Ende des Dorfes künden davon, dass Rennes-le-Chateau schon einmal bessere Zeiten gesehen hat.

Über den geduckten Häusern der Dörfler erheben sich die düsteren, verfallenen Mauern des uralten Chateau d’Hautpoul. Massive Wälle, verstärkt durch vier gewaltige Türme, umgeben mehrere verschachtelte Innenhöfe. Die Fundamente der Burg wurden im frühen Mittelalter errichtet – in jenen Zeiten, die von den Historikern gern als die „dunklen Jahrhunderte" bezeichnet werden.

Sein jetziges Aussehen erhielt das Chateau erst im späten 17. Jahrhundert. Die Burg derer von Hautpoul befindet sich heute im Privatbesitz des recht eigenbrötlerischen Bildhauers Henri Fatin. Sie ist für Touristen nicht zugänglich.

Die Zustände im Ort sind also nicht gerade geeignet, Rennes-le-Chateau für Besucher attraktiv zu machen. Dennoch tummeln sich dort seit Jahren eine Menge Fremde. Zuweilen sind es mehr, als das Dorf Einwohner zählt. Einer von ihnen hatte es offenbar auch auf den das Weihwasserbecken tragenden Teufel in der Dorfkirche von Rennes-le-Chateau abgesehen.

Es ist seine uralte und über alle Maßen dramatische Geschichte, die dem Dorf eine seltsame Anziehungskraft verleiht und es trotz oder vielleicht gerade wegen seines heruntergewirtschafteten Zustandes so interessant macht.

Wegen seiner Lage auf einem Höhenzug, der guten Verteidigungsmöglichkeiten und zahlreicher natürlicher Quellen wurde dieser Ort von alters her von Menschen zum Wohnsitz gewählt. Die Entdeckung einiger steinzeitlicher Gräber im Jahre 1880 bezeugte eine Besiedelung des Plateaus von Rennes-le-Chateau bereits vor mehr als 3.000 Jahren.

In historisch fassbaren Zeiten dann ließen sich hier zunächst gallische Stämme nieder. Unter ihrer Herrschaft wurde der Ort zu einem bedeutenden, stark befestigten Handelsplatz ausgebaut. In jener Zeit soll auch der ursprüngliche Name von Rennes-le-Chateau – „Rhedae" – seinen eigentlichen Ursprung haben. Rhedae oder auch Reda kann aus dem Gallischen hergeleitet werden und bedeutet im Deutschen so viel wie „Ort der vierrädrigen Fuhrwerke".

Auch die Römer nutzten diesen Ort, nachdem sie Gallien unterworfen hatten. Von ihrer Anwesenheit zeugen der noch heute sichtbare Abschnitt einer gepflasterten Straße, die einst vom heutigen Carcassonne bis nach Spanien führte, sowie die Funde zahlreicher Münzen und Gebrauchsgegenstände, die bei Ausgrabungen im Gebiet von Rennes-le-Chateau zu Tage gefördert wurden. Im Nachbarort Rennes-les-Bains, der immer noch berühmt ist für seine Thermalquellen, richteten die römischen Besatzer eine großzügige Badeanlage ein. Die Überreste dieses Bauwerkes können noch heute besichtigt werden. Von der intensiven Bergbautätigkeit in römischer Zeit zeugen etliche alte Minen bei Rennes-les-Bains. Einst wurden hier Gold, Silber, Blei, Kupfer und Zinn abgebaut.

Doch erst die Westgoten verhalfen Rhedae zu einer Bedeutung, die über viele Jahrhunderte anhielt. Sie waren von den aus Osten heran drängenden Hunnen ihres ursprünglichen Siedlungsgebietes beraubt und aus Mitteleuropa verdrängt worden. Die Westgoten überrannten ihrerseits das Weströmische Imperium und plünderten unter König Alarich im Jahr 410 n. Chr. sogar Rom. Dabei fiel den westgotischen Heeren der unermessliche Schatz in die Hände, den Titus um das Jahr 70 u. Z. bei der Eroberung Jerusalems geraubt hatte. Der Historiker Prokopius von Cesarea beschrieb den Untergang Roms und überlieferte auch, was die Westgoten erbeuteten:

„... die Schätze Salomos, des Königs der Hebräer, deren Anblick lohnenswert ist. Denn sie waren größtenteils mit Smaragden verziert und in alten Zeiten von den Römern aus Jerusalem nach Rom gebracht worden."

Der Titusbogen in Rom zeigt noch heute, wie der Tempelschatz mit der großen Menorah – einem siebenarmigen Leuchter aus purem Gold – dem Bogen des Bundes und den Smaragdtafeln des alttestamentarischen Gesetzes einst im Triumphzug des Titus mitgeführt wurde. Genau dies ist der Schatz, von dem Prokopius berichtet, dass er von den Westgoten geraubt und ihrer aus vielen Kriegen stammenden Beute einverleibt wurde.

Nach den Kriegszügen gegen Rom besetzten die Westgoten schließlich Gallien und danach auch das heutige Spanien. Hier errichteten sie ein eigenes, mächtiges Reich, für das sie Toulouse als Hauptstadt wählten. Zeitgenossen bescheinigten den Westgoten eine erstaunlich hohe Kultur, die sich vor allem in der Architektur jenes Zeitalters widerspiegelte. So verwundert es auch nicht, dass Rhedae im Lauf der Jahrhunderte zu einer perfekten Festungsanlage ausgebaut wurde.

Eigentlich handelte es sich bei Rhedae um eine mit zwei mächtigen Mauerringen befestigte Stadt, die von zwei Zitadellen flankiert wurde. Diese Kernbefestigung besaß wiederum zahlreiche Vorwerke, Kastelle und Wachtürme als vorgeschobene Bastionen. Die Befestigungsanlagen standen untereinander per Lichtzeichen in einer ständigen Signalverbindung. Solche Lichtzeichen wurden tagsüber mittels polierter Spiegel erzeugt, die das Sonnenlicht reflektierten. In der Nacht oder bei trübem Wetter hingegen wurden Feuersignale verwendet.

Die glanzvolle Zeit der Westgoten ging im Jahr 507 n. Chr. zu Ende, als sie von den Merowingern unter König Chlodwig in der Schlacht von Vouillè vernichtend geschlagen wurden. Die Westgoten mussten ihre Hauptstadt Toulouse aufgeben. Die Stadt wurde von den nachdrängenden merowingischen Heeren erobert und gebrandschatzt.

Erst vor den Mauern des gut verteidigten Carcassonne kam der merowingische Vormarsch zum Erliegen. Chlodwig versuchte zwar, Carcassonne zu erobern, um in den Besitz des „heiligen" Schatzes der Westgoten zu gelangen, zu dem auch die Gegenstände des Salomonschatzes gehörten. Nach den Worten des Historikers Prokopius von Cesarea begann Chlodwig mit der Belagerung Carcassonnes, *„da er genau wusste, dass der Heilige Schatz dort aufbewahrt wurde. Der Schatz, den Alarich der Ältere zu früheren Zeiten erbeutete, als ihm Rom in die Hände fiel."* Doch die Westgoten hielten das stark befestigte Carcassonne. Chlodwig musste schließlich die Belagerung abbrechen und sich zurückziehen.

Prokopius berichtet weiter, dass der westgotische General Ibbas nach der Beendigung der Belagerung *„alle die Schätze, die in der Stadt Carcassonne lagen, sammelte und eilig nach Ravenna zurückmarschierte."* Nach Prokopius soll zumindest ein Teil der in Carcassonne eingelagerten Schätze auch nach Rhedae gebracht worden sein, das viel besser als das nunmehr zur Grenzstadt gewordene Carcassonne verteidigt werden konnte.

Doch unter den Angriffen seiner zahlreichen Gegner, insbesondere der Mauren, schrumpfte das westgotische Reich in den folgenden Jahrhunderten allmählich zu einem winzigen Gebiet, das heute als das Rhazes bekannt ist. Die neue Hauptstadt Rhedae blieb von den Eroberungszügen der Mauren offensichtlich unbehelligt. In einem Bericht des Bischofs Theodulf, den Karl der Große zur Zählung der wichtigsten Städte in den Süden entsandte, wurde Rhedae mit Städten wie Carcassonne oder Narbonne gleichgestellt.

Als die Westgoten schließlich völlig nach Spanien abgedrängt waren, gab Karl der Große die Stadt Carcassonne an einen seiner Vasallen zum Lehen. So entstand die erste Grafschaft von Carcassonne, der auch Rhedae eingegliedert wurde.

Amalric, der Sohn eines westgotischen Königs, und die fränkische Prinzessin Chlothilde schlossen später in Rhedae den Bund fürs Leben. Durch diese dynastische Verbindung wurde Rhedae zur königlichen Stadt und für den überschwänglichen Prunk seiner Hofhaltung berühmt.

Das verschwenderische Leben am Hofe von Rhedae führte schließlich auch zum Niedergang der Stadt. Im 11. Jahrhundert sah sich Ermengarde – die Tochter des Grafen von Carcassonne und Erbin der Baronie von Rhedae – veranlasst, diesen Besitz an das Königshaus von Barcelona zu veräußern. Ihren Nachkommen, dem berühmten Geschlecht der Grafen von Trenceval, gelang es später, ihre Rechte auf dieses Gebiet wieder geltend zu machen und es der Grafschaft von Carcassonne erneut einzugliedern. Doch der alte Glanz Rhedaes war für immer dahin.

Im Jahr 1190 eskalierten die Streitigkeiten zwischen den Trencevals und Alfons II., König von Aragon, der ganz Rhedezium zurückforderte. Dieser Konflikt führte schließlich zur Belagerung von Rhedae durch aragonesische Truppen, denen es im Verlauf des Jahres 1190 gelang, die Stadt einzunehmen und zu zerstören. Lediglich die stark befestigte Zitadelle vermochte sich gegen die Angreifer wirkungsvoll zu verteidigen und verblieb im Besitz der Trencevals.

Keine zwanzig Jahre später – man schrieb inzwischen das Jahr 1209 – fielen nordfranzösische Adelige unter dem Vorwand eines Kreuzzuges gegen die katharische Häresie in das Rhazes ein und verheerten auch die Stadt Rhedae erneut. Militärischer Anführer jenes „Kreuzzuges“, auf dessen Ziele und Auswirkungen ich an einer anderen Stelle dieses Buches noch genauer eingehen werde, war Graf Simon de Montfort, der dem niederen Adel der Ile de France entstammte. Unter seinem Kommando wüteten die christlichen Streiter derartig in den überfallenen Provinzen, dass nach einem Sprichwort *„seit dieser Zeit im Rhazes kein Kind mehr auf den Namen Simon getauft wird.“*

Während dieses Vernichtungsfeldzuges, der unter dem unzutreffenden Namen „Albigenserkrieg“ Eingang in die Geschichte fand, wurde Rhedae im Jahr 1210 mitsamt seiner Zitadelle durch die Kreuzfahrer nach kurzer Belagerung eingenommen und zerstört.

Von den blutigen Kämpfen, die einst um Rhedae ausgefochten wurden, zeugen noch heute schauerliche Hinterlassenschaften. Als im Jahr 1908 die neue Straße nach Rennes-le-Chateau gebaut wurde, stießen die Arbeiter dabei auf einen Knochenhaufen von gewaltigen Ausmaßen. Auf mehreren hundert Metern Länge waren Skelette in 8 bis 9 Schichten übereinander gelegt und ost-westlich ausgerichtet in diesem Massengrab bestattet worden. Eine weitere große Grabstätte mit mehreren hundert Toten wurde während der Bauarbeiten an einer Stelle entdeckt, die heute als Pas de Loup – Wolfspass – bekannt ist. Dieser Wolfspass liegt nahe der alten Stadtmauer von Rhedae.

Der Schock über die 1908 entdeckten Toten war noch nicht ganz überwunden, als sich weitere Probleme einstellten. Im Jahr 1910 sollte das Dorf an die öffentliche Wasserversorgung angeschlossen werden. Dazu war die Errichtung eines Wasserturms notwendig. Beim Ausheben der Grube für das Fundament dieses Turms legten die Tiefbauer eine große Spalte im Plateau frei. Dieser Hohlraum war ebenfalls vollständig mit Skeletten ausgefüllt, die überwiegend von Frauen und Kindern stammten. Nach dieser schrecklichen Entdeckung wurde der Unterbau des Wasserturms schleunigst an eine andere Stelle verlegt und die aufgebrochene Erdspalte rasch wieder zugeschüttet. Sie wahrt bis heute das düstere Geheimnis der ermordeten Einwohner von Rhedae.

Nach der endgültigen Eroberung des Rhazes erhielt der nordfranzösische Adelige Pierre de Voisins – ein Gefolgsmann Simon de Montforts – die ruinierte Stadt zum Lehen. Doch die Voisins waren ein tatkräftiges Geschlecht. Vor allem der Enkel Pierre de Voisins machte sich um die Rekonstruktion der Stadt verdient. Er ließ außerdem eine große Kirche errichten, die seinem Schutzheiligen St. Peter geweiht war, und veranlasste den Bau des heutigen Chateaus. Häuser und Straßen bedeckten erneut das Plateau. Rhedae wurde zum Zentrum einer mächtigen Burgvogtei.

Diese erneute Blüte des Gemeinwesens währte jedoch nur kurze Zeit. 1360 fielen, aus Katalanien kommend, die Routiers in das Gebiet des Rhazes ein. Die Routiers verdingten sich dem jeweils Meistbietenden als Söldner für die in der damaligen Zeit recht häufigen Fehden zwischen den einzelnen Grundherren. Da sie ausschließlich vom Krieg lebten, waren die Routiers geübte und gefürchtete Kämpfer. Fanden sie trotz allem einmal keinen Herrn, für den es sich zu kämpfen lohnte, so plünderten sie das Land so lange, bis ein Feudalherr sie in seine Dienste nahm und sie dafür nicht zu knapp entlohnte. Teure Soldaten waren allemal noch besser als verheerte Ländereien.

Dies sah die Familie Voisin anders. Sie wollte nichts mit den Routiers zu schaffen haben und rüstete Rhedae zur Verteidigung. Doch gegen die kampferprobten Truppen aus Katalanien hatten die wenigen Verteidiger des Burgvogtes keine Chance. Schon nach wenigen Tagen wurde Rhedae überrannt und geplündert.

Offenbar angezogen vom Kriegsglück der Routiers erschien knapp zwei Jahre später, kaum dass sich Rhedae von dem Überfall erholt hatte, Henri de Trastamare vor den Toren der Stadt. Er kam aus Spanien und befehligte eine Horde notorischer

Plünderer, deren Untaten ihm bereits den Beinamen „Henri der Schreckliche" eingetragen hatten. Nun war er gekommen, um Rhedae zu schröpfen. Die Stadt hatte dem Ansturm der Banditen nur den heroischen Widerstand der Familie Voisin und ihrer wenigen Gefolgsleute entgegenzusetzen. So geschah das Unglück. Trotz verzweifelter Verteidigung gelang es den Truppen Henri de Trastamares, Rhedae einzunehmen. Nach der Eroberung war die Stadt in ein Flammenmeer gehüllt. Brennende Häuser stürzten krachend zusammen, beißender Qualm verhüllte die Sonne. Die Gassen hallten wider von den Todesschreien schrecklich Gemarterter, dem Grölen und Fluchen der furchtbar wütenden Sieger. Reiter trieben ihre Pferde über Leichenhaufen und durch die Straßen rann Blut. Es war der Tag, an dem das alte Rhedae endgültig starb.

Die Plünderer zerstörten sämtliche Befestigungsanlagen und machten auch vor der Kirche von St. Peter nicht halt. Als sie schließlich mit reicher Beute von dannen zogen und sich die wenigen Überlebenden wieder ins Freie wagten, da sollte sich zeigen, dass das Grauen noch lange nicht zu Ende war. Im Gefolge des schrecklichen Henri de Trastamare war ein weiterer Feind in Rhedae eingedrungen – heimlich, lautlos und absolut tödlich. Die von den Plünderern eingeschleppte Pest wütete mehrere Monate lang unter den Einwohnern. Nur eine Handvoll von ihnen überlebte die Heimsuchung durch den „Schwarzen Tod". Rhedae war auf immer verloren, während die Zwillingsstadt Carcassonne unversehrt blieb und uns heute eine zwanzig Jahrhunderte währende Geschichte zu erzählen vermag.

In der Grafschaft von Rhazes hingegen wurde nur noch ein abgeschiedenes Dorf erwähnt – Rennes-le-Chateau. Seine Häuser scharten sich dicht um die später wieder instand gesetzte Burg der Voisins und um die kleine gräfliche Kirche, die Maria-Magdalena geweiht war.

Fortan schien die Geschichte, deren tragische Ereignisse hier so oft ihre Spuren hinterlassen hatten, an dem kleinen Ort vorüber zu gehen. Doch aufgrund seiner Bodenschätze wurde Rennes-le-Chateau nicht ganz vergessen. Lamoignon de Basville – ein Bergbauingenieur des 17. Jahrhunderts – teilt uns mit, dass die Minen in den benachbarten Bergen schon seit den Zeiten der Römer betrieben wurden. Etwas genauer äußerte sich etwa 40 Jahre später sein Kollege Gensanne, der bemerkte, dass *„insbesondere in den Bergen Cardou und Roque Negre Kupfer, Blei und Silber"* zu finden sind. Er bezieht sich außerdem auf Gerüchte über Gold- und Silberminen auf dem Mont Blanchefort.

Welche Reichtümer in diesen Bergen auch einst gefunden wurden, um 1600 jedenfalls waren sie erschöpft, denn Lamoignon de Basville notierte in seinem Bericht: *„Ob die Minen nun erschöpft sind oder die Kunst, sie zu finden, verlorenging, Schätze, wie es sie dort gibt, sind vielleicht so versteckt, dass niemand mehr daran denkt, sie zu suchen"*.

Das Haus Voisin und die ihm befreundete Familie de Blanchefort wussten um die Schätze in der Gegend von Rennes-le-Chateau und darüber hinaus auch um ein Geheimnis, das uralt war und mehr wert sein mochte als alles Gold und Silber aus den

Minen des Mont Blanchefort. Doch der Name Voisin starb im 16. Jahrhundert aus, als die jüngste Tochter und Alleinerbin der Familie einen Grundherrn von Marquefave heiratete, der spanischer Herkunft war. Blanche de Marquefave, die dieser Verbindung entstammte, ehelichte später Pierre-Raymond de Hautpoul und brachte als Mitgift die Baronie von Rennes mit in die Ehe.

Im 18. Jahrhundert dann nahm Henri, der Graf von Hautpoul, den Titel eines Freiherrn von Blanchfort wieder an, obwohl der direkte Zweig der Familie de Blanchefort zu dieser Zeit längst erloschen war. Er heiratete im Jahre 1732 Marie de Negre Dables, die aus einer alten Familie vom Sault-Plateau stammte. Marie de Negre, nunmehr auch Herrin von Blanchefort und Hautpoul, wurde dreißig Jahre später Witwe. Ihre Ehe mit Henri de Hautpoul war kinderlos geblieben. Nun bewahrte zum ersten Mal seit Jahrhunderten eine Frau das dunkle Geheimnis der Familie de Hautpoul de Blanchefort, das sonst nur vom Vater auf den ältesten Sohn – den jeweiligen Erben der Baronie – weitergeben wurde.

Als Marie de Negre fühlte, dass auch für sie die Zeit nahte, diese Welt zu verlassen und ihrem Mann ins Grab zu folgen, wandte sie sich an ihren Beichtvater, Abbè Antoine Bigou. Er war zu jener Zeit bereits seit sieben Jahren in Rennes-le-Chateau als Pfarrer tätig. Ihm vertraute sie den Inhalt des Familiengeheimnisses sowie einige brisante Dokumente an. Antoine Bigou äußerte später gegenüber einem Amtsbruder, dass die Freiherrin von Hautpoul verlangt hatte, er solle das Geheimnis nur einer Person anvertrauen, die würdig sei, es entgegenzunehmen.

Am 17. Januar 1781 entschlief Marie de Negre Dables friedlich im Schloss von Hautpoul zu Rennes-le-Chateau. Sie wurde auf dem kleinen Friedhof des Ortes beigesetzt.

Die Last des anvertrauten Wissens bedrückte Abbè Bigou, der alles andere als ein Held war, um so mehr, als Frankreich in den achtziger Jahren des 18. Jahrhunderts von heftigen politischen Unruhen erschüttert wurde, die sich schließlich in der Revolution von 1789 entladen sollten. Der Pfarrer fürchtete um sein Leben und entschloss sich, die ihm anvertrauten Dokumente in einem der hölzernen Pfeiler des westgotischen Altars seiner Kirche zu verbergen. Doch dies schien ihm noch nicht genug zu sein. Um die Botschaft für kommende Generationen zu überliefern, vertraute er sie zusätzlich dem Stein an. Im Jahr 1791 nämlich ließ Abbè Bigou eine Platte mit merkwürdigen lateinischen und griechischen Inschriften auf das Grab der Freiherrin von Hautpoul legen. Eine weitere Platte an der Vorderseite des Grabes der Gräfin sollte durch einige Anomalien in der Inschrift Aufmerksamkeit erregen und denjenigen, der das Kryptogramm zu entziffern verstand, an die geheimen Orte führen, von denen Marie de Negre auf dem Totenbett gesprochen hatte.

Die Vorsicht des Pfarrers erwies sich als berechtigt. Bereits 1792 musste er nach Spanien fliehen, um einer Hinrichtung als „Feind der Revolution“ zu entgehen. Er sollte sein geliebtes Rennes-le-Chateau niemals mehr wiedersehen. Achtzehn Monate nach seiner Flucht starb Abbè Antoine Bigou im Exil.

Vor seinem Tod war es ihm jedoch noch gelungen, jene Person zu finden, die sich als würdig erwies, das Geheimnis weiter zu bewahren. Dem jungen Abbè Cauneille, der sich gleich ihm im Exil befand, gab Antoine Bigou mündlich seine Kenntnisse weiter. Der junge Priester war von dem uralten Wissen derart fasziniert, dass er über das Geheimnis von Rennes-le-Chateau zwei Bücher schrieb, betitelt *Die Strahlen des Goldes* und *Die Spur des Feuers*. Seine beiden Werke sind heute absolute Raritäten.

Durch Cauneille erfuhren zwei weitere Geistliche von dem Vermächtnis der Familie de Hautpoul de Blanchefort. Einer von ihnen hieß Jean Vie. Er war der Pfarrer von Rennes-les-Bains im Zeitraum von 1840 bis 1872. Der andere war Abbè Emile-Francois Cayron, der zur gleichen Zeit als Pfarrer in dem kleinen Ort St. Laurent de la Caberisse im Aude-Tal wirkte.

Das uralte Familiengeheimnis eines der mächtigsten Adelsgeschlechter Südfrankreichs war auf diese Weise nun zum Geheimnis der Geistlichkeit des Rhazes geworden. Dieser Umstand hat bei vielen Forschern, die sich mit dem Rätsel von Rennes-le-Chateau befassen, für Verwirrung und zahlreiche falsche Spuren gesorgt. Was wussten denn Abbè Cauneille, Jean Vie und Pater Cayron in Wirklichkeit? Vielleicht ahnten sie, dass irgendwo bei Rennes-le-Chateau ein gewaltiger Schatz, der nicht nur rein materieller Natur gewesen sein muss, in unterirdischen Gewölben versteckt war. Vielleicht besaßen sie vage Andeutungen darüber, dass es einen komplizierten kryptischen Schlüssel gab, der den Eingang zu den geheimen Räumen beschrieb.

Man muss bedenken, dass die Kunde von dem „Geheimnis“ seit den Tagen Antoine Bigous ausschließlich mündlich weitergegeben wurde. Das Vergessen aber ist Teil der menschlichen Natur und der natürliche Feind einer jeden mündlichen Überlieferung. So können wir davon ausgehen, dass die Priester wohl von dem Geheimnis Kenntnis hatten, jedoch viel zu wenig wussten, um sich selbst auf die Suche nach dem „Schatz“ zu begeben.

Dennoch lebte die Überlieferung weiter. Es war, als wollte das alte Rhedae, als wollte die großartige, geheimnisvolle Vergangenheit dieses Ortes nicht sterben. Jenes Vermächtnis aus uralten Tagen und das Ende des Adelshauses de Hautpoul de Blanchefort wurden zum Beginn einer fantastischen Geschichte, die bis in unsere Tage weitergeht und noch lange nicht zu Ende ist.

Diese Geschichte führte dazu, dass vor mehr als hundert Jahren in dem einsamen Dorf Rennes-le-Chateau merkwürdige Dinge geschahen, deren Ursachen in den geheimnisvollen Nebeln einer fernen Vergangenheit zu suchen sind.

Kein Einheimischer spricht heute darüber – denn alle, die das Geheimnis kannten, sind eines furchtbaren Todes gestorben.

II. Alte Pergamente

Da war ein junger Priester namens Berenger Sauniere, der am 1. Juni des Jahres 1885 das Pfarramt von Rennes-le-Chateau übernahm. Er hatte eine hervorragende Ausbildung am renommierten Priesterseminar von Saint Sulpice in Paris genossen, war ehrgeizig, energisch und intelligent. Einem solchen Mann, so sollte man meinen, hätten alle Wege offen stehen sollen – vielleicht sogar bis hin in den Vatikan.

Aber mit 33 Jahren wurde er aus heute nicht mehr nachvollziehbaren Gründen in die abgeschiedene, bettelarme Gemeinde von Rennes-le-Chateau versetzt. Hier schien er am Ende der Karriereleiter angelangt zu sein. Für jeden anderen Mann seines Formats wäre dies einer Verbannung gleichgekommen – einer Art lebenslänglichen Freiheitsstrafe in einem gottverlassenen Provinznest. Doch offenbar machte das Berenger Sauniere nichts aus – ganz im Gegenteil. Sauniere stammte aus Montazel, einem kleinen Ort, nur wenige Kilometer von Rennes-le-Chateau entfernt. Er schien erfreut zu sein, wieder an den Stätten seiner Kindheit leben und arbeiten zu dürfen.

Bereits 1879 hatte er ein Jahr lang als Vikar in Alet-les-Bains, einem Nachbarort von Rennes-le-Chateau, gearbeitet und war dann von 1882 bis 1884 Pfarrer in der Gemeinde von Le Clat in der Nähe von Axat gewesen. Während seiner gesamten Amtszeit schien Berenger Sauniere bemüht, in der Nähe seines Geburtsortes und seiner Familie zu sein. Es kann daher durchaus sein, dass die Versetzung nach Rennes-le-Chateau im Jahr 1885 sogar auf seinen eigenen Wunsch hin erfolgte.

Dieses Verhalten steht ganz im Gegensatz zu den Ambitionen seines jüngeren Bruders Alfred, der ebenfalls die geistliche Laufbahn eingeschlagen und es sogar bis zum Professor am Priesterseminar von Narbonne gebracht hatte. Im übrigen sei an dieser Stelle darauf hingewiesen, dass bei den bislang vorliegenden Dokumentationen über Rennes-le-Chateau zumeist die Fotografien der beiden Brüder Alfred und Berenger Sauniere verwechselt wurden. Denn im Gegensatz zu den recht häufigen Portraits von Alfred Sauniere existieren nur sehr wenige Aufnahmen, die seinen Bruder Berenger aus der Nähe zeigen.

Die Charaktere der beiden Brüder waren absolut gegensätzlich. Während Alfred das zurückgezogene, ausschließlich geistlichen Studien gewidmete Leben im Seminar von Narbonne bevorzugte, war Berenger Sauniere als leidenschaftlicher Jäger, Angler und ausdauernder Wanderer bekannt. Er war ein Mann, der vor Energie nur so sprühte und alles daran zu setzen schien, im liberalen Frankreich der Jahrhundertwende die Einwohner von Rennes-le-Chateau für die katholische Kirche zurückzugewinnen.

Gleich zu Beginn seiner Amtszeit in dem kleinen Dorf jedoch sah sich der junge Geistliche mit unerwarteten Schwierigkeiten konfrontiert. Die kleine Kirche fand er in einem beklagenswert baufälligen Zustand vor und um das Pfarrhaus war es nicht viel besser bestellt. Die beiden Gebäude wären besser so bald wie möglich abgerissen worden. Dennoch ging Abbè Sauniere mit Elan an die Arbeit. Es ist überliefert, dass er anlässlich der Parlamentswahlen im Oktober 1885 von seiner wackligen Kanzel herab zur Wahl gegen die Republikaner aufrief, die erklärte Feinde der katholischen Kirche waren.

Doch alle im Seminar von Saint Sulpice erlernte Rhetorik sollte umsonst sein – auch seine Dörfler wählten republikanisch. Das hat den jungen, idealistischen Geistlichen wohl zutiefst getroffen. Bitter enttäuscht zog er sich für einige Monate aus Rennes-le-Chateau in das Priesterseminar von Narbonne zurück, wohl in der Hoffnung, von seinem Bruder Alfred Rat und Unterstützung zu erhalten. Möglicherweise spielte Sauniere während dieser Zeit auch mit dem Gedanken, sein Priesteramt in Rennes-le-Chateau ganz aufzugeben und seine Laufbahn im Seminar von Narbonne fortzusetzen.

Doch den drängenden Bitten seiner Gemeindemitglieder, die ihn ersuchten, wieder in ihr Dorf zurückzukehren, konnte sich der Priester auf Dauer nicht verschließen. Im Jahr 1886 trat er sein Amt erneut an und wurde rückwirkend zum 1. Januar 1886 durch den Bischof von Carcassonne, Monseigneur Felix Arsene Billard, endgültig als Seelsorger für Rennes-le-Chateau bestätigt. Auch der republikanische Gemeinderat zeigte sich nun überraschend kooperativ und räumte dem Pfarrer einen bescheidenen Kredit ein. Nun konnte Sauniere darangehen, die notwendigsten Reparaturen an seiner Kirche und dem Pfarrhaus vornehmen zu lassen. In jener Zeit betrug sein jährliches Einkommen etwa 150 bis 200 Francs in Gold. Kein gerade üppiges Gehalt, doch es war wohl das, was ein französischer Dorfpfarrer am Ende des 19. Jahrhunderts erwarten konnte. Die Zuwendungen der Dörfler hinzugerechnet genügte es zum Überleben, aber keineswegs zu Extravaganzen. Dennoch scheint Sauniere in jenen Jahren ein angenehmes und ruhiges Leben geführt zu haben. Wie in den Tagen seiner Jugend jagte und fischte er in den Tälern und Flüssen der Umgebung. Er las viel und vervollkommnete seine Lateinkenntnisse. Ja er begann sogar, Griechisch und Hebräisch zu lernen.

In jener Zeit fand Abbè Sauniere in seinem Amtsbruder Henri Boudet aus Rennes-les-Bains einen väterlichen Freund und Berater. Unter seiner kundigen Anleitung widmete er sich dem Studium der bewegten Geschichte seiner Heimat, deren stumme Zeugnisse ihn ständig umgaben. Wenige Meilen südöstlich von Rennes-le-Chateau erhebt sich ein steiler Felsrücken, der Le Bezu genannt wird. Auf ihm stehen die Ruinen einer großen mittelalterlichen Festung, die einst von den Tempelrittern erbaut und genutzt wurde. Ein weiterer Berg, etwa eine Meile östlich von Rennes-le-Chateau gelegen, trägt die Überreste der Stammburg der Grafen von Blanchefort. Jenes alte Adelsgeschlecht lenkte die Geschicke des Rhazes über Jahrhunderte hinweg und bewahrte ein dunkles Geheimnis aus ferner Vergangenheit. Außerdem führt durch das Gebiet von Rennes-le-Chateau eine alte Pilgerstraße, die sich einst, von Nordeuropa kommend, bis zu dem Wallfahrtsort Santiago de Compostela in Spanien erstreckte. Oft wanderten Berenger Sauniere und sein Freund Boudet gemeinsam in diesen Jahren durch die geschichtsträchtige Landschaft des Plateaus von Rennes.

Der unauffällige, schweigsame und stets ein wenig kränkliche Abbè Boudet ist mit Sicherheit eine Schlüsselfigur des Rätsels um Rennes-le-Chateau. Er wurde am 16. November 1837 in Quillan, einer Kleinstadt inmitten des Rhazes, geboren und durchlief eine eher unauffällige Ausbildung zum Priester in Carcassonne, dem Bischofssitz seiner Heimat. Im Juni 1860 wurde er zum Diakon und zwei Jahre später dann zum Priester geweiht. Dieser Weihe schlossen sich vier Jahre Dienst als Vikar an, bevor Henri Boudet 1866 Pfarrer im Bezirk von Limoux wurde. Seit 1872 wirkte er als Pfarrer in dem damals recht wohlhabenden Kurort Rennes-les-Bains.

Obwohl er aus einfachen Verhältnissen stammte, besaß Boudet eine hervorragende Bildung und ein sehr umfangreiches Wissen, insbesondere auf den Gebieten der alten Sprachen und der Archäologie. So beherrschte Boudet das Altgriechische, sprach fließend Hebräisch, Aramäisch, die alte indische Hochsprache Sanskrit und selbstverständlich Latein.

Während seiner Jugend und der Ausbildung in Carcassonne gehörte zu Henri Boudets Lehrern unter anderem auch der Pfarrer Emile-Francois Cayron, der zu den Eingeweihten des Geheimnisses um Rennes-le-Chateau zählte. Durch ihn wurde auch Boudet mit der geheimen Familientradition der Grafen von Hautpoul und Blanchefort vertraut. Diesem Geheimnis widmete er seine Studien in den Bergen und Tälern um Rennes-les-Bains, durch die ihn immer wieder ausgedehnte Wanderungen führten. Bei diesen Forschungen unterstützte ihn sehr aktiv sein Bruder Edmond Boudet, der zur damaligen Zeit als Landvermesser arbeitete. Später sollte es Edmond Boudet noch bis zum Notar in Rennes-les-Bains bringen. Doch in den siebziger Jahren des 19. Jahrhunderts war er vor allem mit der genauen Vermessung des Gebiets um Rennes-les-Bains befasst. So konnte Edmond Boudet seinen Beruf als Geometer mit den archäologischen Ambitionen seines Bruders Henri verbinden. Mit Sicherheit sind die Brüder Boudet die wahren „Wiederentdecker“ des Geheimnisses von Rennes-le-Chateau gewesen.

1886 veröffentlichte Henri Boudet ein merkwürdiges Buch mit dem Namen *La vraie Langue Celtique et le Cromleck de Rennes-le-Bains* in einer Auflage von 800 Exemplaren. Der Titel bedeutet zu deutsch „Die wahre Sprache der Kelten und der Steinkreis von Rennes-les-Bains“. Bereits kurz nach seinem Erscheinen erntete das Buch in der Fachwelt eine vernichtende Kritik. Wissenschaftler bezeichneten es als eine „unseriöse und urkomische Schrift“. Rezensenten warfen dem schriftstellernden Priester darüber hinaus vor, in diesem Werk „ganz überwiegend andere Schriftsteller zitiert zu haben“, was eine milde Umschreibung dafür war, dass Henri Boudet bei vielen anderen Autoren einfach abgeschrieben hatte. Tatsächlich ergaben spätere Nachforschungen, dass der Pfarrer gleich ganze Kapitel seines Buches mit Beiträgen aus den *Sankt Petersburger Kulturheften* gefüllt hatte. Wie er an diese im zaristischen Russland erschienenen Zeitschriften gelangt war, blieb allerdings sein Geheimnis.

Sogar der sonst ganz auf Seiten Boudets stehende Bischof Billard rügte den Geistlichen, weil dessen schriftstellerische Neigung nicht mit der von einem Pfarrer zu erwartenden Demutshaltung zu vereinbaren sei. Da Monseigneur Billard jedoch selbst ein außerordentliches Interesse an Rennes-le-Chateau und dessen geheimnisvoller Vergangenheit hatte, könnte es sein, dass er mit seiner Rüge lediglich die Verbreitung des Schlüssels zu den Rätseln dieses Ortes verhindern wollte. Denn bereits der Geistliche Vannier, ein Amtskollege Boudets, bemerkte zu der Kritik an dessen Werk: *„Der Abbè Boudet weiß ein Geheimnis, das die größten Umwälzungen verursachen könnte.*"

Nach Meinung zahlreicher Schatzsucher, aber auch renommierter Historiker wie der französischen Forscherin Tatjana Kletzky-Pradere enthält Boudets *La Vraie Langue Celtique* den codierten Schlüssel zum mysteriösen Geheimnis der Familie de Hautpoul de Blanchefort. Das Buch, welches voller Anekdoten, Humor und Absurditäten steckt und so gar nicht dem Charakter seines Verfassers entspricht, liefert in der Tat selbst etliche Hinweise auf die eben beschriebene Interpretationsvariante. So kündigte Abbè Boudet bereits im Vorwort den Zweck der Publikation wie folgt an: *„Durch die Interpretation eines in einer fremden Sprache gebildeten Namens in das Geheimnis einer lokalen Geschichte eindringen..."*

Dies bedeutet nach Frau Kletzky-Praderes Auffassung den Hinweis auf einen kryptischen Schlüssel, ohne den der Inhalt des Buches ebenso konfus wie unverständlich bleibt. Auf Seite 126 seines Buches verkündete Boudet stolz, dass er für Außenstehende in einem gewissen Jargon sprechen würde, und auf Seite 11 machte er einige hochinteressante Andeutungen bezüglich der möglichen Schlüssel. Für noch größere Spekulationen allerdings sorgten die Bilder und das Kartenmaterial, das Edmond Boudet dem Buch seines Bruders beisteuerte. Viele Forscher haben in den letzten Jahren *La vraie Lange Celtique* immer wieder studiert, um hinter das Geheimnis des Werkes zu kommen. Sie waren der Auffassung, Boudet hätte dort die Koordinaten von insgesamt 12 Schatzverstecken niedergeschrieben, die sich in der Umgebung von Rennes-les-Bains und Rennes-le-Chateau befinden sollen. Bei diesen an zwölf verschiedenen Stellen verborgenen Schätzen soll es sich um die Hinterlassenschaften der Westgoten handeln. Doch alle akribische Forschungsarbeit blieb bislang nur Spekulation. Gefunden hat die sagenhaften Schätze der Westgoten noch niemand.

Der Pfarrer von Rennes-les-Bains veröffentlichte aller vernichtenden Kritik zum Trotz im Jahr 1891 ein weiteres Buch. Sein zweites Werk mit dem Titel *Lazare veni foras* – zu deutsch „Lazarus, komm heraus" – erschien nur in einer geringen Auflage und auch diese wurde auf Betreiben des Bischofs von Carcassonne umgehend eingezogen, so dass heute nur noch einige wenige Exemplare im Privatbesitz erhalten sind. Schien bereits „Die wahre Sprache der Kelten" ein absurdes Werk zu sein, so trieb Boudet mit *Lazare veni foras* seine Abstrusitäten und Konfusionen auf die Spitze. Das Buch erweckte den Anschein, die biblische Geschichte aus dem Neuen Testament von der Wiedererweckung des Lazarus von den Toten durch Christus habe sich nicht im Heiligen Land, sondern vielmehr im Gebiet der Aude in Südfrankreich abgespielt. Möglicherweise war diese Interpretation auch der Grund, dass Monseigneur Billard in Carcassonne diesmal heftig verärgert auf das Hobby seines

Untergebenen reagierte und fast die komplette Erstauflage wieder einstampfen ließ. Abbè Boudet konnte die Schriftstellerei jedoch nicht lassen, wie zwei unveröffentlichte Manuskripte bezeugen, die in seinem Nachlass gefunden wurden. Eines von ihnen trägt den Titel „Du Nom de Narbonne“ – „Über den Namen Narbonnes“. Das zweite benannte Boudet „L'Alphabet Solaire“ – „Das Sonnenalphabet der Kelten“ und versah es mit zahlreichen Vergleichen und Tabellen, so dass dieses Buch den Titel „La vraie Langue Celtique“ viel eher verdient hätte.

Doch auch sonst legte der Pfarrer von Rennes-les-Bains ein für seine Mitbürger etwas absonderliches Verhalten an den Tag. So gab er sich während seiner Amtszeit große Mühe, Grabsteine auf dem Friedhof der Stadt zu fälschen und darüber hinaus die Umgebung zu verändern, indem er mehrere Grabkreuze von ihrem angestammten Platz entfernte und andere ganz einfach beseitigte.

Im selben Jahr 1891 als Henri Boudets zweites Buch erschien, begann Berenger Sauniere auch in großem Umfang mit der Rekonstruktion der kleinen Dorfkirche von Rennes-le-Chateau. Dieser Sakralbau ist Maria Magdalena geweiht und stammt aus dem 13. Jahrhundert, aus jenen glanzvollen Tagen, bevor Simon de Montfort und die Barone des Nordens Okzitanien im Namen Christi plünderten, aus jener Zeit, da Rennes noch Rhedae hieß und eine prachtvolle Stadt war, die an Größe und Bedeutung leicht mit Carcassonne konkurrieren konnte.

Die Bauarbeiten des Jahres 1891 wurden durch eine großzügige Spende des Adelshauses Chambord finanziert. Die Gräfin von Chambord ließ Abbè Sauniere eine Summe von 3.000 Francs in Gold zukommen – für die damalige Zeit und die Verhältnisse Saunieres ein wahrhaft fürstliches Vermögen. Doch welches Interesse hatte das Adelshaus Chambord an dem weltvergessenen Bergnest Rennes-le-Chateau und einem einfachen Provinzpfarrer? Hier zeigt sich eine Verbindung des Geheimnisses von Rennes zu den Interessen des Adelshauses Habsburg. Die Habsburger waren am Ende des 19. Jahrhunderts als Herren des Kaiserreichs von Österreich-Ungarn immer noch eine Weltmacht. Die Gräfin de Chambord war eine geborene Habsburg. Ihr zu dieser Zeit bereits verstorbener Ehemann hätte als letzter Bourbone und Thronerbe unter dem Namen Heinrich IV. in Frankreich herrschen sollen.

Jener Mann, der dem Provinzpfarrer die Spende der Chambords überbrachte und der sich als „Herr Guillaume“ vorstellte, war in Wirklichkeit niemand anderer als Erzherzog Johann Nepomuk Salvator von Habsburg, der Cousin des österreichischen Thronfolgers. Er wurde im Dorf nur „der Ausländer“ genannt und war bereits seit 1886 regelmäßig bei Abbè Sauniere zu Gast. Die Rolle des Erzherzogs wurde von den meisten Publikationen bislang nur ungenügend beleuchtet. Erzherzog Johann Salvator war eines der „schwarzen Schafe“ der Habsburger Dynastie. Er stammte aus der toskanischen Linie der Habsburger und hatte als siebenjähriges Kind erleben müssen, wie seine Familie Florenz Hals über Kopf verließ. Für seinen Vater, den Großherzog Leopold II., bot sich keine Möglichkeit mehr, das Land weiter zu regieren, als Italien mit Riesenschritten seiner staatlichen Einheit zustrebte.

Leopold II. war Diplomat genug, um seinen Thron 1859 friedlich zu räumen und mit seiner Familie nach Österreich zurückzukehren.

Schon als junger Mann opponierte Johann Salvator immer wieder gegen die angestaubte Tradition der Donaumonarchie. Während seiner aktiven Dienstzeit in der österreichisch-ungarischen Armee versuchte er nachdrücklich, den in seinen Augen sinnlosen Kasernenhofdrill der Soldaten abzuschaffen und durch eine moderne Ausbildung zu ersetzen. Statt Anerkennung trug ihm dies mehrere Strafversetzungen ein. Letztlich aber fanden seine Leistungen doch Anerkennung. Im Jahr 1874 wurde er zunächst zum Oberstleutnant, später zum Oberst befördert.

Auch seine Vorliebe für Kunst und deutsche Literatur trugen Johann Salvator am Hof in Wien kaum Sympathien ein. Er galt als hochintelligent, aber exzentrisch. Seine engen Kontakte zu Künstlern wie den Walzerkönig Johann Strauß trugen nur dazu bei, diesen Ruf zu verstärken. Strauß beriet den ambitionierten jungen Mann bei seinen kompositorischen Versuchen und dirigierte bei einem Konzert sogar einen Walzer Johanns, der unter dem beziehungsreichen Pseudonym Johann Traunwart erschienen war.

Doch wirklich unliebsames Aufsehen erregte Johann Salvator am kaiserlichen Hof, als bekannt wurde, dass er während einer Italienreise Kontakte zu der neuen Regierung Viktor Emanuels II. geknüpft hatte. Ausgerechnet der Sohn des aus der Toskana vertriebenen Großherzogs sprach in Rom vor! Und dies ohne Wissen und Genehmigung seines kaiserlichen Herrn! Politik hatte nur der zu machen, der von Franz Joseph dazu aufgefordert wurde, und das war bestimmt kein kleiner, unbedeutender Erzherzog! Doch mit seinem Verhalten hatte Johann Salvator deutlich zu verstehen gegeben, dass er nicht der Typ des Mannes in der zweiten Reihe war. Er wollte selbst die Fäden ziehen. Dieser Anspruch sollte sein Leben prägen – und ihn auch in das Geheimnis um Rennes-le-Chateau verstricken.

Bezeichnend sind seine Worte, mit denen er sich nach dem schrecklichen Tod des Kronprinzen Rudolf von der Gräfin Larisch, einer engen Freundin und Vertrauten, verabschiedete: *„Ich werde sterben, ohne tot zu sein, denn ich bin der Nichtigkeiten dieses Lebens müde und gedenke, eine neue Laufbahn zu beginnen....“*

Die Gräfin hatte dem Erzherzog eine Kassette ausgehändigt, wie dies von Rudolf noch zu seinen Lebzeiten verfügt worden war. Wichtige Dinge schien diese Kassette zu enthalten. Dokumente, die, wären sie vor der Tragödie von Mayerling von den kaiserlichen Spitzeln entdeckt worden, den Thronfolger und auch den Erzherzog in größte Gefahr gebracht hätten. So schreibt es zumindest Marie Larisch, Freiin von Wallersee und Cousine Rudolfs, in ihren Memoiren. Was die Kassette wirklich enthielt, wohin ihr Inhalt verschwand und welche Rolle Rudolf und Johann in ihrer Hoffnung auf Macht und die Verwirklichung ihrer Ideen gespielt haben, ist bis heute nicht restlos geklärt. So verwundert es nicht, dass die abenteuerlichsten Vermutungen über den geheimnisvollen Tod des Kronprinzen Rudolf und seiner Gefährtin Mary Vetsera kursierten. Schon bald nach den Ereignissen wurde klar, dass die Schüsse auf Jagdschloss Mayerling kein romantisches Romeo-und-Julia-Drama beendet hatten. Viel mehr verbarg sich dahinter. Sicherlich ließe sich die Rolle, die Erzherzog Johann Salvator gespielt hatte, besser durchschauen, wenn die von allerhöchster Stelle befohlenen Vertuschungsaktionen nicht von einer derart akribischen Perfektion gewesen wären. Jedwedes belastende oder nur im entferntesten kompromittierende Material war verschwunden. Selbst das Jagdschloss wurde auf Befehl Kaiser Franz Josephs abgerissen. Nichts sollte mehr an den Ort erinnern, an dem sein Thronfolger unter bis heute nicht gänzlich aufgeklärten Umständen starb.

Sehr wahrscheinlich hatte der Tod des Kronprinzen Rudolf nichts mit seiner romantischen, aber nicht standesgemäßen Liebe für die blutjunge Gräfin Mary Vetsera zu tun, dafür aber umso mehr mit dem Geheimnis von Rennes-le-Chateau. Die häufigen Besuche des Erzherzogs Johann Salvator im Rhazes, seine Kontakte zu den Priestern Berenger Sauniere und Henri Boudet sowie seine Freundschaft mit Kronprinz Rudolf sprechen dafür, dass die beiden Männer das Geheimnis von Rennes-le-Chateau kannten. Möglicherweise gehörten sie einer geheimen Gesellschaft an, dem Priorat von Zion. Welche Rolle dieser mysteriöse Geheimbund in den Geschehnissen um Rennes-le-Chateau spielt, werde ich an anderer Stelle in diesem Buch darlegen.

So unterschiedlich die Charaktere der beiden Männer waren, so verschieden war auch ihre Art, mit dem Geheimnis von Rennes-le-Chateau umzugehen. Der nervöse, sensible und depressiv veranlagte Rudolf ist daran zerbrochen. Mit an Sicherheit grenzender Wahrscheinlichkeit feuerte er selbst die tödlichen Schüsse von Mayerling ab. Mary Vetsera begleitete ihn wohl aus einer schwärmerischen Zuneigung heraus in den Freitod. Schon Monate zuvor hatte der Kronprinz Freunden und Vertrauten gegenüber die Absicht geäußert, seinem Leben ein Ende zu setzen. Die Last der Verantwortung für die österreichisch-ungarische Doppelmonarchie war dem psychisch angeschlagenen Thronfolger viel zu schwer, seine Lebensumstände waren ihm verhasst und vielleicht vermochte er auch das Wissen um das Geheimnis von Rennes-le-Chateau nicht mehr länger zu ertragen.

Sein robuster Vetter Johann Salvator wählte einen anderen, außergewöhnlichen Weg. Wenige Monate nach der Tragödie von Mayerling, noch unter dem schmerzlichen Eindruck des Todes seines Freundes Rudolf, entschloss sich der Erzherzog, dem Spiel um Macht, Einfluss und Ruhm zu entsagen. In einem Brief vom 8. Oktober 1889 an Kaiser Franz Joseph heißt es: *„Ich verzichte demnach freiwillig und unbeeinflusst auf Rang und Stand, indem ich Titel und Rechte eines Erzherzogs sowie meine militärische Charge ehrfurchtsvoll in die Hände Eurer Majestät zurücklege, dagegen Eure Majestät untertänigst bitte, mir einen bürgerlichen Namen verleihen zu wollen. Ferne vom Vaterlande werde ich mir einen Lebenszweck, einen Lebenserwerb, wahrscheinlich zur See, suchen und mir eine bescheidene, aber achtenswerte Stellung zu gründen trachten... Da ich aber diesen Schritt selbst teuer genug mit meiner ganzen sozialen Existenz – mit allem, was Hoffnung und Zukunft heißt, bezahle, werden eure Majestät zu verzeihen wissen. Euer Majestät treugehorsamster Untertan Erzherzog Johann, FML.“*

Das hatte es bis dahin noch nie gegeben. Ein Erzherzog quittierte seinen Dienst, setzte seine Existenz als Mitglied des kaiserlichen Hauses aufs Spiel, um bürgerlich zu werden! Doch wider Erwarten erhielt Johann Salvator ziemlich rasch und ohne großes Aufsehen das Einverständnis des Kaisers, aus dem Habsburger Familienverband auszuscheiden. Es durfte zu keinem neuen Skandal kommen, so wenige Monate nach der Tragödie von Mayerling, die das ganze Reich zutiefst erschüttert hatte. Mit neuem Namen, als Johann Orth, das frisch erworbene Kapitänspatent in der Tasche, versuchte der ehemalige Erzherzog sich eine Existenz als Reeder und Kapitän zu schaffen, was ihm mehr schlecht als recht gelang. Seine Spur verlor sich schließlich im Südatlantik, wo am 20. und 21. Juli 1898 die Überreste seines Schiffes „Saint Margret" gesichtet wurden. Der Schoner war in einem Orkan gesunken. Ob Johann Salvator bei diesem Unglück wirklich ums Leben kam, lässt sich nicht mit letzter Gewissheit behaupten. Durchaus glaubwürdige Augenzeugen wollen ihn in den folgenden Jahren in Südamerika und auch in Wien gesehen haben. Es gibt sogar Berichte, nach denen Johann Salvator noch im Januar 1917 beim Begräbnis Berenger Saunieres in Rennes-le-Chateau zugegen gewesen sein soll.

Auch die österreichischen Behörden ließen sich reichlich Zeit und erklärten Johann Orth erst am 6. Mai 1911 offiziell für tot. Zumindest hatte Johann Salvator seine Prophezeiung der Gräfin Larisch gegenüber wahr gemacht – er war gestorben, ohne tot zu sein.

Doch ich greife den Geschehnissen vor. Noch befinden wir uns mitten im Jahr 1891. Johann Salvator weilte wieder einmal inkognito in Rennes-le-Chateau und nutzte die Gelegenheit, um dem Pfarrer die Zuwendung der Gräfin Chambord in Höhe von 3.000 Goldfrancs zu überbringen.

Mit dem gespendeten Geld ließ Berenger Sauniere zunächst das Mauerwerk und das Dach seines Gotteshauses instand setzen. Danach widmete er sich dem Interieur der Kirche, das sich ebenfalls in einem hoffnungslosen Zustand befand. Sauniere ließ den Maurer Babon aus Couiza und seine Gesellen zunächst mit der Restaurierung des Altars beginnen, der noch aus westgotischer Zeit stammte, höchstwahrscheinlich aus dem 6. Jahrhundert. Bei den Bauarbeiten stießen die Maurer zunächst auf ein sehr altes Grab vor dem Altar. Dem Pfarrer erschien dieser Fund so außergewöhnlich, dass er ihn sogar einer Eintragung in seinem Tagebuch für wert befand. Er notierte: *„...heute Brief aus Granes eingetroffen, ENTDECKUNG EINES GRABES, verregneter Nachmittag..."* (Das Tagebuch Berenger Saunieres kann übrigens noch heute, zusammen mit einigen anderen Gegenständen aus seinem Privatbesitz, im Museum von Rennes-le-Chateau besichtigt werden).

Die vor dem Altar aufgefundene Gruft enthielt neben drei stark zerfallenen Skeletten auch einen großen Tonkrug, angefüllt mit Goldstücken, antiken Juwelen und edlem Schmuck. Es ist zu vermuten, dass die Grundherren aus der Umgebung in den Wirren der Französischen Revolution mit Einverständnis des damaligen Pfarrers Antoine Bigou das alte Grab als Versteck für ihre Barschaft nutzten, bevor sie nach der Hinrichtung Ludwig XVI. und dem Sturz der Monarchie ins Ausland flohen. Sauniere nutzte diesen unverhofften Geldsegen auf seine Art. Mit einem Teil der gefundenen Kostbarkeiten beschenkte er Freunde und Verwandte. So erhielt der Priester Grassaud aus Amelie de Bains von Sauniere einen sehr alten und kostbaren Abendmahlskelch zum Geschenk, während er dem Abbè Coutauly aus Couiza eine beträchtlich Menge von Münzen aus dem 6. und 7. Jahrhundert verehrte. Abbè Courtauly galt unter seinen Priesterkollegen als kompetenter Numismatiker. Andere Stücke wurden diskret verkauft. Mit dem Erlös besserte Abbè Sauniere seine Kasse auf.

Mysteriös an dem aufgefundenen Grab ist die Deckplatte, welche zwei Reiter auf einem Pferd zeigt. Diese Grabplatte stammt wahrscheinlich aus dem 8. Jahrhundert. Einer Legende nach soll die Darstellung den Ritter Meroveè Levi zeigen, der seinen Sohn Dagobert zu dessen Mutter, der Gräfin Gisela von Rhazes, brachte. Die Grabplatte würde demnach einen allegorischen Hinweis enthalten, dass die Grafen des Rhazes von dem königlichen Geschlecht der Merowinger abstammten.

Doch der Fund dieser merkwürdigen Grabplatte stellte erst den Anfang einer weitaus größeren Entdeckung dar. Nachdem das Grab ausgeräumt worden war, bemerkte Sauniere, dass sich darunter offenbar der Zugang zu einem Gewölbe befand, das er von seinen Arbeitern umgehend freilegen ließ. Der Priester war auf die vergessene Krypta der Grundherren von Rennes-le-Chateau gestoßen, die im Register der Gemeinde letztmalig 1694 Erwähnung fand. Es ist sehr wahrscheinlich, dass Berenger Sauniere auch diese Gruft ausräumen ließ und sich an den aufgefundenen Antiquitäten bereicherte.

Nach dem Schatzfund und der Entdeckung jener Krypta ruhten die Arbeiten für einige Tage. Dann ließ Abbè Sauniere als nächstes die Platte des Altars entfernen. Der Altar hatte ein bei weitem höheres Alter als die Kirche und ging in seiner ursprünglichen Gestalt bis auf die Zeit der Merowinger zurück, die nach ihrem Sieg über die Westgoten im frühen Mittelalter auch das Rhazes beherrschten. Rhedae war einstmals die südliche Hauptstadt des Merowingerreiches gewesen, bis zur Ermordung des letzten Herrschers aus diesem Geschlecht.

Bei den Arbeiten am Altar stieß Sauniere nun auf das Versteck, das sein Amtsvorgänger Antoine Bigou bereits im Jahr 1791 zuvor benutzt hatte. Eine der beiden hölzernen Altarsäulen war hohl und barg in ihrem Innern jene Dokumente, die Bigou dort vor seiner Flucht aus Frankreich deponiert hatte.

Zwei der aufgefundenen Dokumente waren Testamente und leicht verständlich. Eines schien den Stammbaum der Grafen von Rhazes bis zum Jahre 1244 zu enthalten. Darin wurde behauptet, dass sie direkte Nachfahren der Merowinger-Könige seien. Man bedenke in diesem Zusammenhang auch das bereits beschriebene Motiv der Grabplatte vor dem Altar. Dieses erste Testament war ein offizielles Dokument, denn es trug das Siegel von Blanche de Castille, die im 13. Jahrhundert Königin von Frankreich und eine der mächtigsten Herrscherinnen ihrer Zeit war. Das zweite Pergament datierte aus dem Jahr 1644. Es enthielt den Letzten Willen von Francois-Pierre de Hautpoul, Graf von Rennes-le-Chateau und Le Bezu. Dieses Testament führte den Stammbaum der Grafen von Rhazes von 1244 bis zum Jahre 1644 fort.

Die beiden anderen Pergamente stammten offenbar aus der Feder Antoine Bigous und waren in den Jahren 1781/82 niedergeschrieben worden. Die von Bigou verfassten Dokumente stellten auf den ersten Blick nichts weiter als ungenaue und verworrene Versionen von zwei Geschichten aus dem Neuen Testament dar.

Der kürzere Text – das sogenannte „Kleine Manuskript“ – stützte sich auf Lukas VI, 1 bis 4 und andere parallele Schriften. Das „Kleine Manuskript“ hatte damit jene Bibelstelle zum Inhalt, in der Jesus von den Pharisäern gescholten wird, weil er am Sabbat arbeitet: *„Und es begab sich an einem Sabbat, dass er durchs Getreide ging; und seine Jünger rauften Ähren aus und aßen und rieben sie mit den Händen. Etliche Pharisäer aber sprachen zu ihnen: 'Warum tut ihr, was sich nicht ziemt zu tun an den Sabbaten?' Und Jesus antwortete und sprach zu ihnen: 'Habt ihr nicht gelesen, was David tat, da ihn hungerte und die mit ihm waren? Wie er zu dem Hause Gottes einging und nahm die Schaubrote und aß und gab auch denen, die mit ihm waren; die doch niemand essen durfte als die Priester allein?'„*

Das „Große Manuskript“ bezieht sich auf Johannes XII, 1 bis 11 und handelt vom Besuch Jesu im Haus von Maria und Martha, den Schwestern des Lazarus in Bethanien. Ob die Maria von Bethanien mit Maria Magdalena identisch ist, wird nicht geklärt.

Die beiden lateinischen Texte waren jedoch verändert worden. So hatte Bigou im „Großen Manuskript“ 140 Buchstaben hinzugefügt und die Zeilen nach einem bestimmten System verkürzt. Teilweise gingen die Worte auch ohne Trennung einfach ineinander über. Sauniere begriff, dass diese Pergamente in Wirklichkeit eine Folge von ausgeklügelten Chiffren oder Codes darstellten. Einige von ihnen sind so kompliziert, dass sie sogar ohne weiteres einem Entschlüsselungsversuch per Computer zu widerstehen vermögen. Auch dem nicht in Kryptologie ausgebildeten Priester fehlte seinerzeit der entsprechende Schlüssel, um diese chiffrierten Texte zu knacken.

Ermutigt durch seinen Freund Henri Boudet wandte er sich nunmehr an Bischof Felix Arsene Billard mit der Bitte um Hilfe. Sein Vorgesetzter zeigte Verständnis für Saunieres Probleme und finanzierte dem Abbè eine Reise nach Paris. Dort sollte sich Sauniere am Konservatorium von Saint Sulpice mit dem Theologen Abbè Bieil und dessen Neffen Emile Hoffet, einem ebenso jungen wie brillantem Linguisten, in Verbindung setzen. Hoffet bereitete sich zu dieser Zeit auf seine Priesterweihe vor. Obwohl er erst Anfang zwanzig war, hatte sich der Priesterschüler als Wissenschaftler bereits einen bedeutenden Namen durch seine umfangreichen Forschungen auf den Gebieten der Linguistik, der Kryptologie und der Paläographie gemacht. Es war aber auch bekannt, dass Emile Hoffet ein ausgeprägtes Interesse für esoterische Lehren hegte und freundschaftliche Beziehungen zu den verschiedensten, dem Okkultismus nahe stehenden Sekten und Geheimgesellschaften unterhielt.

Dadurch war er bereits einige Zeit zuvor mit einem illustren Kreis in Berührung gekommen, zu dem solche literarischen Größen wie Stephan Mallarmè und Maurice Maeterlinck sowie der exzentrische Komponist Claude Debussy gehörten. Die berühmten Dienstags-Soireen Mallarmès wurden von Debussys Freunden Oscar Wilde, William Butler Yeats, Stefan George, Paul Valery, dem jungen Andrè Gide und Marcel Proust besucht. Doch auch Marquis Stanislas von Guaita, Gründer des kabbalistischen Rosenkreuzerordens, Lidell MacGregor Mathers, Führer des *Order of the Hermetic Students of the Rosicrucian Golden Dawn,* Barlet, der Meister aller Spiritisten und Dr. Gerard Encausse, genannt Papus, zählten zu den Bekannten von Emile Hoffet. Eigentlich war dies nicht die passende Gesellschaft für einen Laienbruder und erst recht nicht die für einen Provinzpfarrer. Nach der offiziellen Meinung der katholischen Kirche befanden sich die Esoteriker und Okkultisten im Zustand der Todsünde. Dies traf ebenso auf jeden zu, der sich mit ihnen einließ.

Doch während seines dreiwöchigen Aufenthaltes in Paris wurde Berenger Sauniere von dem merkwürdigen Freundeskreis Emile Hoffets mit offenen Armen empfangen. Hier lernte er auch die berühmte Opernsängerin Emma Calvè kennen, die zu jener Zeit nach triumphalen Erfolgen in London und Windsor in die französische Hauptstadt zurückkehrte. Sie galt zu jener Zeit als die Hohepriesterin der esoterischen Subkultur von Paris. Es wurden sogar Gerüchte laut, die besagten, dass die Calvè Saunieres Geliebte geworden sei. Ein Bekannter der Sängerin bezeichnete sie sogar als von dem Abbè „besessen". Ganz sicher aber verband die beiden so unterschiedlichen Menschen eine tiefe Freundschaft, denn Emma Calvè besuchte später Sauniere noch sehr oft in Rennes-le-Chateau. Warum diese strahlende Diva ein solch ausgeprägtes Interesse für einen einfachen Landpfarrer aus der Provinz entwickelte, ist nicht bekannt. Man darf jedoch nicht übersehen, dass die Opernsängerinnen des fin de siecle nicht unbedingt durch Tugendhaftigkeit glänzten. So war auch Emma Calvè für ihre zahllosen Affären bekannt. Solche Halbweltdamen konnten jederzeit – wenn auch für einen hohen Preis – ge- und verkauft werden, sei es für den Sohn eines Edelmannes oder auch für einen Provinzpriester, der ein brisantes Geheimnis entdeckt hatte und nun umworben werden musste, wollte man nicht, dass dieses Geheimnis in die falschen Hände geriet.

Hoffet gelang es innerhalb der drei Wochen, die Sauniere in Paris verbrachte, mit Hilfe eines komplizierten Schlüssels, die Dokumente zu dechiffrieren. Dabei stellte sich heraus, dass der ursprüngliche Text lateinisch, der Schlüssel der Chiffren mathematisch und der Klartext altfranzösisch war. Von den 140 zusätzlich eingefügten Buchstaben mussten 128 nach dem seit dem 17. Jahrhundert gebräuchlichen, aber sehr sicheren Vigenere-Codesystem ausgelegt werden. Anschließend war ein Schlüsselsatz anzuwenden, der eine zweite Reihe von Buchstaben ergab. Diese mussten wiederum nach einem neuen Muster ersetzt werden. Danach war ein neuer Schlüssel anzuwenden und schließlich mussten die Buchstaben noch zwei weitere Male nach dem eben beschriebenen System ausgetauscht werden. Die nun erhaltenen Buchstaben wurden in der Form von zwei Schachbrettern ausgelegt. Anschließend machte ein imaginärer Bauer seine Züge über die Bretter und lieferte schließlich den Klartext.

Dieser Klartext war jedoch nicht minder verwirrend als die Chiffren. Für das „Kleine Manuskript" lautete die erste Zeile:

Rex Mundi

zu deutsch: Herr der Welt

Die weiteren Buchstaben dieses Manuskriptes ergaben nach der Dechiffrierung den folgenden kryptischen Satz:

DAGOBERT II ROI ET SION EST CE TRESOR ET IL EST LA MORT.

In den bisherigen deutschsprachigen Publikationen zum Geheimnis von Rennes-le-Chateau werden zahlreiche voneinander abweichende Interpretationsvarianten der deutschen Übersetzung dieses Satzes angeboten.

Die häufigste, aber keinesfalls wortgetreueste Übersetzung lautet:

DAGOBERT II. KÖNIG UND SION GEHÖRT DIESER SCHATZ
UND ER IST DORT TOT.

Da durch den Wandel der Sprache auch mit dem Gebrauch von heute mehrdeutigen oder nicht mehr gebräuchlichen Worten gerechnet werden muss, sollen noch einige weitere Übersetzungen angeführt werden:

DAGOBERT II. KÖNIG UND SION GEHÖRT DIESER SCHATZ
UND ER LIEGT DORT OHNE LEBEN.

oder

DAGOBERT II. KÖNIG UND SION GEHÖRT DIESER SCHATZ
UND ER LIEGT DORT SCHLAFEND.

Diese Übersetzung erinnert an die auch aus Deutschland bekannten Sagen vom „Schlafenden Kaiser", der je nach Örtlichkeit entweder mit Karl dem Großen oder Friedrich Barbarossa gleichgesetzt wird, der im Untersberg bzw. im Kyffhäuser ruhen soll, bis zu jener Zeit, da „des Reiches Not am größten ist", und er erneut ans Tageslicht treten wird, um den Gerechten im Endkampf um Nation und Vaterland beizustehen. Es ließ sich in Bezug auf die Person Dagoberts II. eine solche Sage jedoch bislang nicht verifizieren. Eine andere Übersetzungsmöglichkeit lautet:

DAGOBERT II. KÖNIG UND SION GEHÖRT DIESER SCHATZ
UND ER LIEGT DORT UNGENUTZT.

Dies würde sich auf den Schatz beziehen und immerhin eine sinnvolle Aussage ergeben, welche die Aufforderung beinhaltet, diesen Schatz zu heben und zu nutzen.

Da es sich bei dem Klartext aber um Altfranzösisch handelt, wie auch Berenger Sauniere in seinen Aufzeichnungen erwähnt, dürfte die wohl wortgetreueste deutsche Übersetzung lauten:

DAGOBERT II. KÖNIG UND SION GEHÖRT DIESER SCHATZ
UND ER IST DER TOD.

Dieser Klartext stellt eine eindringliche Warnung für übereifrige Schatzsucher dar.

Da durch den Autor der Manuskripte ein mehrdeutiger Sprachgebrauch als zusätzlicher Schutz des Geheimnisses wohl gewollt war, kann sowohl diese Warnung als auch die Aufforderung zur Nutzung des Schatzes in der Übersetzung sinngemäß richtig sein.

Das „Große Manuskript“ gab nach der Dechiffrierung folgenden Inhalt preis:

HIRTIN KEINE VERSUCHUNG DASS POUSSIN TENIERS DEN SCHLÜSSEL BEWAHREN FRIEDE 681 DURCH DAS KREUZ UND DIESES PFERD GOTTES ÜBERWINDE ICH DIESEN DÄMON VON WÄCHTER MITTAGS BLAUE ÄPFEL.

Das alles klingt nicht sonderlich sinnvoll und so sehen die vorgeblichen Schlüssel zum Geheimnis von Rennes-le-Chateau auf den ersten Blick eher wie Riegel aus. Die Nachforschungen verschiedener Autoren haben inzwischen ergeben, dass es sich bei Dagobert II. um einen Merowingerkönig handelte, der im 7. Jahrhundert n. Chr. regierte.

In jenen späten Tagen der Merowingerherrschaft erinnerte nur noch wenig an das einstmals von dem berühmten Merowingerkönig Chlodwig aufgebaute Imperium. Nach seinem Tod im Jahr 511 n.. Chr. wurde sein Reich gemäß dem Brauch der Merowinger unter seinen vier Söhnen verteilt. Mehr als einhundert Jahre lang herrschte dann die Dynastie der Merowinger über mehrere ungleich große und zum Teil miteinander verfeindete Königreiche. Die allgemeine Ordnung verfiel durch zahlreiche Kriege, Intrigen und politische Morde immer mehr. Die Kanzler der Merowingerkönige, damals „Hausmeier“ genannt, konzentrierten immer mehr Machtbefugnisse auf sich. Dieser Umstand sollte wesentlich zum Sturz der Merowinger beitragen. Die letzten merowingischen Herrscher werden von Historikern deshalb gern als *rois faineants* – die „Schattenkönige“ – bezeichnet, da es ihnen ganz überwiegend an Macht und an politischem Durchsetzungsvermögen fehlte. Der Nachwelt erscheinen diese Herrscher als schwach, unfähig und verweichlicht, so dass sie von ihren durchtriebenen und intelligenten Ratgebern wie Marionetten benutzt worden sind. Ein solches Urteil erweist sich bei näherer Betrachtung der Materie als zu einseitig. Mit Sicherheit gelangten infolge zahlreicher Kriege, Familienfehden und anderer tödlicher Auseinandersetzungen etliche merowingische Prinzen schon in sehr früher Jugend auf den Thron, so dass sie von ihrer Umgebung relativ leicht beeinflusst werden konnten. All jene aber, die erst im Mannesalter zum König gekrönt wurden, erwiesen sich als ebenso stark und entscheidungsfreudig wie ihre ruhmreichen Vorfahren.

Dies trifft mit Sicherheit auch auf Dagobert II. zu. Er wurde 651 n. Chr. als austrischer Kronprinz geboren, nach dem frühen Tod seines Vaters aber im Alter von nicht einmal fünf Jahren auf Veranlassung des Kanzlers Grimoald entführt. Alle Bemühungen, das verschwundene Kind wiederzufinden, blieben erfolglos, so dass es für Grimoald ein Leichtes war, den Hofstaat vom Tode des Jungen zu überzeugen. Unter dem Vorwand, einem Wunsch des verstorbenen Königs Sigibert III. Folge zu leisten, setzte Grimoald durch, dass sein eigener Sohn den Thron des austrischen Königreichs besteigen konnte. Seine List war so vollkommen, dass selbst Dagoberts Mutter Hymnegilde ihren Sohn für tot hielt und Grimoalds Vorhaben guthieß.

Dagobert war indessen dem Bischof von Poitiers überantwortet worden, der ihn ohne Aufsehen aus dem Weg räumen sollte. Doch der Kirchenfürst brachte es nicht über sich, dass Kind zu töten, sondern verbannte Dagobert lediglich nach Irland. Dort wurde der Kronprinz im Kloster von Slane erzogen. Dadurch genoss er eine Ausbildung, die ihm in seiner Heimat niemals zuteil geworden wäre. In dieser Zeit machte er auch die Bekanntschaft von drei Prinzen aus Northumbrien, die ebenfalls in Slane aufwuchsen. Im Jahr 666 dann soll Dagobert die keltische Prinzessin Mechthilde geheiratet haben. Bald darauf übersiedelte er mit seiner Gattin nach England und ließ sich in der Gegend des heutigen York, im Königreich Northumbrien nieder. Er gewann in dieser Zeit die Freundschaft Wilfrids, des später heilig gesprochenen Bischofs von York.

Zu jener Zeit herrschte ein Schisma zwischen der römisch-katholischen und der keltischen Kirche, da diese sich weigerte, den alleinigen Führungsanspruch Roms anzuerkennen. Auf der berühmten Synode von Withby im Jahre 664 war es Wildfrid jedoch gelungen, die keltische Kirche in den Schoß Roms zurückzuführen. Da es zu jener Zeit mit der merowingischen Treue gegenüber Rom, die noch auf den Pakt König Chlodwigs mit der katholischen Kirche zurückging, nicht zum Besten stand, mochte Wilfrid die Freundschaft zu Dagobert nicht ohne Hintergedanken geschlossen haben. Möglicherweise sah er den verbannten König bereits als Schwertarm Roms und wollte sich seiner uneingeschränkten Loyalität versichern.

Im Jahr 670 n. Chr. starb Dagoberts Frau Mechthilde bei der Geburt ihrer dritten Tochter. Auf Wilfrids Betreiben wurde rasch eine zweite Hochzeit für den austrischen Kronprinzen arrangiert. Dynastische Belange spielten hierbei eine ganz besondere Rolle. Bereits ein Jahr nach dem Tod seiner ersten Frau heiratete Dagobert die junge Gisela von Rhazes. Sie war die Tochter von Beras II., des Grafen von Rhazes und eine Enkelin Tulcas, des Königs der Westgoten. Durch diese Eheschließung wurde die Dynastie der Merowinger fest mit dem Geschlecht der Westgoten verbunden. Außerdem barg sie die Möglichkeit in sich, ein Reich zu schaffen, das sich von den Ardennen im Norden bis zu den Pyrenäen im Süden erstreckte und den geopolitischen Raum des heutigen Frankreich vorweggenommen hätte. Dieses Reich hätte darüber hinaus die Westgoten, welche noch den Lehren des Arianismus anhingen, fest an die katholische Kirche gebunden.

Die Hochzeit zwischen Dagobert und Gisela wurde 671 n. Chr. in Rhedae gefeiert, der mächtigen Westgotenfestung und gleichzeitig Residenz der jungen Gräfin von Rhazes. Aus seiner ersten Ehe brachte Dagobert drei Töchter mit, jedoch keinen männlichen Erben. Gisela schenkte ihm in den folgenden Jahren zwei weitere Töchter, ehe sie ihm den lang ersehnten Thronerben gebar, Sigibert IV.

Zum Zeitpunkt der Geburt seines Sohnes herrschte Dagobert bereits wieder als souveräner König über Austrien. Von 671 bis 674 hatte er in der sicheren Festung von Rhedae auf den richtigen Augenblick gewartet, um sein Königreich wieder in

Besitz zu nehmen. Erst im Jahr 674 bot sich eine solche Gelegenheit. Mit Unterstützung seiner Mutter und deren Ratgebern zog der Verbannte Richtung Norden und forderte sein Reich zurück. Sowohl Wilfrid von York als auch Amatus, Bischof von Sion (heute Sitten in der Schweiz) waren Dagobert bei der Wiedererlangung der austrischen Königskrone behilflich.

Unmittelbar nach seiner Krönung ging der neue austrische König daran, seine Autorität zu festigen und den anarchischen Zuständen, die in weiten Teilen seines Reiches herrschten, ein Ende zu bereiten. Er unterwarf etliche aufständische Adlige, denn diese Kriegsherren hätten aufgrund ihrer wirtschaftlichen und militärischen Stärke dem Thron gefährlich werden können. Mit fester Hand führte Dagobert II., wie er sich seit seiner Krönung nannte, wieder eine allgemein verbindliche Ordnung im Reich ein. Bei all seinen Unternehmungen diente ihm die Festung von Rhedae als privates Verwaltungszentrum. Mit den hier angesammelten Reichtümern sollte Dagoberts ehrgeizigstes Ziel finanziert werden – die Rückeroberung Aquitaniens, das sich etwa vierzig Jahre zuvor von den Merowingern losgesagt hatte und nun ein eigenständiges Herzogtum bildete.

Hatte Bischof Wilfried von York anfangs noch geglaubt, Dagobert II. für die Ziele der Kirche einspannen zu können, sah er sich nun in seinen Erwartungen enttäuscht. Denn der austrische König dachte gar nicht daran, sich zum Diener der Kurie machen zu lassen, sondern unternahm alle Anstalten, ihrem Expansionsdrang in seinem Reich möglichst enge Grenzen zu setzen. So führte in einem erhalten gebliebenen Brief ein römischer Prälat Klage gegen Dagobert II., weil dieser Steuern erhob (was eigentlich nur der römischen Kirche zustand – nach deren Auffassung wenigstens) und *„die Kirchen Gottes samt ihren Bischöfen zum Gespött"* mache. Hier zeigt sich, dass es nicht nur um die weltlichen Machtgelüste der katholischen Kirche ging, sondern auch um einen religiösen Zwist. Durch seine Heirat mit Gisela von Rhazes war Dagobert II. nicht nur in den Besitz von riesigen Ländereien im Langueduoc gelangt, sondern auch mit den Lehren des Arianismus in Berührung gekommen. Zwar verhielten sich die Westgoten äußerlich der katholischen Kirche gegenüber loyal, doch vor allem innerhalb der Königsfamilie waren die alten Traditionen und das Gedankengut des Arianismus noch weit verbreitet.

In den wenigen Jahren seit seiner Thronbesteigung hatte sich Dagobert II. zahlreiche weltliche und geistliche Feinde geschaffen. Es waren nicht nur die Angehörigen des Hochadels, deren Machtposition er drastisch beschnitten hatte, sondern auch die Kirche, deren Wünschen gegenüber er sich taub stellte. Durch den Aufbau einer zentralistischen, loyalen und sehr effektiven Verwaltung erregte er zugleich den Neid und die Angst anderer fränkischer Herrscher, deren Königreiche an Austrien grenzten. Einige dieser Potentaten verfügten über Agenten und auch Verbündete am austrischen Königshof. Zu den entschiedensten Gegnern des Königs zählte sein eigener Kanzler Pippin II. von Heristal, ein kalter und machtgieriger Mann, der weder vor Verrat noch vor Mord zurückschreckte. Er schloss eine unheilvolle Allianz mit Dagoberts Feinden.

Ebenso wie die meisten merowingischen Herrscher verfügte Dagobert II. über mindestens zwei Hauptstädte in seinem Reich. Zu seiner Zeit war neben Rhedae die Stadt Stenay in den Ausläufern der Ardennen die bedeutendste Residenz, in der sich Dagobert oft und gern aufhielt. Unweit des Palastes erstreckte sich eine dicht bewaldete Gegend, in der der König mit wenigen Getreuen am 23. Dezember 679 auf der Jagd gewesen sein soll. Während einer Rast wurde er durch einen von Pippin gedungenen Meuchelmörder – der Überlieferung zufolge soll es sein eigener Patensohn gewesen sein – mit einer Lanze heimtückisch erstochen.

Es ist nicht mehr festzustellen, was nach diesem politischen Mord mit den übrigen Mitgliedern der königlichen Familie geschah. Höchstwahrscheinlich wurden sie ebenfalls umgebracht. Wenn heute auch keine Einzelheiten des damaligen Geschehens mehr zu verifizieren sind, so steht doch außer Frage, dass die Herrschaft Dagoberts II. und seiner Familie ein ebenso plötzliches wie blutiges Ende fand.

Die in Saunieres geheimnisvollem Manuskript erwähnten Namen Poussin und Teniers hingegen beziehen sich auf zwei Maler des 17. Jahrhunderts.

Der flämische Maler David Teniers der Ältere lebte von 1582 bis 1649, sein Sohn von 1610 bis 1690. Allein Teniers dem Jüngeren werden mehr als 2.000 Werke zugeschrieben. Nicolas Poussin, der am 15. Juni 1594 in Villers bei Gisors geboren wurde, war ihr Zeitgenosse. In einem Gemälde Nicolas Poussins soll auch ein weiterer Schlüssel zum Geheimnis Rennes le Chateaus verborgen sein. Bei dem Bild handelt es sich um die in den Jahren 1638-1640 entstandene zweite Version des Gemäldes „Le Bergers d' Arcadie“ – „Die Hirten von Arcadien“.

Das Bild weist einige geometrische Besonderheiten auf. Es ist um ein regelmäßiges Fünfeck herum konzipiert, dessen Zentrum sich genau über dem Kopf der Schäferin befindet. Auch die dargestellte Landschaft ist bei weitem nicht so imaginär, wie von Anthony Blunt und anderen Poussin-Experten angenommen, sondern stellt das Abbild eines Gebietes etwa 8 km östlich von Rennes-le-Chateau dar. Die Felsformationen in der Nähe der Ortschaft Arques stimmen sehr wohl mit dem Gemälde überein. Auch der dargestellte Sarkophag war dort zu besichtigen – jedenfalls bis vor einigen Jahren. Der jetzige Grundbesitzer, Herr Rousset, ließ ihn am 15. April 1988 aus unbekannten Gründen zerstören. Offiziell gab er an, den zahlreichen *„Grabschändungen durch Abenteurer und Schatzsucher“*, die den Sarkophag des öfteren auf seinem Grundstück untersuchten, auf diese Weise ein Ende bereiten zu wollen. Doch musste deshalb gleich das ganze Grab vollkommen vernichtet werden?

Einem eher fragwürdigen Bericht zufolge soll der Sarkophag aus dem Jahr 1709 stammen. Doch das Bild von Nicolas Poussin deutet darauf hin, dass sich das Grab schon viel länger an dieser Stelle befand. In den zwanziger Jahren des zwanzigsten Jahrhunderts wurde es auf Veranlassung des damaligen Grundstückseigentümers geöffnet. Merkwürdigerweise war der Sarkophag leer. Nach den Eintragungen im Grundbuch von Arques gehörte das Grundstück, auf dem sich der Sarkophag befand, einem Amerikaner bis zu dessen Tod in den fünfziger Jahren. Dieser Louis Lawrence stammte aus Boston in Massachusetts und befasste sich zeitlebens intensiv mit der Geschichte des Rhazes. Er ließ in der leeren Gruft später seine Frau und seine Schwiegermutter beerdigen. Als Herr Rousset 1988 das Grab zerstörte, scheute er weder Kosten noch Mühe, um die sterblichen Überreste der amerikanischen Familie zuvor in die Vereinigten Staaten überführen zu lassen.

Die Inschrift auf dem alten Sarkophag lautete:

ET IN ARCADIA EGO, was soviel bedeutet wie *AUCH ICH IN ARCADIEN.*

Diese Aussage ist eigentlich konventionell elegischer Natur. Selbst in Arcadien, dem idyllischen ländlichen Paradies des klassisch-griechischen Mythos, wirft der Tod seine düsteren Schatten voraus.

Bildet man aus den Buchstaben des Satzes jedoch ein Anagramm, so ergibt sich folgender Wortlaut:

I TEGO ARCANA DEI

das heißt:

VERSCHWINDE VON HIER!
ICH HALTE DIE GEHEIMNISSE GOTTES VERBORGEN!

Weiterhin ist zu beachten, dass einer der Hirten auf dem Gemälde von Poussin eindeutig auf die Silbe ARC im Wort ARCADIA hinweist. Könnte dies bedeuten, dass die eigentliche Botschaft des Bildes lautete: „Auch ich bin in Arques“? Bereits das Vorhandensein eines leeren Grabes, wenn es denn auch mehr einem Bunker denn einem Grab ähnelte, sollte unseren Verdacht erwecken.

Es gibt recht eindeutige Beweise dafür, dass der Maler Nicolas Poussin in ein bedeutendes Geheimnis eingeweiht war oder dies zumindest glaubte. Ein Brief, den sein Bruder im Jahr 1656 an Nicolas Fouquet, den damaligen französischen Finanzminister, aus Rom schrieb, wo er mit Poussin zusammengetroffen war, lautete:

„Er (N. Poussin) und ich besprachen gewisse Dinge, die ich Ihnen ohne weiteres genauer erklären kann, Dinge, die Ihnen durch Monsieur Poussin Vorteile verschaffen werden, die selbst Könige nur unter großen Mühen von ihm erhalten könnten und die möglicherweise in den kommenden Jahrhunderten von niemandem mehr entdeckt werden. Und außerdem sind diese Dinge so schwierig zu entdecken, dass sich heute nichts auf Erden als besseres oder vergleichbares Vermögen erweisen könnte.“

Dieser Brief konnte bislang weder von Historikern noch von den Biographen Poussins hinlänglich erklärt werden. Einige Jahre nach dieser merkwürdigen Korrespondenz – man schrieb inzwischen 1661 – wurde Nicolas Fouquet unter fadenscheinigen Vorwänden verhaftet und nach einem mehrjährigen Prozess, der über weite Strecken nichts Anderes als eine juristische Farce war, im Jahr 1665 zu lebenslanger Einzelhaft verurteilt. Das Urteil besagte auch, dass dem Gefangenen sämtliche Schreibutensilien zu verwehren seien. König Ludwig XIV. ließ die gesamte Korrespondenz seines ehemaligen Finanzministers konfiszieren und studierte sie persönlich. Außerdem setzte der Herrscher alles daran, in den Besitz von Poussins

Originalgemälde „Die Hirten von Arcadien“ zu kommen. Nachdem ihm dies im Jahr 1685 gelang, hielt er das Bild in seinen Privatgemächern in Versailles unter Verschluss.

Die „Dinge“, von denen im Brief an Nicolas Fouquet die Rede ist, waren also höchst brisanter Natur und wohl auch der Grund dafür, dass Berenger Sauniere während seiner Paris-Reise im Louvre eine Reproduktion dieses Gemäldes von Poussin erwarb.

Doch es war nicht das einzige Bild, für das er sich interessierte. Der Priester kaufte ebenso noch die Reproduktion der „Versuchung des Heiligen Antonius“, die Teniers dem Jüngeren zugeschrieben wird, sowie ein Porträt des Papstes Cölestin aus dem 13. Jahrhundert, das einst von einem unbekannten Künstler angefertigt worden war. Papst Cölestin lenkte zu seiner Zeit nur fünf Monate lang als Stellvertreter Christi auf Erden die Geschicke der katholischen Kirche, bevor er freiwillig abdankte und sich zurückzog, um den Rest seines Lebens als Eremit in einer Höhle zu verbringen. Ein Hinweis darauf, wo Sauniere das Geheimnis von Rennes-le-Chateau zu suchen hatte?

Der Pfarrer kehrte mit den Reproduktionen der Gemälde und dem seltsamen Klartext der Dokumente im Gepäck nach Rennes-le-Chateau zurück und nahm die Renovierungsarbeiten an seiner Kirche unverzüglich wieder auf. Kurz nach seiner Ankunft ließ er die unter dem Altarbereich der Kirche aufgefundene Gruft der Grundherren von Rennes vermauern, so dass bis zum heutigen Tag niemand mehr Zutritt zur Krypta hatte.

Außerdem widmete er dem Grab der Marquise de Hautpoul de Blanchfort eine recht zerstörerische Aufmerksamkeit. Obwohl Grabstätten als unantastbar gelten, entfernte Berenger Sauniere die von seinem Vorgänger Bigou geschaffene Grabplatte und verwischte die Inschrift auf dem Grabstein der letzten Gräfin von Hautpoul. Es war ihm unbekannt, dass ein Heimatforscher die Inschriften bereits vollständig kopiert hatte. Dieser offensichtliche Akt des Vandalismus ist darauf zurückzuführen, dass die Inschriften Anagramme und Hinweise auf die Texte der verschlüsselten Dokumente enthielten.

Erhaltene Briefe des ehemaligen Polytechnikers Ernest Cros aus jener Zeit belegen, dass Saunieres Vorgehen absolut nicht die Zustimmung seiner Pfarrkinder fand. Herr Cros warf seinem Bekannten Sauniere nämlich wiederholt vor, er verachte die Zeugen der Vergangenheit, da er nicht nur die Inschriften auf dem Grabstein der letzten Herrin von Hautpoul und Blanchefort zerstört hatte, sondern darüber hinaus auch noch die originale Grabplatte mit den Darstellungen der beiden Ritter aus dem 8. Jahrhundert aus der Kirche entfernen ließ. Selbst eine vom Gemeindepräsidenten bei der zuständigen Präfektur in diesem Zusammenhang angestrengte Klage vermochte es nicht, Berenger Sauniere von seinen Vorhaben abzubringen.

Doch die merkwürdigen Umgestaltungen auf dem Friedhof blieben nicht die einzigen Absonderlichkeiten im Verhalten des Priesters. Er begann, begleitet von seiner Haushälterin und Gefährtin Marie Denarnaud, ausgedehnte Fußmärsche in die Umgebung des Ortes zu unternehmen. Dabei sammelte Sauniere vollkommen wertlose Steine, die er in großen Mengen mit nach Hause brachte, um in der Nähe des Pfarrhauses einen Steingarten mit einer merkwürdigen, stilisierten Grotte anzulegen. Ein Großteil der gesammelten Steine stammte aus dem Bals-Tal, in dem der kleine Couleurs-Fluss sein Bett hat. Natürliche Höhlen und Spalten verlängern sich dort zu gewaltigen unterirdischen Sälen und Galerien. Möglicherweise hatte Sauniere gerade dort etwas von großer Bedeutung gefunden, denn er kaufte in späteren Jahren im Tal von Bals ein Grundstück.

Einen bei der Renovierung der Pfarrkirche aufgefundenen steinernen Pfeiler, der aus westgotischer Zeit stammte und der mit dem einst bei den Goten so beliebten „Kreuz des Schweigens“ verziert war, ließ Sauniere zum Sockel für eine Marienstatue umarbeiten, die am 21. Juni 1891 nach einer Prozession im Dorf in der Nähe der Kirche aufgestellt wurde. In den Pfeiler gravierten die Steinmetze auf Saunieres Anweisung die Worte „Mission 1891“. Sollte dies an seine eigene Mission in Rennes-le-Chateau in diesem offenbar so schicksalhaften Jahr erinnern?

Weiterhin führte Sauniere einen ausgedehnten Briefwechsel, nicht nur mit Adressaten in Frankreich, sondern auch in Deutschland, der Schweiz, Italien, Österreich und sogar in Übersee. Mit einem Male betätigte sich der Priester auch als leidenschaftlicher Briefmarkensammler und schloss recht undurchsichtige Geschäfte mit verschiedenen Banken ab, die jedoch alle zum Finanzimperium der einflussreichen jüdischen Bankiersfamilie Rothschild gehörten. So eröffnete er unter anderem bei der Warburg-Bank in New York ein Konto auf den Decknamen Jean Moreau sowie ein weiteres Konto unter dem gleichen Namen bei einer Filiale der Rothschild-Bank in London. Auf diese Konten wurden sehr umfangreiche Einzahlungen getätigt, die zum größten Teil Johann Salvator von Habsburg veranlasste.

Berenger Sauniere entwickelte in dieser Zeit eine merkwürdige Betriebsamkeit, die so gar nicht zu einem einfachen Landgeistlichen passen wollte. Er ging oft auf Reisen, die jedoch nie länger als eine Woche dauerten. Außerdem sah man ihn bei jedem Wetter auf die Jagd gehen, im Winter sogar auf Skiern – ganz so, als habe er größere Wegstrecken zurückzulegen. Alles in allem waren dies doch recht absonderliche Beschäftigungen für einen Dorfpfarrer.

Allein für seine häufigen Reisen und das Briefporto seiner umfangreichen Korrespondenz bezahlte Sauniere ab 1891 bei weitem mehr Geld, als er es sich bei seinem mageren Gehalt eigentlich hätte leisten können. Doch dies war erst der Anfang. Ab 1896 gab der Pfarrer Summen aus, die jedes vernünftige Maß weit überstiegen.

III. Da liegt Gold

Auf mysteriöse Weise war Berenger Sauniere zu Reichtum gelangt. Vom Zeitpunkt seiner Rückkehr aus Paris an schwamm der Landpfarrer buchstäblich im Geld. Aus ganz Europa trafen Geldüberweisungen ein, die zumeist von religiösen oder esoterischen Gemeinschaften stammten, jedoch alle auf den Namen von Marie Denarnaud – der Haushälterin des Pfarrers – ausgestellt waren.

Die vollständige Renovierung seiner Kirche bezahlte der Priester jetzt aus eigener Tasche. Dabei wurde das Bauwerk in einem ziemlich „heidnischen" Stil umgestaltet. Überall in den grellbunt kitschigen Wandmalereien finden sich neben Saunieres Signum „BS" vielfältige allegorische Anspielungen auf einen verborgenen materiellen oder geistigen Schatz.

Über dem Eingang zum Gotteshaus ließ Sauniere ein Zitat aus dem Alten Testament einmeißeln:

TERRIBLIS EST LOCUS ISTE – *DIESER ORT IST SCHRECKLICH.*

Gleich darunter aber verkündet eine weitere Inschrift

HIC DOMUS DEI EST ET PORTA

was bedeutet:

DAS IST DAS HAUS GOTTES UND DAS TOR ZUM HIMMEL.

Diese Verheißung wird ergänzt durch den Satz

LUMEN IN COELO – DAS LICHT IST IN DER HÖHE.

Aber wenn dies ein Haus Gottes war und das Tor zum Himmel – wieso wurde es dann als „schrecklicher Ort" bezeichnet?

Am Portal der Kirche finden sich neben dem Wappen von Bischof Felix Arsene Billard – des Gönners von Berenger Sauniere – auch die Insignien des Papstes Leo XIII., eines liberalen Anhängers der Monarchie und auch des Hauses Habsburg.

Links neben den Eingang platzierte Berenger Sauniere die ebenso abschreckende wie mit viel Liebe zum Detail gefertigte Statue des Dämons Asmodi, des Hüters der verborgenen Schätze und Geheimnisse. Der Teufel scheint sich unter der Last des Taufbeckens, welches er tragen muss, und der vier Engel, die darauf stehen, förmlich zusammenzukrümmen. Auf dem Sockel des Taufbeckens umranden zwei Basilisken ein rotes Medaillon mit den Buchstaben BS. Es könnte sich dabei um die Initialen von Berenger Sauniere handeln, ebenso gut aber auch um die von Boudet und Sauniere, da beide Priester in dieser Angelegenheit verbunden waren. Es ist aber auch möglich, dass diese beiden Buchstaben für Blanque und Sals, zwei kleine Flüsse in der Gegend von Rennes-le-Chateau stehen, denn diese Flüsschen treffen bei einem Ort aufeinander, der „Le Benitier", das „Taufbecken" genannt wird. Überzeugte Hermetiker vermuten hinter der Kombination BS natürlich den Basilisken und den

Salamander mit der dazugehörigen alchimistischen Symbolik. Auch die das Medaillon flankierenden Greife gelten als Hüter verborgener Schätze und Geheimnisse.

Es fällt allerdings auf, dass die Geographie der Landschaft um Rennes-le-Chateau vom Teufel geradezu geprägt scheint. Man findet die „Hand des Teufels“ auf dem „Brotfelsen“ bei Rennes-les-Bains. Diese Formation ist künstlich geschaffen worden und war höchstwahrscheinlich einst ein Kultort der keltischen Urbevölkerung. Ebenfalls bei Rennes-les-Bains kann jeder, der dazu Lust verspürt, im „Teufelssessel“ Platz nehmen, der in den Sandstein gehauen ist und ebenfalls zur Zeit der Kelten rituellen Zwecken diente. Eine Legende berichtet, der Teufel selbst habe die „Rouliers“, die „Wackelfelsen“ am Plateau „Pla de la Coste“ abgestellt.

Doch über dem Haupt Asmodis stehen vier Engel, welche das katholische Kreuzeszeichen darstellen sollen. Der kniende Engel weist mit seinem Zeigefinger auf die Inschrift

PAR CE SIGNE TU LE VAINCRAS
DURCH DIESES ZEICHEN WIRST DU IHN BESIEGEN.

Ist damit das Zeichen des Kreuzes gemeint oder die kryptische Buchstabenkombination BS?

Gegenüber dem Weihwasserbecken ließ Sauniere jene biblische Szene figürlich nachbilden, in der Jesus durch Johannes getauft wird. Bemerkenswert an dieser Figurengruppe ist, dass Christus die selbe Haltung wie Asmodi einnimmt, allerdings spiegelverkehrt. Die Kleider, welche der Gottessohn trägt, haben die gleichen, wenn auch wiederum umgekehrten Farben wie die Bekleidung des Dämons.

Auch den Altar der Kirche ließ Abbè Sauniere vollkommen nach seinen eigenen Wünschen umgestalten. Statt des bescheidenen westgotischen Altartisches wurde ein massives Schnitzwerk verwendet. Das Ganze krönt das Modell eines dreitürmigen Kastells, welches an das Siegel der Königin Blanche de Castille erinnert. Der Altar ist mit einem eigenartigen Basrelief geschmückt, das die weinende Maria Magdalena zeigt. Sie kniet in einer Höhle vor einem Kreuz, dass aus zwei Ästen besteht. Einer der Äste ist abgestorben, der andere lebt. Die auf dem Relief dargestellte Höhle befindet sich in unmittelbarer Nähe von Rennes-le-Chateau, im Lavaldieu – dem „Tal Gottes“.

Wollte Sauniere durch diese Darstellung an die alte Legende erinnern, dass Maria Magdalena gemeinsam mit Josef von Arimathia nach Frankreich gekommen sein soll und den Heiligen Gral mit sich führte? Die Historikerin Kletzky-Pradere ist der Ansicht, dass sich in der von Sauniere vermauerten Krypta der Grundherren von Rennes wertvolle Reliquien der Maria Magdalena befinden sollen.

Andere Forscher – allen voran die britischen Journalisten Lincoln, Baighent und Leigh – gehen noch weiter und folgen der populären Überlieferung, nach der Jesus sogar mit Maria Magdalena verheiratet war und sie mit ihren gemeinsamen Kindern in das Rhazes kam. Dort gründeten die Nachkommen Christi angeblich eine eigene, geheime Dynastie, aus der auch die Merowinger-Könige hervorgegangen sein sollen. Wäre das alte Rhedae demnach das Zweite Jerusalem gewesen, das Jesus angekündigt hatte?

Neben dem Altar ist die Heilige Familie dargestellt. Die Statuen des Heiligen Josef und der Mutter Maria sind einander genau gegenüber aufgestellt worden. Sowohl Josef als auch Maria halten je ein Kind auf dem Arm. Wollte Berenger Sauniere damit andeuten, dass Jesus noch einen Zwillingsbruder hatte und in der Christusgestalt des Neuen Testaments zwei Personen zu einer, dem „Sohn Gottes" verschmolzen sind? Dies würde zumindest die teilweise sehr widersprüchlichen Aussagen Jesu erklären, welche von den Evangelisten aufzeichnet worden sind. Wies der Messias seine Jünger an einer Stelle darauf hin, stets *„sanft wie Lämmer"* zu sein, so erklärte er kurz darauf, er sei *„in die Welt gekommen, nicht um den Frieden zu bringen, sondern das Schwert"*. Diese Aussagen könnten tatsächlich von zwei verschiedenen Personen stammen. War Jesus der friedfertige Prediger und sein Zwillingsbruder der kriegerische Rebell? Wurde dieser von den Römern als Aufrührer und Hochverräter gekreuzigt, während Jesus letztlich nach Kaschmir entkam, wo er in hohem Alter verstorben sein soll, und noch heute sein Grab in der Stadt Srinagar zu besichtigen ist?

Auch die Fenster der Kirche von Rennes-le-Chateau verdienen Beachtung. Sie wurden alle nach den Plänen von Sauniere und seinem Freund Henri Boudet gefertigt. Die von Pfarrer Sauniere ausgewählten Glasmacher haben hier einige bemerkenswerte optische Phänomene eingebaut, die noch heute beobachtet werden können.

Fallen beispielsweise im Winter zu Mittag die Strahlen der tief stehenden Sonne durch die Fenster auf der Südseite, so zeichnen sie auf die gegenüber liegende Mauer einen Baum mit runden Früchten, die wie Äpfel aussehen. Während das zunächst unscharfe Bild allmählich an Klarheit gewinnt und sich zugleich von links nach rechts bewegt, scheinen die Früchte zu reifen und verfärben sich rot – bis auf drei, die während der ganzen Zeit blau bleiben. Kurz darauf wird das Bild wieder unscharf und verschwindet dann völlig. Eine solche Erscheinung war bis zum Jahre 1891 ebenfalls in der Kirche des Konservatoriums von Saint Sulpice in Paris zu sehen, an dem Sauniere studiert hatte. Man bedenke in diesem Zusammenhang auch den kryptischen Hinweis des „Großen Manuskriptes":

MITTAGS BLAUE ÄPFEL.

Am 13. Januar eines jeden Jahres, nach der Bibel jener Tag, an dem Jesus die Taufe im Jordan erhielt, fällt genau um 13.00 Uhr ein einzelner Sonnenstrahl auf den Taufstein und steigt dann eine Stunde lang aufwärts, bis er die Statuen von Jesus und Johannes dem Täufer mit seiner Aura umhüllt.

Gegen Ende März eines jeden Jahres lässt sich eine weitere Erscheinung beobachten. Auf dem Kirchenfenster, welches jene biblische Szene darstellt, in der Jesus zu seinen Jüngern sagt: *„Ich bin das Licht der Welt"* bildet sich ein perfektes Dreieck, dessen Scheitel Christus und dessen Basis der Heilige Petrus und der Heilige Johannes sind. Das Fenster befindet sich hinter der Statue des Heiligen Antonius von Padova. Durch ein faszinierendes Reflexionsspiel erreicht dieses Dreieck eine solch immense Lichtstärke, dass das ansonsten in Halbdunkel gehüllte Innere der Kirche von Licht regelrecht durchflutet wird.

In der ersten Aprilwoche dann dringt die Sonne durch jenes Kirchenfenster, auf dem Lazarus und Jesus dargestellt sind. Es befindet sich im Chor, rechts vom Altar. Das Licht projiziert Christus auf den Sockel der gegenüber liegenden Mauer, hebt ihn dann langsam empor, bis er wie in den Evangelien vor Maria Magdalena erscheint und schließlich verschwindet. Dieses Phänomen lässt sich etwa eine Woche lang beobachten.

Auch den Kreuzweg, der in keiner katholischen Kirche fehlen darf, ließ Berenger Sauniere durch den Künstler Giscard aus Couiza nach seinen Vorstellungen gestalten. Dem aufmerksamen Betrachter entgeht nicht, dass dieser Kreuzweg der Passion Christi im Evangelium keineswegs mehr entspricht. Nach dem Prinzip der auch von den Freimaurern mit Vorliebe verwendeten phonetischen Bilderrätsel ließ der Abbè an jeder Kreuzwegstation ein seltsames zusätzliches Element einfügen.

An der ersten Station des Kreuzweges, die Jesus vor Pilatus zeigt, fällt sofort der goldene Greif neben dem römischen Prokurator ins Auge. Was soll dieses Fabeltier bedeuten, das ein Mischwesen mit dem Körper eines Löwen und Adlerschwingen ist? Wieso hat Pontius Pilatus auf diesem Bild rote Haare?

Die vierte Station des Kreuzweges stellt jene Szene dar, in der Christus den Frauen von Jerusalem begegnet. Auffällig ist hier eine Witwe, kenntlich durch ihren schwarzen Schleier, die ein Kind an der Hand führt, das lediglich mit einem karierten Tuch bekleidet ist. Bemerkenswert erscheint, dass sich Freimaurer gern selbst als *„Kinder der Witwe"* bezeichnen.

Auch die zehnte Station, die zeigt, wie Jesus die Kleider abgenommen werden, weist einige Anomalien auf. Da ist ein Soldat, der um den Rock Jesu würfelt. Soweit stimmt die Szene mit dem Evangelium überein. Doch der Krieger hat zwei Würfel geworfen, davon zeigt einer eine Drei und eine Vier – was eigentlich unmöglich ist. Der andere Würfel zeigt eine Fünf. Möglicherweise sollte durch die Anomalie auf den numerischen Schlüssel des Vigenere-Codesystems hingewiesen werden, welcher zur Dechiffrierung der von Sauniere aufgefundenen Pergamente diente.

Am merkwürdigsten von allem ist aber die vierzehnte Kreuzwegstation gestaltet, die die Grablegung Christi darstellen soll. Sie zeigt, wie der Körper Christi von seinen Jüngern getragen wird. Jedoch lässt die Darstellung Raum für Spekulationen, ob Jesus hier wirklich in das von der Bibel beschriebene Felsengrab gelegt werden soll oder ob nicht vielmehr sein Körper von den Jüngern in einer Nacht-und-Nebel-Aktion wieder aus diesem Grab entfernt wird. Für diese Hypothese spricht zumindest, dass die Darstellung eine nächtliche Szenerie im Lichte des Vollmondes zeigt.

Als Krönung der Ausgestaltung seiner Kirche ließ Abbè Sauniere an der Wand gegenüber dem Altar eine große Freske anbringen. Sie stellt den Berg der Seligpreisung dar. Das ist jener Ort, der in der Bibel beschrieben wird und an dem Jesus in seiner Predigt die acht Glückseligkeiten verhieß. Das Wandbild wird von dem Bibelwort untermalt:

VENEZ A MOI VOUS TOUS QUI SOUFFREZ QUI ETES ACCABLES ET JE VOUS SOULAGERAI

Dies bedeutet:

SENDET ZU MIR ALLE JENE DIE MÜHSELIG UND BELADEN SIND UND ICH WILL SIE ERQUICKEN.

Doch wiederum handelt es sich bei der Abbildung um eine Landschaft in der Nähe von Rennes-le-Chateau. Der Berg lässt sich als Mount Cardou identifizieren, unter dem sich ein bis heute nicht vollständig erkundetes Minensystem aus römischer Zeit erstrecken soll. Die beiden Täler zu den Seiten des Berges stellen die Flussläufe von Blanque und Sals dar. Auch sonst weist das Bild noch einige Merkwürdigkeiten auf. So liegt am Fuß des Berges ein durchlöcherter Rucksack, aus dem ein Goldbarren hervorzuschimmern scheint. Der Hang des Berges hingegen ist über und über mit Rosen bedeckt und in den Tälern blühen Büschel von Salomonssiegeln.

Ist dies wiederum ein Hinweis auf den Schatz oder einen hermetischen Hintergrund des Geheimnisses von Rennes-le-Chateau? Die Rose und das Kreuz sind seit dem 17. Jahrhundert Kennzeichen des mysteriösen Ordens der Rosenkreuzer, dessen wirkliche Herkunft bis heute im Dunkeln liegt. Statt dessen kursieren zahlreiche Entstehungslegenden, die einen kleinen Eindruck davon zu vermitteln vermögen, wie Mysterien entstehen können. So soll die Geheimlehre der Rosenkreuzer aus dem Sagen umwobenen Atlantis überliefert worden und demnach der einzige Überrest des Wissens dieser untergegangenen Kultur sein. Eine andere Entstehungslegende nennt als Stammvater des Ordens den Adligen Christiani Rosenkreutz, der von 1378 bis 1484 (!) gelebt haben soll. In jungen Jahren reiste er als Mönch verkleidet nach Arabien, Persien und Indien. In diesen Ländern machte er sich systematisch mit den Lehren der Weisen und Seher des Ostens vertraut. Nach seiner Rückkehr gründete er 1425 den Rosenkreuzer-Orden, welcher mehr als 200 Jahre lang im Geheimen agiert haben soll. Als ältestes bekanntes Dokument gilt die so genannte „Fama Fraternitatis“. Das ist eine Schrift voller Belehrungen psychologischer und geometrischer Art, die im Jahr 1614 zunächst in chiffrierter Form in Europa zirkulierte und bald danach in fünf verschiedene Sprachen übersetzt wurde. Als Autor dieses Werkes gilt der schwäbische Geistliche Johann Valentin Andrae. Die „Fama Fraternitatis“ beginnt mit den Worten:

„Aus Gott sind wir geboren, in Jesus sterben wir, durch den Geist werden wir wiedergeboren.“

Dieser merkwürdigen ketzerischen Einleitung – immerhin wird hier ganz offen der Gedanke an Wiedergeburt ausgesprochen, der dem katholischen Dogma vollkommen fremd ist – folgt ein Bericht über die Auffindung der geheimen Grabstätte von Christiani Rosenkreuz durch seine Schüler.

Die Philosophie der Rosenkreuzer, welche in der „Fama Fraternitatis" niedergelegt ist, hat eine Verbesserung des Menschen und somit der Welt zum Inhalt. Da eine positive Wandlung im Außen jedoch nur gelingen kann, wenn dem eine Wandlung zum Besseren im Innern des Menschen vorangegangen ist, steht die Aktivierung der in jedem Menschen schlummernden unbewussten Kräfte im Vordergrund. Unterdrücktes oder vergessenes Wissen freizulegen, dies sehen die Rosenkreuzer als Ziel der Suche nach sich selbst an, und das ist ja gar nicht so übel. Die Oberen des Ordens haben über die Jahrhunderte hinweg immer wieder behauptet, im Besitz des mysteriösen „Steines der Weisen" zu sein.

Möglicherweise wurde Berenger Sauniere von rosenkreuzerischen Idealen inspiriert. In den Jahren der Renovierung seines Gotteshauses empfing er neben Emma Calvè auch recht oft deren Freund Joseph Peledan, der im Jahr 1890 gemeinsam mit dem Grafen von Larochefoucauld den *Ordre de la Rose-Croix du Temple et du Graal, ou de la Rose Catholique* gegründet hatte. Im Gegensatz zu den meisten anderen rosenkreuzerischen Vereinigungen entging dieser Orden der päpstlichen Verdammung. Joseph Peledan war der Meinung, dass ein Künstler *„ein Ritter in voller Rüstung auf der symbolischen Suche nach dem Heiligen Gral"* zu sein habe. Getreu dieser Verpflichtung unternahm er einen regelrechten Kreuzzug gegen die zeitgenössische Kunst, die er als dekadent und entartet geißelte. In seiner Sympathie für Tradition und Monarchie stimmte er vortrefflich mit dem Pfarrer von Rennes-le-Chateau überein.

Nicht nur Berenger Sauniere, sondern auch Henri Boudet nahm aktiv Einfluss auf den Umbau der Pfarrkirche von Rennes-le-Chateau. Deshalb sind manche Forscher zu der Ansicht gelangt, das Interieur der Kirche sei eine perfekte Umsetzung des Buches von Boudet *„Die wahre Sprache der Kelten und der Steinkreis von Rennes-les-Bains."* Demzufolge könnte man im Innern der Kirche mit Hilfe von Winkelmaß und Zirkel den Tierkreis zeichnen, der von Boudet mit verschiedenen Landmarken in der Gegend um Rennes-le-Chateau markiert worden ist.

Die Steinbock-Linie würde in der Landschaft vom „Teufelssessel" bei Rennes-les-Bains genau nach Rennes-le-Chateau führen, in der Kirche hingegen von der Statue Asmodis bis hin zum Altar. Die Widder-Linie dagegen, die ihren Ausgang ebenfalls am „Teufelssessel" hat, führt draußen zur Felsformation von Roc Negre, in der Kirche hingegen verbindet sie die Statue des Dämonen mit der 1. Station des Kreuzweges.

Folgt man dieser Interpretation, so symbolisieren die 12 Häuser des Tierkreises jene 12 verborgenen Eingänge zum Geheimnis von Rennes-le-Chateau, über die Abbè Boudet in vagen Andeutungen zwischen den Zeilen von *La vraie Langue Celtique* gesprochen hatte. Nach seiner Meinung waren diese Eingänge alle mit einer eigenen, speziellen Codierung versehen. Diese musste der Sucher kennen, um den jeweiligen Eingang zu öffnen.

Zur vollen Zufriedenheit der Abbès Sauniere und Boudet wurden die Rekonstruktionsarbeiten an der Kirche im Jahr 1897 schließlich beendet. Am Pfingstsonntag weihte ihr extra für diese Zeremonie aus Carcassonne angereister Bischof Felix Arsene Billard persönlich das Gotteshaus und stiftete der Gemeinde überdies noch ein prachtvolles Kreuz, das vor der Kirche in einer kleinen Anlage aufgestellt wurde, die Berenger Sauniere ebenfalls selbst konzipiert hatte. Dieser Garten soll ein symbolischer Nachbau des Kalvarienberges sein und das von Billard gestiftete Kreuz stellte demnach jenes Kreuz dar, an dem einst Christus gekreuzigt wurde. Die Übersetzung des lateinischen Zitats auf dem Sockel lautet:

„Christus beschütze sein Volk vor dem Bösen."

In der Spitze des dreieckig angelegten Gartens war von Sauniere die bereits erwähnte merkwürdige Grotte mit den Steinen errichtet worden, die er von seinen langen Wanderungen mitgebracht hatte. In dieser Höhle platzierte er eine Statue der Maria Magdalena, die später allerdings entwendet wurde. Viele Forscher sehen in der Anlage ebenfalls einen verschlüsselten Hinweis Saunieres auf das Geheimnis von Rennes-le-Chateau. Doch wahrscheinlich hat die merkwürdige dreieckige Form des Gartens mit der Kreuzigungsszene einen ganz einfachen Hintergrund. Zur Zeit Saunieres befand sich das Schloss der Grundherren von Rennes-le-Chateau im Besitz der Gebrüder Dalbiers. Die zur Burg gehörenden Ländereien grenzten aber unmittelbar an das Grundstück, welches Sauniere für den Nachbau des Kalvarienberges ausgewählt hatte. Mit dem Verhältnis der Dalbiers zur Kirche und zur Gemeindeverwaltung war es nicht zum Besten bestellt, so dass sich die Brüder standhaft weigerten, auch nur einen Quadratmeter ihres Landes an die Gemeinde oder gar an den Pfarrer zu verkaufen. Die bestehenden Grundstücksgrenzen, welche auch Abbè Sauniere bei seinen umfangreichen Bauarbeiten respektieren musste, gaben dann die eigenartige Form des Gartens zwingend vor.

Wer aber nun meint, Berenger Sauniere habe sich nach der glanzvollen Einweihung seiner Pfarrkirche mit dem Erreichten zufrieden gegeben, befindet sich gewaltig auf dem Holzweg. Zwar hatte der Umbau seiner Kirche bereits die Summe von etwa 457.000 Francs heutiger Währung (16.000 Franc in Gold) verschlungen. Bei einem Gehalt von umgerechnet ca. 5.800 Francs jährlich (ca. 200 Franc in Gold) hätte Sauniere immerhin reichlich 78 Jahre allein nur für die Restaurierung seiner Kirche arbeiten müssen. Doch er hatte gerade erst begonnen, richtig Geld auszugeben.

In den Jahren 1898 bis 1905 kaufte der Pfarrer systematisch Grundstücke auf, die an das Gelände der Kirche grenzten. Da er selbst schlecht als Erwerber auftreten konnte – dies wäre mit dem Gelübde der Armut, das er bei seiner Priesterweihe abgelegt hatte, unvereinbar gewesen – wurden die Immobilien durch seine Haushälterin Marie Denarnaud erworben.

Die Rolle dieser Frau in der Geschichte von Rennes-le-Chateau lässt sich schwer bewerten. Marie wurde in ihrer Jugend als stilles und bescheidenes Mädchen beschrieben. Sie hatte den Beruf einer Hutmacherin erlernt, bevor sie im Jahr 1886 gemeinsam mit ihrer Familie in den Dienst von Abbè Sauniere trat. Dieser Schritt der Denarnauds war äußerst ungewöhnlich, denn zu jener Zeit konnte der Pfarrer mit seinem mageren Gehalt gerade die junge Haushälterin recht und schlecht bezahlen, während ihr Vater und ihr Bruder sich in Esparaza als Arbeiter verdingen mussten, um ihren Lebensunterhalt zu fristen. Elf Jahre später hatte sich die Situation dann grundlegend gewandelt. Der mysteriöse Reichtum Berenger Saunieres ermöglichte seit 1891 auch Marie Denarnaud und ihrer Familie ein Leben im Luxus. Ein offenes Geheimnis im Dorf war es auch, dass Marie nicht nur eine einfache Bedienstete, sondern die Geliebte und Vertraute des Pfarrers war. Selbstsicher bewegte sich die junge Frau in der Gemeinde, stellte kokett die neueste Mode aus Paris zur Schau und trug manchmal auch seltsame Juwelen von großem Wert, deren Herkunft niemand kannte. Hinter der Fassade einer folgsamen Dienerin verbargen sich Wachsamkeit, Autorität und ein eiserner Wille zum Erfolg. Das alte Sprichwort, dass *„hinter jedem starken Mann eine noch stärkere Frau steht“* traf uneingeschränkt auf Marie zu. Sie übte auf die Entscheidungen Berenger Saunieres einen nicht zu unterschätzenden Einfluss aus. Es ist undenkbar, dass sie nicht zumindest in großen Zügen mit dem Geheimnis Rennes-le-Chateaus vertraut war. Ihre ausgeprägte Vorsicht aber trug dazu bei, dass Marie sich niemals verriet, so sehr die Einwohner von Rennes auch versuchten, ihr die Wahrheit über den plötzlichen Reichtum zu entlocken.

„Ihr wandelt hier auf purem Gold“, pflegte sie zu sagen. *„Ihr wisst es nur nicht.“* Mehr bekam niemand aus ihr heraus.

In der Zeit bis 1905 wurde Marie Denarnaud offiziell Eigentümerin von insgesamt sieben Grundstücken, auf denen Berenger Sauniere umfangreiche Bauarbeiten vornehmen ließ.

Neben dem Pfarrhaus entstand zunächst eine stattliche Villa im Stil der Renaissance. Das Haus wurde in den Jahren 1901 bis 1905 erbaut, einer Zeit großen religiösen Eifers in Frankreich, da sich die Masse der Gläubigen dem „Heiligen Herzen Jesu“ widmete. In dieser Bewegung spielte die Familie Fleury aus Rennes in der Bretagne eine sehr bedeutende Rolle. Doch wir finden hier auch den Habsburger Johann Salvator wieder. Er war bereits seit 1885 Anhänger jener Bewegung, die sich unter Leitung des Paters Devron das Ziel gesetzt hatte, im Wallfahrtsort Paray-le-Monial im Departement Saone-et-Loire ein dem „Heiligen Herzen Jesu“ geweihtes Zentrum christlicher Esoterik einzurichten.

Auch Saunieres Villa „Bethania“ war eine Hommage an diesen Zeitgeist. Schon der Name, den er dem Gebäude gab, erinnert an Judäa und an biblische Zeiten. Bethania war der Wohnsitz von Lazarus, dem Bruder der Maria-Magdalena. So wurde unter dem Giebel eine Statue vom Heiligen Herzen Jesu aufgestellt und auf den beiden Fenstern der Eingangstür finden sich ebenfalls die Abbildungen des Heiligen Herzen Jesu. Allein die Fertigstellung der Villa Bethania kostete weitere 90.000 Francs in Gold, was nach den derzeitigen Umrechnungskursen etwa 2.610.000 heutigen französischen Francs entspricht.

Gegenüber dem Eingang ließ Sauniere einen großen, geschmackvoll gestalteten Garten mit einem Springbrunnen als Zentrum anlegen. Bei den Arbeiten an der Wasserversorgung entdeckten seine Arbeiter ein Skelett, welches hinzugezogene

Archäologen in das 8. bzw. 9. Jahrhundert n. Chr. – also in die Zeit der Merowinger – datierten.

Neben der Villa Bethania entstand eine parkartige Anlage mit kleinen Alleen aus Palmen, Platanen und Eiben, die alle auf ein kreisförmiges Zentrum zuliefen. Dort ließ der Abbè eine Zypresse pflanzen, die gleichzeitig den Mittelpunkt dieses kleinen Parks symbolisierte. Nach Westen, zur steil abfallenden Talseite hin, wurde das Grundstück von einem ebenfalls neu erbauten Wall begrenzt, der entlang einer Felskante und des zerstörten Mauerrings der ehemaligen Zitadelle des alten Rhedae verlief. Zwei Treppen bildeten den Aufgang zu dem mehr als drei Meter breiten und etwa dreißig Meter langen, halbrunden Wall. Die Treppen umrandeten das Becken einer Wasserkunst. In diesem Bassin züchtete der Pfarrer exotische, extra aus Ostasien importierte Fische. Der Wall selbst war nicht massiv gefügt, sondern beherbergte neben einer großen Zisterne, aus der die Wasserkunst auch in trockenen Sommern gespeist werden konnte, ebenfalls einen kleinen Saal und ein behagliches Kaminzimmer.

Am nördlichen Ende des Walls ließ Abbè Sauniere eine Orangerie errichten, ein gläsernes Gewächshaus, in dem der Pfarrer allerlei ausgesuchte und empfindliche Pflanzen kultivierte. Doch dies war längst noch nicht alles. Sauniere gönnte sich keine finanzielle Atempause, sondern nahm in den Jahren 1904 bis 1907 weitere umfangreiche Bauarbeiten auf den von Marie Denarnaud erworbenen Ländereien in Angriff. Eine Bibliothek und ein Arbeitsraum sollten dort entstehen.

Seit 1891 nutzte er ein kleines Gebäude in der Nähe des Friedhofes als persönlichen Arbeitsraum. Im Zuge der Renovierung seiner Pfarrkirche hatte Abbè Sauniere auch die Friedhofsmauer erneuern und nach seinen Vorgaben verändern lassen. Seit jener Zeit grinst ein Totenkopf auf zwei gekreuzten Knochen über dem Tor zum Friedhof jedem Besucher entgegen. Diese für einen christlichen Friedhof recht makabere Symbolik erinnert jedoch nicht nur an die Insignien berüchtigter Seeräuber wie Captain Morgan oder Schwarzbart Teach, sondern stellt auch einen Bezug zu freimaurerischen Einweihungsriten her. Warum aber sollte ein Priester, dessen erklärte Gegnerschaft zu den Freimaurern allgemein bekannt war, ausgerechnet deren Symbolik für seinen Dorffriedhof verwenden?!

Unmittelbar neben dem Eingang des Friedhofes stand auch ein kleines Gebäude, das zwar der Gemeinde gehörte, ungeachtet dessen aber von Sauniere seit 1891 als Arbeitsraum beansprucht wurde. Da sich dort aber auch eine Zisterne befand, aus der die Friedhofsbesucher ihr Gießwasser entnahmen, kam es zu permanenten Reibereien mit dem Pfarrer, der gern in seinem Arbeitszimmer ungestört sein wollte. Im Jahr 1895 bezog dann der Gemeinderat gegen Sauniere Position und der Priester musste wieder zurück in sein Pfarrhaus ziehen, damit fortan eine ungehinderte Zisternennutzung für alle Friedhofsbesucher gewährleistet war.

Nachdem Sauniere ein provisorisches Arbeitszimmer zunächst im Pfarrhaus und danach in der Villa Bethania eingerichtet hatte, suchte er nun nach einer dauerhaften Lösung. In den Jahren ab 1904 ließ er durch seinen Architekten Elias Bot aus Couiza, der bereits die Villa Bethania realisiert hatte, am südlichen Ende des Walles einen massiven zweigeschossigen Turm im neogotischen Stil erbauen. Das gesamte Gebäude ist perfekt nach dem goldenen Schnitt konstruiert und strahlt eine bewunderungswürdige Harmonie aus. Hier brachte Sauniere im Erdgeschoss sein Arbeitszimmer und auf der Höhe des Walls seine reich ausgestattete und sehr schön möblierte Bibliothek unter. Der viereckige Bau birgt nur diese zwei Räumlichkeiten, doch vom Bibliothekszimmer gelangt man durch eine Tapetentür über eine Wendeltreppe, die in einem kleinen Turm untergebracht ist, auf eine mit Zinnen gekrönte Plattform. Der merkwürdige kleine Wachturm hatte seinerseits wieder eine mit 12 Zinnen versehene Aussichtsplattform, die aber nur über eine eiserne Außenleiter zu erreichen war. Die Anzahl der Zinnen lässt bei Beachtung der Symmetrie des übrigen Gebäudes an die zwölf Tierkreiszeichen denken, zumal der Turm wie eine überdimensionale Sonnenuhr ausgerichtet ist. Auf diesen Zweck deutet auch der einstige Name des Bauwerkes, das als „Turm der Uhr“ bezeichnet wurde. Erst einige Jahre nach Vollendung des Baus wurde er durch Sauniere in „Tour Magdala“, „Turm der Magdalena“ umbenannt und als solcher ist er noch heute ein Wahrzeichen von Rennes-le-Chateau.

So nimmt es nicht Wunder, dass zahlreiche Forscher dieses Bauwerk als Schlüssel zum eigentlichen Geheimnis von Berenger Sauniere betrachten und die Meinung vertreten, der Pfarrer habe mit dem Turm eine Art mathematischen oder geometrischen Schlüssel hinterlassen, dessen richtige Anwendung den Sucher zwangsläufig zum „Schatz“ von Rennes-le-Chateau führen müsse. Unzählige Male peilten in der Vergangenheit Schatzsucher vom Dach der Tour Magdala in alle Himmelsrichtungen die auffälligen Landmarken der Gegend um Rennes-le-Chateau an, um dann doch enttäuscht feststellen zu müssen, dass auf so einfache Art dem Geheimnis des Ortes wohl doch nicht beizukommen war.

Schon zu seinen Lebzeiten sorgten die Unternehmungen des Abbè Sauniere für vielfältige Spekulationen, zumal er sein Geld in großen Mengen nicht nur für eigene Zwecke, sondern auch für Gemeindeprojekte ausgab. So ließ er von Couiza aus auf eigene Kosten eine neue Straße erbauen. Vorher gab es nur einen schmalen Pfad von der Stadt herauf, auf dem man selbst mit einem kleinen Pferdefuhrwerk mehr schlecht als recht vorankam. Die von Abbè Sauniere gebaute Straße benutzt noch heute jeder Besucher, der nach Rennes-le-Chateau fährt.

Weiterhin finanzierte der Priester den Anschluss des gesamten Dorfes an eine zentrale Trinkwasserversorgung und hielt darüber hinaus stets ein- bis zweimal wöchentlich eine offene Tafel für seine Gemeindemitglieder ab, die diese Einladungen zu den stets reichlichen Banketten sehr schätzten. Überall priesen sie die erstaunliche Freigiebigkeit ihres Pfarrers und so kursierte bald das Gerücht, der Seelsorger von Rennes-le-Chateau habe einen antiken Schatz gefunden.

Der sagenhafte Reichtum Saunieres scheint jedenfalls zum Teil tatsächlich aus einem Schatzfund zu stammen. Die Gegend um Rennes-le-Chateau ist von jeher als sehr goldreich bekannt. Bereits im Jahr 1860 fand ein Bauer auf seinem Feld bei

Rennes einen Goldbarren mit einem Gewicht von 50 Kilogramm. Ein weiterer Goldbarren, der 20 Kilogramm wog und aus grob eingeschmolzenen arabischen Münzen bestand, wurde wenig später in einem Waldstück nahe des Dorfes entdeckt.

Möglicherweise war der Schatz, den Sauniere entdeckt hatte, westgotischen Ursprungs und vielleicht Bestandteil der Beute, die Alarich im Jahr 410 n. Chr. bei der Plünderung Roms gemacht hatte. Oder es handelte sich um jenen Schatz, den Dagobert II. für die Rückeroberung Aquitaniens anhäufen ließ.

Die entdeckten Kostbarkeiten können jedoch auch ein Teil des Kronschatzes der Königin Blanche de Castille auş dem 13. Jahrhundert sein. Man sollte bedenken, dass immerhin eines der von Sauniere aufgefundenen Pergamente aus dem 13. Jahrhundert das Siegel dieser Königin trug. Im 13. Jahrhundert wurde das Gebiet des heutigen Frankreich von zahlreichen blutigen Religionskriegen heimgesucht. So brach im Jahr 1250 in der Normandie und der Bretagne ein Aufstand der Hirten und Bauern, der sogenannten „Pastorellen“ aus. Der Hintergrund dieser Erhebung war die Tatsache, dass kurz zuvor König Ludwig IX. während des 6. Kreuzzuges mit seinem gesamten Heer nach der Schlacht von Mansura in sarazenische Gefangenschaft geriet. Die moslemischen Sieger forderten im Austausch für die Freiheit des Monarchen und seiner Mitstreiter ein ganz erhebliches Lösegeld, das Blanche de Castille, die in Abwesenheit Ihres Sohnes Ludwig IX. regierte, in Paris ansammeln ließ. Um die nicht unbeträchtliche Summe aufzubringen – sie entsprach ihrer Höhe nach immerhin den jährlichen Einkünften der Krone Frankreichs – wurden der durch die ständigen Kriege mit den Engländern und zahlreichen Fehden ohnehin notleidenden Bevölkerung rigoros neue Sonderabgaben aufgebürdet.

Gleichzeitig versuchten sich fanatisierte Priester des Zisterzienser-Ordens mit der Propaganda für einen weiteren und natürlich „letzten“ Kreuzzug wider die Ungläubigen im Heiligen Land. Erneut unternahm es die katholische Kirche, die ärmsten Schichten der Bevölkerung für dieses Unternehmen zu gewinnen, wie dies schon mehrmals – beim ersten Kreuzzug von 1096 und dem so genannten „Kinderkreuzzug“ von 1212 – funktioniert hatte.

Doch die von vielen als äußerst ungerecht empfundenen Steuern im Zusammenhang mit den fanatischen Kreuzzugspredigten ergaben eine höchst brisante Mischung. Der Zorn des einfachen Volkes richtete sich nicht wie geplant und erwartet gegen die „Heiden“ im fernen Morgenland, sondern entlud sich handgreiflich gegen die eigenen Fürsten und Grundherren, deren selbstgerechte und verschwenderische Herrschaft vor allem von der ländlichen, tief religiösen Bevölkerung als vollkommen unchristlich empfunden wurde.

So machte sich denn erneut ein „Kreuzzug der Armen“ auf den Weg, doch nicht, um die Sarazenen aus dem Heiligen Land zu vertreiben, sondern vor allem, um die gotteslästerliche Herrschaft der Barone von Frankreich zu beenden. Dies verkündete der „Meister aus Ungarn“, der geheimnisvolle Anführer des „Pastorellenaufstandes“. Vor seinem Charisma, seiner Redegewandtheit und seinen Bibelkenntnissen verblasste sogar das Wissen der gelehrten Professoren der Universität von Paris.

Angefeuert von seinen wortgewaltigen Predigten marschierte ein Heer von 30.000 Mann – Hirten, Bauern, Landarbeiter und einfache Handwerker – bewaffnet mit Sensen, Äxten, Knüppeln und Steinen auf Paris. Sie warfen jeden Widerstand nieder, der sich ihnen in den Weg zu stellen wagte. Das Blut von Priestern, Adligen und Patriziern tränkte zu dieser Zeit reichlich den Boden im Norden Frankreichs.

Der „Meister aus Ungarn“ schickte sich an, seine Hand nach dem französischen Königsthron auszustrecken. Hatte Königin Blanche de Castille anfangs noch angenommen, dieser merkwürdige Mann sei ein Gesandter des Himmels, zu ihrer Unterstützung und der Organisation eines neuen Kreuzzuges geschickt, so stellte sich nun heraus, dass der bleiche, bärtige Asket durch seinen Einfluss im Volk zu einer ernsten Gefahr für die französische Krone geworden war.

Die alternde Königin verwandte enorme Anstrengungen darauf, um dem Vormarsch der Pastorellen und ihrem Wüten unter der Geistlichkeit und dem Adel ein Ende zu bereiten. Die Streitmacht, die sie gegen den „Meister aus Ungarn“ aufbieten ließ, konnte sich mit so manchem Kreuzfahrerheer messen.

Dennoch schien sich Blanche de Castille ihres Sieges nicht sicher zu sein. Sie ließ das für den Freikauf ihres Sohnes bereits angesammelte Lösegeld sowie ihre persönliche Kriegskasse nach Südfrankreich abtransportieren, in sicheres Territorium. Das Ziel des langen Trosses aus schweren Lastwagen war die von der Familie de Voisin vor kurzem erst wieder neu erbaute, mächtige Festung von Rhedae. In den geheimen, unterirdischen Gewölben der Zitadelle wurden die angesammelten Kostbarkeiten von ausgewählten Angehörigen der Familie de Voisin und den Beamten der französischen Krone eingelagert. Königin Blanche hatte den Ort gut gewählt. Im Fall einer Niederlage konnte sie sich von hier aus in ihre Heimat, nach Spanien absetzen.

Doch die Sorgen der Königin sollten sich als unberechtigt erweisen. Das von ihr entsandte Heer stellte die Pastorellen bei Villeneuve-sur-Cher zur Schlacht und schlug sie vernichtend. Der „Meister aus Ungarn“ fiel in diesem blutigen und von beiden Seiten mit äußerster Erbitterung ausgetragenen Kampf. Nach dem Verlust ihres Anführers zerstreuten sich die überlebenden Hirten und Bauern ziemlich rasch. Die unmittelbare Gefahr für Frankreichs Krone war abgewendet.

Blanche de Castille kehrte unter Mitführung des Lösegeldes nach Paris zurück, beließ aber voller Vorsicht ihren persönlichen Kronschatz in Rhedae. Die Königin sollte ihren letzten Sieg nicht lange überleben. Im November des Jahres 1252 starb sie in Paris.

Ihr Sohn Ludwig IX. wurde mit dem angesammelten Lösegeld freigekauft, benötigte jedoch immerhin noch zwei Jahre, ehe er endlich nach Frankreich zurückkehren konnte. Es ist nicht bekannt geworden, dass er Anweisung erteilt hätte, die Kriegskasse seiner Mutter nach Paris zurückzubringen. In Anbetracht der nach wie vor unruhigen Situation im Norden Frankreichs erschien es ihm wohl sicherer, den Kronschatz dort zu belassen, wo er sich befand.

Im Jahr 1270 übernahm Ludwig IX. die Führung eines erneuten Kreuzzuges, der sich jedoch nicht mehr gegen Jerusalem, sondern gegen Tunis richtete. Dort ereilte den Monarchen am 25. August 1270 der Tod. Wie so viele andere Kreuzfahrer starb er in dem heißen, fieberverseuchten Klima an der Pest.

Sein Sohn und Nachfolger, Philipp III., genannt der Kühne, schien bereits nicht mehr in das Geheimnis des Kronschatzes der Blanche de Castille eingeweiht zu sein. Es gibt jedenfalls keinen Beleg dafür, dass der Schatz zu seiner Zeit aus Rhedae abtransportiert worden wäre. Die Jahre vergingen und nachdem im Jahr 1362 Rhedae von den katalanischen Abenteurern unter Henri de Trastamare und der Pest ausgelöscht worden war, blieb nicht einmal mehr eine Legende vom Gold der Königin erhalten.

Dies sollte sich erst fast 300 Jahre später ändern. Im Mai des Jahres 1645 hütete der junge Schafhirte Ignàce Paris seine Herde in den Ruinen des alten Rhedae, unweit seines Heimatdorfes Rennes-le-Chateau. Plötzlich rutschte eines seiner Schafe, das sich etwas von der Herde entfernt hatte, in eine schmale Spalte und verschwand mit lautem Blöken unter der Erde. Ignàce folgte dem Tier in die Spalte, da er seinen kostbaren Besitz nicht verlieren wollte. Das Schaf flüchtete sich in eine kleine Grotte, die den Anfang eines Höhlenlabyrinths bildete. Dort fand der Hirte zu seinem Erstaunen Kisten voller Goldmünzen, Edelsteine, und Geschmeide von ungeheurem Wert. Neben den Kisten sollen mehrere Skelette am Boden gelegen haben.

Ignàce nahm von dem unverhofften Reichtum, so viel er tragen konnte, und vergaß auch nicht, sein Schaf wieder ans Tageslicht zu bringen. Seinen Schatzfund vermochte er nicht allzu lang vor den Dorfbewohnern geheim zu halten. Von ihnen über die Herkunft des Goldes befragt, erzählte er die eben berichtete Geschichte, weigerte sich aber hartnäckig, den Ort anzugeben, an dem er den Schatz entdeckt hatte.

Daher geriet Ignàce Paris sehr schnell in den Verdacht, das kleine Vermögen irgendwo gestohlen zu haben. Er wurde verhaftet und der Familie de Hautpoul – den Grundherren von Rennes-le-Chateau – vorgeführt, die zu jener Zeit auch die so genannte Halsgerichtsbarkeit ausübten, also über Leben und Tod ihrer leibeigenen Untertanen entscheiden konnten.

Den Vorwurf des Diebstahls stritt Ignàce Paris vor Gericht vehement ab. Er konnte oder wollte jedoch den Ort der Herkunft des Goldes nicht preisgeben. Auch unter der Folter soll er seinen Peinigern das Geheimnis des Schatzes nicht verraten haben. Das Gericht der Grundherren von Rhedae verurteilte ihn schließlich wegen schweren Diebstahls zum Tod durch den Strang. Ignàce Paris starb verurteilt als gemeiner Verbrecher am Galgen außerhalb der Mauern seines Dorfes. Er soll das Geheimnis des Schatzverstecks mit ins Grab genommen haben.

Seine Beschreibung des Ortes, an dem er das Gold fand, und die fehlende Gnade des herrschaftlichen Gerichts, welches den Hirten allein aufgrund von Indizien – der vorhandenen Goldmünzen – zum Tode verurteilte, legen die Möglichkeit nahe, dass Ignàce Paris zufällig das Versteck der Kriegskasse von Blanche de Castille entdeckte, auf welche die Herren von Rennes Anspruch erhoben. Durch seine Weigerung, den Ort des Schatzverstecks preiszugeben, machte sich der Hirte tatsächlich eines „Diebstahls“ an seiner Herrschaft schuldig, nicht in dem Sinn, dass er seinen Herren etwas weggenommen hatte, sondern indem er ihnen etwas vorenthielt, was jenen eigentlich gehörte.

Ignàce Paris war ein Leibeigener der Hautpouls, ebenso viele andere Dörfler. Leibeigenschaft aber bedeutete nach den damaligen Gesetzen unter anderem auch, dass der auf dem Gebiet der Grundherren von Rhedae aufgefundene Schatz nicht dem leibeigenen Finder, sondern dessen Herrschaft gehörte. Durch seine Weigerung, der Herrschaft das Schatzversteck zugänglich zu machen, lieferte Ignàce Paris selbst den Vorwand für seine Inhaftierung. Vielleicht hatte er gehofft, mit der Familie Hautpoul einen Handel eingehen zu können und auf leichte Weise Reichtum zu erlangen. Das genaue Motiv für sein hartnäckiges Schweigen wird wohl für immer im Dunkeln bleiben. Sicher ist nur, dass Ignàce Paris ein gewagtes Spiel spielte – und verlor. Was uns heute als grausamer Justizmord an einem unschuldigen Jugendlichen erscheinen mag, war damals mit Recht und Gesetz durchaus vereinbar.

Es kann nun sein, dass Berenger Sauniere bei seiner ausführlichen Recherche auch auf diese alte Geschichte stieß und den Hinweisen aus seinen Pergamenten, aus den Chroniken der Grundherrschaft und dem Gerichtsurteil nachging. Da er bereits seit seiner Jugend mit der Umgebung Rennes-le-Chateaus bestens vertraut war, mag es sein, dass er die vergessene Kriegskasse der Königin Blanche de Castille entdeckte und den Schatz für sich verbrauchte.

Dies besagt jedenfalls ein Gerücht, das heute noch unter dem Einheimischen von Rennes-le-Chateau kursiert und die Herkunft des enormen Reichtums ihres Dorfpfarrers belegen soll. Doch eine solche Erklärungsvariante reicht bei weitem nicht aus, um das eigentliche Rätsel des Dorfes zu lösen.

IV. Dunkle Geschäfte

Zeitgenössische Quellen sprudelten nämlich ebenso reichlich für Sauniere. So erhielt er großzügige Zahlungen von den Adelshäusern Chambord und Habsburg. Insbesondere auf die im Ausland unter falschem Namen eröffneten Konten tätigte Johann Salvator von Habsburg Einzahlungen von mehreren Millionen Francs in Gold.

Auch Henri Boudet überwies an Sauniere bedeutende Summen, wie aus erhalten gebliebenen Bankbestätigungen hervorgeht. In der Zeit von 1891 bis 1915 waren es insgesamt rund 13 Millionen Franc in Gold. Diese Gelder wurden alle an Marie Denarnaud zahlbar gestellt. Daraus lässt sich der Schluss ziehen, dass die Haushälterin des Pfarrers eine weitaus bedeutendere Rolle in dieser Geschichte spielte, als ihr bislang zugestanden wurde.

Boudet zahlte darüber hinaus auch 7.655.250 Francs in Gold an Monseigneur Felix Arsene Billard – seinen Bischof in Carcassonne, jenen Würdenträger, der Saunieres Reise nach Paris und damit die Entschlüsselung der aufgefundenen Pergamente ermöglicht hatte. Diese Konstellation – der Bischof in den Diensten seines formell Untergebenen – mutet an sich schon recht kurios an. Da Henri Boudet selbst nur ein einfacher Pfarrer war, fragt sich, woher er die nahezu unbegrenzten Geldsummen bezog. Ein recht bedeutender Teil davon stammte zweifellos direkt aus den Tresoren des Vatikans. Dies lässt sich an ebenfalls erhaltenen Bankbestätigungen und Überweisungsbelegen nachprüfen.

Letztlich ist aber nicht völlig klar, ob es außer dem Vatikan und dem Haus Habsburg noch weitere Zahler gab. Hier bietet sich reichlich Raum für Spekulationen. So bringen die meisten Forscher, die sich dem Geheimnis Rennes-le-Chateaus widmen, an dieser Stelle das Priorat (oder auch die Prieurè) von Zion ins Spiel – eine mächtige geheime Gesellschaft, in deren Diensten Henri Boudet und Berenger Sauniere gestanden haben sollen.

Die Existenz eines solchen elitären Zirkels ist zumindest im Mittelalter historisch recht gut dokumentiert. Zu Zeiten des ersten Kreuzzuges wurde das Priorat nach der Eroberung Jerusalems durch Gottfried von Bouillon, einen der Führer dieses Kreuzzuges, ins Leben gerufen. Südlich der Heiligen Stadt befindet sich der Zionsberg, auf dem sich im Jahr 1099 die Ruinen einer noch aus byzantinischer Zeit stammenden Basilika erhoben. Das Bauwerk stammte höchstwahrscheinlich aus dem 4. Jahrhundert n. Chr. und trug den vielsagenden Namen „die Mutter aller Kirchen“.

Einigen Urkunden ist zu entnehmen, dass an dieser Stelle auf Geheiß Gottfrieds eine Abtei errichtet wurde. Chronisten beschreiben das Kloster mit seinen starken Mauern, zahlreichen Türmen und Zinnen als beeindruckendes Gebäudeensemble, das einer Festung geglichen haben muss. Es wurde Notre-Dame du Mont de Sion genannt.

Über die Bewohner dieser Abtei ist hingegen merkwürdigerweise so gut wie nichts bekannt. Der Historiker M. de Vogüe bemerkte dazu, dass es sich wohl um ein *„Kapitel von Augustinerchorherren handelte, die unter Leitung ihres Abtes den*

Dienst an den heiligen Stätten versahen". Die Gemeinschaft nahm den Doppelnamen „*Saint Marie du Mont Syon et du Saint-Esprit an*" – was zu deutsch *Der Orden der Heiligen Maria vom Berge Sion und des Heiligen Geistes* bedeutet.. Ein anderer Historiker schrieb Ende des 17. Jahrhunderts: „*Während der Kreuzzüge gab es in Jerusalem...., Ritter, die sich Chevaliers de l'Ordre de Notre-Dame de Sion nannten"*. Weitere Originaldokumente tragen sogar das Siegel eines *Priors de Notre-Dame de Sion,* so beispielsweise eine von dem Prior Arnaldus unterzeichnete Urkunde, die am 19. Juli 1116 ausgestellt wurde. Eine weitere Urkunde vom 2. Mai 1125 unterschrieb Arnaldus gemeinsam mit Hugo de Payns, den Gründer des Ordens der Tempelritter.

So kann die historische Existenz des „*Ordre de Mont Sion*" jedenfalls zu Zeiten der Kreuzzüge als gesichert gelten. Ebenso steht die Beziehung des Ordens zu den Tempelherren durch die Entdeckung der Urkunde mit den gemeinsamen Unterschriften von Prior Arnaldus und Hugo de Payns außer Frage. Der Ordre de Mont Sion scheint in seiner Organisationsstruktur gewisse Formen des später gegründeten Templerordens vorweggenommen zu haben. So sprechen die überlieferten Dokumente zum einen von Mönchen – den Augustinerchorherren – zum anderen auch von Rittern, die dem Orden angehörten. Im Gegensatz zu den Templern jedoch, die in ihrer Person Krieger und Mönch vereinten, sind die Rollen im Ordre de Mont Sion klar getrennt gewesen. Während die Augustinerchorherren den „*Dienst an den heiligen Stätten versahen*", handelte es sich bei den erwähnten Chevaliers höchstwahrscheinlich um weltliche Ritter, die in den Dienst des Ordens zur Verteidigung der Pilger und Mönche getreten waren.

Zumindest bis 1187, als Jerusalem von den Sarazenen zurückerobert wurde, wird der Orden in seiner Abtei auf dem Zionsberg residiert haben. Danach verloren sich die Spuren der Gemeinschaft im Dunkel der Geschichte. Sie soll jedoch in gewandelter Organisationsform – nämlich als geheime Gesellschaft – die Zeiten bis zum heutigen Tag überdauert haben.

Die Selbstdefinition und die Ziele dieser Geheimgesellschaft sind recht bemerkenswert und lassen sich in einer Art Sechs-Punkte-Programm zusammenfassen:

1. Das Priorat von Zion initiierte die Gründung des Templerordens, um sich damit eine administrative und militärische Exekutive zu schaffen.
2. Das Priorat wurde durch eine ganze Anzahl von Großmeistern geleitet, die zu den bedeutendsten und berühmtesten Persönlichkeiten der abendländischen Geschichte zählen. So reklamiert das Priorat von Zion unter anderem für Nicolas Flamel, Leonardo da Vinci, Johann Valentin Andreä und den Physiker Isaac Newton die Rolle des „Nautoniers" – zu deutsch „Steuermannes" – wie der Großmeister des Priorats genannt wurde. Aber auch Angehörige der Adelshäuser Lothringen und Habsburg sollen Führer der geheimen Gesellschaft gewesen sein, ebenso Künstler wie Victor Hugo und Claude Debussy. Eben jenen Komponisten Debussy lernte Berenger Sauniere auch bei seiner Reise nach Paris im Jahr 1891 kennen.

3. Auch nach dem Verlust des Heiligen Landes sowie der Verfolgung und Auflösung des Templerordens zwischen 1307 und 1314 blieb das Priorat von Zion in jeder Hinsicht handlungsfähig, auch wenn es zeitweise interne Streitigkeiten gegeben haben soll. Dennoch nahm die Geheimgesellschaft über Jahrhunderte hinweg einen ebenso subtilen wie wirksamen Einfluss auf die Geschichte des Abendlandes.
4. Das Priorat von Zion existiert noch heute und der Bereich der Politik ist eines seiner wichtigsten Betätigungsfelder. An der Gestaltung internationaler Beziehungen ist es auf höchster Ebene beteiligt und schaltet sich darüber hinaus auch in die inneren Angelegenheiten verschiedener europäischer Länder ein.
5. Das erklärte Ziel des Priorats von Zion besteht in der Wiedereinsetzung der merowingischen Dynastie und Erbfolge. Dies soll nicht nur in Frankreich geschehen, sondern in ganz Europa.
6. Die erneute Inthronisierung der Merowinger ist sowohl juristisch als auch moralisch sanktioniert und gerechtfertigt. Zwar verlor dieses Königsgeschlecht im 8. Jahrhundert seine Macht, doch es starb nicht aus. In direkter Linie setzte es sich von Dagobert II. über seinen Sohn Sigibert IV. bis in unsere Tage fort. Durch dynastische Verschwägerungen und zahlreiche Heiraten zählen zu seinen Nachkommen unter anderem Gottfried von Bouillon, der 1099 Jerusalem eroberte, aber auch zahlreiche andere königliche oder adlige Familien in Vergangenheit und Gegenwart – so die Gisors, Blancheforts, Saint-Clairs (in Schottland Sinclair), Montesquious, Montpezats, Pohers, Lusignans, Plantards und natürlich auch die Habsburg-Lothringer. Der Zeitpunkt sei nun gekommen, dass das Geschlecht der Merowinger wieder Anspruch auf sein rechtmäßiges Erbe erhebt.

Natürlich sollte man diesen „historischen Verschwörungstheorien“ immer mit einer gesunden Portion Skepsis begegnen. Etliche der genannten Namen von Großmeistern des Priorats sind nämlich genau von der Art, wie sie vorgebliche „Geheimgesellschaften“ des 20. Jahrhunderts gern für sich in Anspruch nehmen, um sich eines entsprechend klangvollen, wenn auch vollkommen gefälschten Stammbaumes rühmen zu können. So benennt der AMORC – Dachverband der „modernen“ Rosenkreuzer mit Hauptquartier in Kalifornien – in den Listen seiner Großmeister sämtliche Personen, deren Wertvorstellungen und Weltsicht in etwa der des Ordens entsprechen, auch wenn die Übereinstimmung im Einzelfall recht gering sein mag. Dort erfährt man dann, dass Dante, Shakespeare, Goethe, Franziskus von Assisi, John Dee und Aleister Crowley – um nur eine kleine Auswahl zu nennen – ordentliche Mitglieder der Geheimgesellschaft gewesen seien und immer pünktlich ihre Mitgliedsbeiträge entrichtet hätten.

Die Beweislage zur Existenz des Priorats von Zion im 19. und 20. Jahrhundert ist mehr als dürftig. Zwar könnten die von Berenger Sauniere in den entdeckten Pergamenten enthaltenen Hinweise auf „Zion“ und die merkwürdige Unterschrift „P. S.“ auf einem der Pergamente ihre Erklärung in einer Autorenschaft des Priorats von

Zion finden, doch dürfte das als „Beweis“ für eine Existenz der Geheimgesellschaft kaum ausreichen.

Betrachtet man die Zielsetzungen des Priorats von Zion genauer, so fragt sich, warum diese Geheimgesellschaft sich die erneute Inthronisierung der merowingischen Dynastie zum Ziel gesetzt haben sollte. Dieser außerordentliche Anspruch, den die Erben der Merowinger erheben und der allen nachfolgenden königlichen Dynastien vorgehen soll, wird mit der besonderen Abstammung dieses Geschlechts begründet.

Die merowingische Dynastie leitet sich von den Sugambrern her – ein germanischer Stamm. Während der Völkerwanderung – ausgelöst durch den Einfall der Hunnen in Mitteleuropa – überschritten die Sugambrer in großer Zahl den Rhein und ließen sich im Gebiet des heutigen Belgien und Nordfrankreich nieder. Dort entstand das Königreich Austrien, dessen Kernland das heutige Lothringen bildete.

Benannt wurde die Dynastie nach Merowech (auch Meroveè oder Meroveus), einem fränkischen König, dem eine halb übernatürliche Herkunft nachgerühmt wurde. Der Überlieferung zufolge wurde Merowech von zwei Vätern gezeugt. Danach ging seine Mutter, bereits von ihrem Ehemann, König Chlodio, schwanger, im Meer baden, wo sie von einem nicht näher beschriebenen Seeungeheuer – *bestia Neptuni Quinotauri similis* (einer Bestie Neptuns, ähnlich dem Quinotaurus) – überwältigt wurde. Dabei soll die Königin ein zweites Mal empfangen haben. Als Merowech geboren wurde, floss demnach in seinen Adern das Blut eines fränkischen Herrschers und zugleich das eines geheimnisvollen Wesens aus den Tiefen des Meeres.

Nicht nur die Antike kennt solche Legenden, auch im Mittelalter waren sie noch recht häufig verbreitet. Es handelt sich dabei nicht um reine Phantasiegebilde, sondern um allegorische oder symbolische Beschreibungen, die versteckt auf tatsächliche historische Ereignisse hinweisen. Die Legende um Merowechs Ursprung könnte darauf hindeuten, dass durch seine Mutter eine fremde Ahnenreihe in die Ehe eingebracht wurde oder dass hier zwei dynastische Linien miteinander verschmolzen, wobei sich die Franken blutsmäßig mit einem anderen Stamm verbanden. Doch woher kam diese fremde Blutslinie? Gehörte Merowechs Mutter möglicherweise zu den Nachkommen der sagenhaften „Seevölker“, von denen schon im antiken Ägypten berichtet wurde?

Merowech soll dank seiner Herkunft über enorme spirituelle Fähigkeiten verfügt haben. Vom Zeitpunkt seiner Herrschaft an war die Dynastie der Merowinger mit einem Schleier aus Mythen und Magie umwoben. Schenkt man der Überlieferung Glauben, so widmeten sich die Merowingerkönige hermetischen Studien und waren mit esoterischen Lehren vertraut. Sie wurden oft als „wundertätige Könige“ bezeichnet, da sie imstande gewesen sein sollen, allein durch Handauflegen zu heilen. Selbst den Troddeln an den Säumen ihrer Gewänder wurden schmerzlindernde Kräfte zugeschrieben. Sie sollen durch hellseherische und telepathische Fähigkeiten in der Lage gewesen sein, sich mit den Geschöpfen der Natur zu verständigen. Ein weiteres besonderes Kennzeichen der Merowingerkönige war ihre üppige Haartracht, denn gleich dem biblischen Vorbild Samson weigerten sie sich, ihre Haare zu schneiden, da in ihnen das Geheimnis ihrer übernatürlichen Kräfte begründet gewesen sein soll.

So phantastisch manche der hier beschriebenen Legenden auch klingen mögen, entbehren sie doch nicht jeder Grundlage. Durch historische Studien ist erwiesen, dass die Merowingerkönige nicht als Könige im heutigen Wortsinne betrachtet wurden, sondern als regelrechte Inkarnationen des Göttlichen. Sie waren Priesterkönige – vergleichbar den ägyptischen Pharaonen und von einer Position, die das Christentum sonst nur Jesus zubilligte. Auch die von ihnen gepflegten Rituale sprechen eher für ein Priester- denn für ein Königtum. Alle aufgefundenen Schädel merowingischer Herrscher weisen am Scheitel einen rituellen Einschnitt auf, um der Seele den Austritt aus dem Körper des Toten und die Rückkehr zu Gott zu ermöglichen. Ähnliche Beobachtungen wurden übrigens auch bei hohen Lamas des tibetischen Buddhismus gemacht.

Als im Jahr 1653 Bauarbeiter das Grab des Merowingerherrschers Childerich I. entdeckten, wurden Waffen, Insignien und Schätze gefunden, die in einer königlichen Grabstätte erwartet werden können. Andere Grabbeigaben, ein Stierkopf aus Gold etwa oder eine Kristallkugel, sind eher dem Bereich der Magie zuzuordnen.

Zwar unterschieden sich Lebensstil, Brauchtum und Wirtschaftssystem der Merowinger nicht wesentlich von anderen Herrschern des frühen Mittelalters, doch umgab die Könige schon zu ihren Lebzeiten eine Aura des Übernatürlichen und Unerklärlichen. Die Söhne merowingischen Blutes mussten nicht durch eine Zeremonie zum König ernannt werden – sie galten nach Vollendung des dreizehnten Lebensjahres automatisch als solche. Deshalb waren auch Zeremonien wie Krönung oder Salbung, die wir aus späterer Zeit kennen, bei den Merowingern vollkommen unbekannt. Die Königswürde und die damit verbundene Macht gingen durch heiliges Recht auf den jeweiligen Erben über.

So bildete der König zwar die höchste Autorität im Reich – doch niemand erwartete, dass er sich mit den lästigen Tagesgeschäften des Regierens befasste. Seine Aufgabe war es, als Priesterkönig zu wirken, nicht aber in der alltäglichen Politik zu handeln.

Die Regierungsgeschäfte lagen im Verantwortungsbereich des jeweiligen Kanzlers, der als „Hausmeier“ bezeichnet wurde. So wirkungsvoll sich die Merowinger damit auch aus den Niederungen der Politik herauszuhalten vermochten, so gefährlich erwies sich die immer größere Machtfülle der Hausmeier für den Fortbestand der Dynastie, wie das Beispiel Dagoberts II. zeigte, der auf Veranlassung seines eigenen Kanzlers Pippin von Heristal ermordet wurde.

Auch nach ihrem Übertritt zum Christentum lebten die Merowinger polygam und unterhielten häufig prachtvolle Harems, die sich in nichts von ihren orientalischen Vorbildern unterschieden. Selbst als sich der fränkische Hochadel unter dem immer stärker werdenden Druck der katholischen Kirche zur Monogamie bekannte, blieb das Königshaus von dieser Entwicklung ausgenommen, trotz teilweise recht heftiger Proteste von kirchlicher Seite. Der englische Historiker Dill schreibt dazu:

„Warum wurde gerade die Polygamie selbst von den Franken schweigend hingenommen? Wir könnten es hier mit den seit undenklichen Zeiten bestehenden polygamen Gepflogenheiten einer königlichen Familie zu tun haben, die von einem so hohen Rang war, dass ihr Blut weder durch eine vorteilhafte Verbindung geadelt noch durch das Blut von Unfreien besudelt werden konnte.... Es war vollkommen gleichgültig, ob eine Königin von herrschaftlichem Geblüt war oder aus dem Kreis der Kurtisanen erwählt wurde.....Die Geschicke der Dynastie beruhten einzig auf ihrem Blut und wurden von allen geteilt, in deren Adern dieses Blut floss. Es wäre möglich, dass es sich bei den Merowingern um eine Dynastie germanischer Heerkönige handelte, die sich von einer königlichen Familie der Völkerwanderungszeit herleitet."

Bei einer solchen Betrachtungsweise erscheint es theoretisch durchaus möglich, dass eine Organisation entstand, die diesen Heerkönigen nach dem Verlust ihrer Macht zu erneuter Inthronisierung zu verhelfen gedachte. Eine solche geheime Gesellschaft könnte von jenen gegründet worden sein, in *„deren Adern das merowingische Blut floss und die darum die Geschicke der Dynastie teilten*".

Dies würde jedoch bedeuten, dass ein „Priorat von Zion" seit dem 7. Jahrhundert – also seit dem Zeitpunkt der Ermordung Dagoberts II. – existieren müsste, das in diversen, dem Lauf der Zeit angepassten Formen die Jahrhunderte überdauert hätte, ohne sein eigentliches Ziel – die erneute Machtergreifung der Merowinger – aus den Augen zu verlieren. Ein solches Unterfangen wäre einmalig in der menschlichen Geschichte.

Außerdem hatten zahlreiche Familien während der Völkerwanderung einen ganz ähnlichen Status wie die Merowinger erlangt. Warum sollte gerade diese eine Dynastie eine solch außergewöhnliche Rolle spielen? Warum sollte dem Blut der Merowinger eine derart überragende Bedeutung beizumessen sein?

Für die Existenz eines geheimen Zirkels mit der Bezeichnung „Priorat von Zion" im ausgehenden 19. Jahrhundert spricht jedoch eine Tatsache, die vielfach übersehen wird. Dem jungen Linguisten Emile Hoffet gelang es, die von Berenger Sauniere aufgefundenen chiffrierten Dokumente innerhalb von nur drei Wochen zu entschlüsseln. Wir wissen heute, dass diese Dokumente mit dem seit dem 17. Jahrhundert gebräuchlichen Vigenere-Codesystem verschlüsselt worden waren. Dieser Code galt bis in den I. Weltkrieg hinein als absolut zuverlässig. Erst im Jahr 1917 wurde das Vigenere-Codesystem durch einen deutschen Abwehrspezialisten geknackt.

Betrachtet man nun die Leistung des Emile Hoffet im Jahr 1891, dann bieten sich nur zwei Erklärungen an. Entweder war der junge Priester befähigter als selbst ein Wissenschaftler wie Emile Champollion – dem wir die Entzifferung des „Steines von Rossette" und damit den Zugang zu den Hieroglyphen des alten Ägypten verdanken – oder aber Emile Hoffet kannte den Schlüssel, mit dem die von Sauniere gefundenen Pergamente zu entschlüsseln waren. Es ist nahezu undenkbar, dass der komplizierte vierfache Schlüssel innerhalb von nur drei Wochen entdeckt und angewandt werden konnte. Die zweite denkbare Möglichkeit setzt jedoch nahezu zwingend die Existenz einer Gemeinschaft, eines Ordens oder Bundes voraus, die das Prinzip der Schlüssel kannte und bewahrte, obwohl die Pergamente zur Zeit ihrer Entdeckung bereits mehr als einhundert Jahre versteckt lagen. Dies kann ein Indiz für die Existenz des Priorats von Zion zumindest im 18. und 19. Jahrhundert sein.

Auch die Tatsache, dass Berenger Sauniere in seinem Refugium neben dem Cousin des österreichischen Kaisers Johann Salvator von Habsburg weitere bedeutende Gäste wie den französischen Kultusminister empfing und darüber hinaus zahlreiche Okkultisten des *fin de siecle* wie Joseph Peledan, Papus oder Lidell McGregor Mathers sowie Schriftsteller – unter ihnen Jules Verne und Edward John Moreton Drax Plunkett, den achtzehnten Baron von Dunsanay, einen Freund Peledans und wie Jules Verne dem Phantastischen und Okkulten zugeneigt –, deutet auf Verbindungen des Landpfarrers zu Kreisen der hohen Politik und Gesellschaft hin.

Dennoch schien sich Berenger Sauniere mit seinen Projekten nicht nur Freunde, Bewunderer und großzügige Mäzene geschaffen zu haben, sondern auch mächtige Feinde, die alles daran setzten, ihn und seine Mitverschworenen zu vernichten.

Die Schwierigkeiten des Priesters begannen im Jahr 1903, als Papst Leo XIII. – liberaler Beschützer und Förderer der Habsburger – aus dem Leben schied und auch Monseigneur Felix Arsene Billard – der großzügige Gönner Berenger Saunieres – in den Ruhestand verabschiedet wurde. Die von Abbè Sauniere vergebenen Aufträge verursachten inzwischen solche immensen Kosten, dass er sie kaum noch bestreiten konnte. In dieser Zeit überwarf sich Sauniere zu allem Überfluss auch noch mit seinem Amtsbruder und langjährigen Freund Henri Boudet, der ihm wohl einmal zu oft seinen für einen Priester unziemlichen Lebenswandel vorgeworfen hatte. Im Wesen Berenger Saunieres war in den vergangenen Jahren eine Wandlung vor sich gegangen. Kleinlich soll er geworden sein, kalt, berechnend und anmaßend.

In dem neuen Papst Pius X. und dem erst dreiundvierzigjährigen neu ernannten Bischof von Carcassonne, Monseigneur de Beausejour, erwuchsen ihm zwei Feinde, die alles daran setzten, den ehrgeizigen Pfarrer zur Strecke zu bringen.

Die alte Volksweisheit, dass „neue Besen gut kehren", traf in vollem Maße auf Bischof Beausejour zu. Er begann sein Amt mit einer Visite in der Diözese, wobei ihm natürlich das verschwenderische Leben des Pfarrers von Rennes-le-Chateau auffallen musste. Daraufhin forderte der Bischof strenge Rechenschaft von Sauniere über die Herkunft und Verwendung seiner ganz offensichtlich nicht unbeträchtlichen Geldmittel. Hatte sich Sauniere in den vergangenen Jahren als weltgewandter Gastgeber erwiesen, schien ihn in diesem Fall alle Souveränität abhanden gekommen zu sein. Er versuchte mit fadenscheinigen Gründen, eine entsprechende Rechnungslegung zu verzögern, und meldete sich zu Lokalterminen oder Besprechungen in der Bischofsresidenz von Carcassonne krank. Ein befreundeter Arzt aus Couiza stellte dem Pfarrer dazu Gefälligkeitsatteste aus.

Als der Druck seines Bischofs immer stärker wurde, ging Sauniere dazu über, mit völlig aus der Luft gegriffenen Beträgen seine Einnahmen und Ausgaben darzustellen. Natürlich blieb das auf der Gegenseite nicht unbemerkt, da Sauniere nicht in der Lage war, die verlangten Quittungen und Belege beizubringen.

Der Bischof – dessen allgemeine Haltung auch in anderen Fragen nur fundamentalistisch genannt werden kann – unterbreitete seinem aufsässigen Pfarrer ein letztes Angebot. Die ganze Angelegenheit sollte demnach erledigt sein, wenn Sauniere die Summen, die er nach Meinung des Bischofs unterschlagen hatte, der Kirche zurückerstatten würde. Offensichtlich war auch dem gestrengen Bischof von Carcassonne daran gelegen, die mehr als peinliche Angelegenheit möglichst diskret zu regeln. Doch er sollte sich gründlich geirrt haben. Sauniere dachte nicht im Traum daran nachzugeben. Diesmal reichte der Pfarrer von Rennes le Chateau fristgemäß Originalurkunden und Belege ein, aus denen unmissverständlich hervorging, dass das zur Disposition stehende Vermögen – einschließlich des Grundeigentums – nicht ihm, sondern seiner Haushälterin Marie Denarnaud gehörte.

Diese Unverschämtheit des Landpfarrers erzürnte Mns. Beausejour über alle Maßen. Ab dem Jahr 1909 hatte all das Taktieren und Verhandeln ein Ende. Langwierige juristische Prozesse begannen. Der Bischof von Carcassonne klagte seinen Pfarrer der Simonie, also des verbotenen Messenhandels, an. Man sprach davon, Berenger Sauniere habe „schwarze Messen" gelesen. Dieser Anklagepunkt hat in der Vergangenheit dazu geführt, dass einige Autoren den Priester vorschnell des Satanismus bezichtigten und behaupteten, das eigentliche Geheimnis von Rennes-le-Chateau habe darin bestanden, dass Berenger Sauniere mit Unterstützung Marie Denarnauds sexualmagischen Praktiken huldigte, die sein Vorgesetzter zu recht verurteilt habe.

Ganz so verhält es sich jedoch nicht. Vor über einhundert Jahren verfuhr die römisch-katholische Kirche noch recht streng mit ihren Schäflein. Wer es beispielsweise wagte, die Ehe mit einem Nichtkatholiken einzugehen, wurde aus der Kirche ausgeschlossen und durfte auch an deren Ritualen nicht mehr teilhaben. Unter „schwarzen Messen" werden also in diesem Zusammenhang keine Praktiken Schwarzer Magie verstanden, sondern die Abhaltung unerlaubter – und daher illegaler – Messen sowie die Veranstaltung von Toten- oder Seelenmessen für exkommunizierte Gläubige. Von Angehörigen wurden oft nicht unbeträchtliche Summen an Priester bezahlt, damit diese für einen im Fegefeuer schmachtenden Sünder eine oder mehrere Messen lasen. Die zu jener Zeit in Frankreich recht kärglich entlohnten Priester ergriffen oft und gern solche Gelegenheiten, um ihr schmales Gehalt aufzubessern.

Für Berenger Sauniere bedeuteten diese Anklagen vor allem die schmerzliche Erkenntnis, dass sich seine adligen Geldgeber zurückzogen und er nach den Jahren im Luxus nunmehr gezwungen war, einen Großteil seiner erlesenen Sammlungen sowie Mobiliar und Silbergeschirr zu verkaufen, um überhaupt einigermaßen sein Überleben zu sichern.

Als sei dies noch nicht genug, wurde Berenger Sauniere im Jahr 1911 durch einen „suspens ad divinis" des Bischofs von Carcassonne seiner geistlichen Ämter enthoben. Von einem Tag zum anderen war der Pfarrer von Rennes-le-Chateau plötzlich arbeitslos. Er hätte sich nun eigentlich um eine andere Stelle als Pfarrer oder zumindest als Vikar bemühen müssen. Oder er hätte sich in ein Kloster zurückziehen sollen, um seine Vergehen zu sühnen. Doch nichts von alledem geschah.

Berenger Sauniere harrte in Rennes-le-Chateau aus. Als sein Nachfolger Abbè Marty anreiste, räumte er bereitwillig das Pfarrhaus und zog in die repräsentative Villa Bethania um. Im Wintergarten der Villa errichtete Sauniere einen kleinen Altar nach dem merowingischen Vorbild aus der Kirche des Ortes und lud die Gläubigen ein, statt in der Kirche nunmehr auf seinem Privatbesitz der Sonntagspredigt zu lauschen. Seine Pfarrkinder hielten in dieser schweren Zeit zu Berenger Sauniere. Während Abbè Marty ratlos vor leeren Kirchenbänken stand, drängten sich die Dörfler in der Villa Bethania, um „ihren“ Pfarrer zu hören. Sie hatten ihm nicht vergessen, dass er seinen Wohlstand mit ihnen teilte. Und Abbè Sauniere hegte Hoffnung auf Rehabilitation. Schließlich war es ihm gelungen, seinen Fall im Vatikan zur Sprache zu bringen.

Trotz aller Sympathiebekundungen ging die Zeit der Prozesse an dem Priester aber nicht spurlos vorüber. Seine Gesundheit soll darunter stark gelitten haben.

Ab dem Jahr 1914 plagten den Bischof von Carcassonne und auch die Einwohner von Rennes-le-Chateau allerdings ganz andere Sorgen. In Europa war ein Krieg ausgebrochen, der alle vorangegangenen Konflikte in den Schatten stellte und als I. Weltkrieg die Geschichte des 20. Jahrhunderts nachhaltig prägen sollte. Doch während allenthalben Unsicherheit und Angst das Leben der Menschen bestimmte – in Form von Einberufungsbefehlen und Listen von Gefallenen erreichte der Krieg auch Rennes-le-Chateau –, schien sich für Berenger Sauniere nach den langen Jahren der Prozesse und des Mangels die Situation wieder zum Besseren zu wenden.

In Rom war mit Benedikt XV. ein Papst zur Macht gelangt, der die liberale Politik Leos XIII. wieder aufnahm und sich auf Seiten der Habsburger Monarchie stellte. Für den Pfarrer von Rennes-le-Chateau bedeutete dies, dass man sich in Rom wieder seiner Angelegenheit erinnerte und den Prozess erneut – nun jedoch unter veränderten Vorzeichen – aufnahm. Das Urteil des Papstes war milde. Berenger Sauniere wurde erneut als Pfarrer von Rennes-le-Chateau bestätigt und die von Bischof Beausjour angeordneten Strafmaßnahmen in vollem Umfang aufgehoben. Die dem Priester im Gegenzug für seine „Vergehen“ auferlegte Strafe bestand aus einer Wallfahrt in den bekannten Marien-Erscheinungsort Lourdes in den französischen Pyrenäen. Dort suchten in den Jahren des Krieges unzählige Verwundete Heilung von ihren schrecklichen Verletzungen. Im Jahr 1915 verkaufte Berenger Sauniere geweihte Amulette und Rosenkränze an die Versehrten, betete mit ihnen an den heiligen Orten um Genesung. Zwei Wochen später kehrte er nach Rennes-le-Chateau zurück und erschien den Dörflern nun endgültig wieder als „ihr Herr Pfarrer“. Kein Wunder – Berenger Sauniere schwamm abermals buchstäblich im Geld. Er fuhr wie gewohnt fort, immense Summen, die ihm abermals aus dunklen Quellen zuflossen, so großzügig auszugeben wie zuvor.

Nach dreißig wechselvollen Jahren herrschten Berenger Sauniere und seine Geliebte Marie Denarnaud nun unangefochten über Rennes-le-Chateau. Bis zum Tod des Priesters sollte zwischen beiden – jedenfalls nach außen – vollstes Einverständnis herrschen.

Saunieres langjährigen Freund und väterlichen Vertrauten Henri Boudet war das Schicksal weniger hold. Der sensible, kränkliche, alte Pfarrer aus Rennes-les-Bains hatte dem Druck seines Bischofs Beausejour nicht die gleiche unbekümmerte Robustheit entgegensetzen können wie Berenger Sauniere. Monseigneur Beausejour biss sich an der alten Geschichte um die beiden Bücher Henri Boudets fest, die schon von Bischof Billard gerügt worden waren. Hatte es Beausejours Vorgänger noch bei einer formellen Mahnung bewenden lassen, so setzte der neue Bischof alles daran, Henri Boudet aus seinem Amt zu verdrängen. Nach 42 Jahren Tätigkeit als Seelsorger in Rennes-les-Bains gab Henri Boudet dem Druck der Diözese nach und trat am 30. April 1914 von seinem Amt zurück. Gegen den Willen der Einwohner des kleinen Städtchens, die sehr an ihrem alten Pfarrer hingen, zog er sich verbittert nach Axat, den Ort seiner fernen Kindheit, zurück. Die Motive, welche Henri Boudet zu diesem Schritt bewogen, sind keineswegs geklärt. In Axat gab es nämlich niemanden von Boudets Familie mehr, da sein Bruder Edmond bereits am 5. Mai 1905 aus dem Leben geschieden war.

Die verwaiste Pfarrstelle von Rennes-les-Bains wurde durch Pater Rescanieres, einen jungen, energischen Geistlichen, besetzt, der sich offenbar der Protektion von Bischof Beausejour erfreute. Der neue Pfarrer von Rennes-les-Bains unternahm alles, um den Lebenswandel seines pensionierten Vorgängers kritisch zu durchleuchten. Doch dabei ging Rescanieres wohl einen Schritt zu weit. In der Nacht des 1. Februar 1915 traf den Geistlichen der tödliche Schuss eines Scharfschützen durch ein Fenster seines Pfarrhauses. Natürlich erregte der mit einem Militärgewehr begangene Mord die Gemüter der Einwohner Rennes-les-Bains, da jedes Tatmotiv fehlte.

Nur einer glaubte zu wissen, warum Pater Rescaniere sterben musste. Henri Boudet schrieb am 26. März 1915 einen Brief an Bischof Beausejour, in dem er andeutete, Licht in das Dunkel um den Tod des Priesters bringen zu können. Monseigneur Beausejour muss zumindest bereit gewesen sein, den in Ungnade gefallenen Priester anzuhören, denn seine Abgesandten erreichten Axat bereits am 30. März. Doch sie kamen zu spät. Henri Boudet weilte zu dieser Zeit schon nicht mehr unter den Lebenden. Die Gerüchte wollen nicht verstummen, dass er unter sehr seltsamen Umständen aus dem Leben geschieden war.

Nachbarn in Axat wollten gesehen haben, dass Boudet in der Nacht vor seinem Tod von zwei Unbekannten Besuch erhielt. Es heißt, der alte Pfarrer soll sich in einem „Zustand völliger Paralyse" befunden haben, als diese Besucher später sein Haus wieder verließen. Die Identität zumindest eines der Unbekannten ist inzwischen geklärt – es war niemand anderer als Berenger Sauniere, der langjährige Freund und Kollege des alten Priesters, den dieser vor seinem Ableben noch einmal zu sehen wünschte. Bei der anderen Person handelte es sich um einen Bauern aus der Gegend von Axat, den Boudet als Boten zu Sauniere gesandt hatte.

Sauniere nahm seinem alten Freund die letzte Beichte ab, soweit dies nach dem Hirnschlag, den Henri Boudet Stunden zuvor erlitten hatte, noch möglich war, und blieb bei dem Sterbenden bis zu dessen letztem Atemzug. Henri Boudet wurde 78 Jahre alt, und ist wohl eines natürlichen Todes gestorben. Die Erzählung, er habe vor seinem Ableben Berenger Sauniere in ein „weiteres Geheimnis" von Rennes-le-Chateau eingeweiht oder ihm „den Standort eines mysteriösen Schatzes" enthüllt, darf getrost ins Reich der Legende verwiesen werden. Berenger Sauniere verfügte bereits vor dem Tod von Abbè Boudet wieder über umfangreiche finanzielle Mittel. Das Geld wurde ausschließlich auf die Konten des Priesters bzw. seiner Haushälterin eingezahlt und stammte aus bereits bekannten Quellen – dem Budget der Habsburger und des Vatikans. Außerdem lässt sich weder durch Zeitzeugen noch durch andere Quellen bestätigen, dass Sauniere in den Jahren 1914/1915 erneut einen Schatz in der Gegend um Rennes-le-Chateau entdeckt hat. Im Gegenteil, es ist sogar durch Berichte erweisen, dass er nicht mehr zu ausgedehnten Wanderungen in die Umgebung des Ortes aufbrach, sondern sich ganz überwiegend auf seinen Besitzungen in Rennes aufhielt. Auch an Berenger Sauniere war die Zeit nicht spurlos vorübergegangen. Er war nun jenseits der Sechzig und beinahe schon ein alter Mann.

Doch dieser Umstand behinderte seine Träume und seinen Tatendrang nur wenig. Der Priester schien besessen von der Idee, sich in Rennes-le-Chateau ein bleibendes Denkmal zu setzen. Er wollte ein Bauwerk errichten, das die ganze Welt in Erstaunen versetzen sollte.

Während in Europa der I. Weltkrieg tobte, plante Berenger Sauniere zunächst, Rennes-le-Chateau mit einem drei Meter hohen Wall zu umgeben. Damit sollte jener Rundwall weitergebaut werden, mit dessen Errichtung Sauniere bereits einige Jahre zuvor auf seinen Besitzungen begonnen hatte. Bei einer Vollendung dieses Mauerwerks hätte Rennes-le-Chateau den Charakter eines mittelalterlichen Castrum – eines befestigten Wehrdorfes – zurück erhalten.

Doch damit nicht genug. Nach den Plänen Berenger Saunieres sollte das gesamte Dorf mit einem auf neun Säulen ruhenden, mehr als fünfzig Meter hohen Tempel überdacht werden. Das gigantische Bauwerk erinnerte in seiner Gestaltung entfernt an ein babylonisches Zikkurat. So nehmen einige Forscher wohl nicht ganz zu Unrecht an, Berenger Sauniere habe sich auf seine alten Tage mit Gott selbst messen und einen zweiten „Turm von Babel" errichten wollen.

Das Projekt sollte die astronomische Summe von 80 Millionen Franc in Gold kosten, wie einem erhalten gebliebenen ersten Kostenvoranschlag von Elias Both, Saunieres Architekten aus Limoux, zu entnehmen ist. Der veranschlagte Bauaufwand ließ sich durchaus mit dem seinerzeit kühnsten Projekt Frankreichs – dem Eiffelturm – vergleichen.

Gleichzeitig entschied sich Berenger Sauniere, dass es jetzt an der Zeit sei, auf moderne Fortbewegungsmittel umzusteigen. Pferd und Karren genügten dem Priester nicht mehr. Auf seiner Wunschliste stand nunmehr das neueste Richard-Braisier-Modell, ein für das Jahr 1917 durchaus imposantes Tourenautomobil. In unserem Zeitalter, da der Besitz eines Wagens nahezu selbstverständlich erscheint, sollte man daran denken, dass am Anfang des 20. Jahrhunderts die „motorisierten Droschken“ vor allem den Herrschenden vorbehalten waren. Schon der private Besitz eines Motorrads offenbarte zu jener Zeit außerordentlichen Reichtum. Erst in den zwanziger und dreißiger Jahren setzte eine verstärkte Motorisierung ein, die PKWs auch für breitere Bevölkerungsschichten erschwinglich werden ließ. Zu Saunieres Zeiten jedoch stellte der Besitz eines Automobils ein äußerst prestigeträchtiges Statussymbol dar.

Die Bauarbeiten zu den neuen Projekten des Priesters begannen am 5. Januar 1917. Die Auslieferung seines Wagens war für Anfang April geplant. Am 17. Januar 1917 erlitt Berenger Sauniere jedoch völlig überraschend einen Schlaganfall, an dessen Folgen er fünf Tage später verstarb.

Mysteriös bleibt an seinem Tod, dass Marie Denarnaud bereits am 12. Januar 1917 einen Sarg für ihren Herrn bestellte, wie aus einer erhalten gebliebenen, handschriftlichen Auftragsbestätigung hervorgeht. Zu diesem Zeitpunkt jedoch erfreute sich der Pfarrer nach Aussagen von Zeitzeugen noch guter Gesundheit.

In diesem Zusammenhang soll ein Verdacht ausgesprochen werden, der bislang noch nicht geäußert wurde und letztlich auch nicht vollständig beweisbar ist. Einerseits könnte es sich bei dem Datum auf der recht nachlässig geschriebenen Auftragsbestätigung für den Sarg des Priesters lediglich um einen Schreibfehler handeln, wie die britischen Autoren Picknet und Prince zu beweisen versuchen. So lässt sich die „12“ auf dem Dokument auch als eine „19“ lesen. Die Abkürzung „Jan.“ für den Monat der Auftragserteilung könnte ebenfalls für „Jun.“ stehen, was bedeuten würde, dass die Quittung am 12. oder am 19. Juni 1917 ausgefertigt und nachgereicht wurde. Dies ist allerdings eine graphologische Interpretationsfrage.

Nimmt man jedoch an, dass das Datum der Sarg-Bestellung tatsächlich der 12. Januar 1917 war, besteht zumindest die Möglichkeit, dass seine Haushälterin am Ableben Berenger Saunieres ihren Anteil hatte. Wie sich herausstellen sollte, war Marie Denarnaud nämlich die einzige Person, die vom Tod des Priesters unmittelbar profitierte. Er hatte sie zu seiner Universalerbin eingesetzt. Marie Denarnaud fand Sauniere nach eigenen Aussagen am Vormittag des 17. Januar 1917 bewusstlos vor dem Eingang zur Tour Magdala. Für diesen Zeitpunkt gibt es keine weiteren Zeugen. Die bei Berenger Sauniere festgestellten Symptome deuteten auf einen schweren Hirnschlag hin. Solche Symptome können jedoch auch durch die Verabreichung gewisser Gifte von pflanzlicher oder mineralischer Art über einen längeren Zeitraum hinweg erzeugt werden. Es ist vorstellbar, dass Marie Denarnaud dem zunehmenden Größenwahn des alternden Priesters Einhalt gebieten wollte. Vielleicht wollte sie einfach die Verschwendung jenes Vermögens verhindern, das beiden über dunkle Kanäle aus den Schatzkammern der Habsburger und des Vatikans zugeflossen war. Möglicherweise wusste sie sich bei Saunieres bekannter Starrköpfigkeit letztlich kein anderes Mittel mehr, als jenen Mann aus dem Weg zu räumen, der mit ihr über dreißig Jahre lang das Geheimnis von Rennes-le-Chateau geteilt hatte. Allerdings könnte lediglich eine moderne gerichtsmedizinische Untersuchung der sterblichen Überreste Berenger Saunieres die hier entwickelte These bestätigen.

Sauniere starb ohne die Letzte Ölung, die ihm sogar sein Freund Abbè Riviere aus Esperaza verweigerte, nachdem er ihm das Geheimnis seines Reichtums und seines Lebens enthüllt hatte. Augenzeugen berichteten, der Priester aus Esperaza habe in einem Zustand „akuter Melancholie" das Anwesen Berenger Saunieres verlassen. Möglicherweise handelt es sich hier um eine Übertreibung oder spätere Legende. Sicher hingegen ist, dass Abbe Riviere mit dem ihm anvertrauten Wissen nicht fertig wurde. Sechs Monate nach Saunieres Tod verfiel der Priester aus Esperaza dem Wahnsinn und beschloss sein Leben in einer Nervenheilanstalt.

Bis heute erinnern sich die älteren Einwohner Rennes-le-Chateaus an den merkwürdigen Ritus bei Saunieres Bestattung, den sich Marie Denarnaud ausgebeten hatte. In eine scharlachrote Robe gehüllt, wurde der Tote in einem Lehnstuhl sitzend vor der Tour Magdala aufgebahrt. Zum Leichenbegängnis waren trotz des Krieges Fremde aus vielen Ländern Europas angereist – so aus Spanien, Italien, Deutschland, Österreich-Ungarn und Portugal. Es handelte sich dabei überwiegend um Personen, mit denen Sauniere zu Lebzeiten korrespondiert oder intensive persönliche Beziehungen gepflegt hatte. Die Tatsache, dass im Januar 1917 Menschen aus den verschiedenen, miteinander verfeindeten Nationen in dem abgeschiedenen Bergdorf zusammenkamen, bestärkt die Vermutungen, dass es sich bei den Trauergästen um Angehörige einer multinationalen geheimen Gesellschaft gehandelt hat. Nichts spricht dagegen, dass sich damals Angehörige des Priorats von Zion in Rennes-le-Chateau versammelten, um einem Mitglied des Ordens das letzte Geleit zu geben. Betrachtet man die Zielsetzungen des Priorats, so ist es nicht verwunderlich, dass für die Anhänger der geheimen Gesellschaft die Feindschaft ihrer Nationen im ersten Weltkrieg kein Hindernis darstellte.

Mit dem Tod von Berenger Sauniere hätte die Geschichte des Geheimnisses von Rennes-le-Chateau zu Ende sein können. In Rennes kehrte nach all den turbulenten Jahren wieder Ruhe ein. Die Gemeindemitglieder trauerten um jene Angehörigen, die auf den Schlachtfeldern des Ersten Weltkrieges ihr Leben verloren hatten. Von kirchlicher Seite wurde alles unternommen, um die Erinnerung an das merkwürdige Leben des Abbè Sauniere möglichst bald verblassen zu lassen. Doch gar so leicht ließ sich die Vergangenheit nicht tilgen.

V. Maries Geheimnis

Denn noch gab es jemanden, der um das gefährliche Geheimnis des Pfarrers von Rennes-le-Chateau aus erster Hand wusste: Marie Denarnaud – Haushälterin, Gefährtin und Geliebte des Priesters – überlebte den Abbè um mehrere Jahrzehnte.

Nach Saunieres Tod wurde im Dorf mit allgemeiner Spannung die Eröffnung seines Testaments erwartet. Schon bei der Überprüfung der Konten des Pfarrers hatte sich nämlich herausgestellt, dass sich dort jedenfalls die 80 Millionen Franc in Gold, die er für seine Projekte ausgeben wollte, nicht befanden. Das fehlende Geld nährt seither die Spekulationen um den gewaltigen Goldschatz von Rennes-le-Chateau, den Sauniere angeblich gefunden haben soll und nach dem Forscher und Glücksritter aller Couleur seit nunmehr achtzig Jahren vergeblich suchen.

Das Testament des Priesters enthielt für alle Beteiligten – außer Marie – eine ganz gewaltige Überraschung: Berenger Sauniere erklärte zunächst in seinem Letzten Willen, völlig mittellos zu sein und führte dann weiter aus:

„Der Unterzeichnete Berenger Sauniere, Priester, Pfarrer der Gemeinde Rennes-le-Chateau, erklärt Folgendes zu seiner letztwilligen Verfügung:

Aufgrund der mir während langer Jahre durch meine Magd, Mlle. Marie Denarnaud, geleisteten Dienste und ihrer aufopfernden Treue; da ich meiner eigenen Familie wenig Vertrauen entgegenbringe; und da ferner die von mir auf dieser Welt geleistete Arbeit bei meinen Vorgesetzten nur wenig Anerkennung fand; setze ich als meine Allein- und Universalerbin meine oben erwähnte Bedienstete, Mlle. Marie Denarnaud, ein. Sie ist bereits Eigentümerin der Besitztümer in Rennes le Chateau, und es sei hiermit ausdrücklich bestimmt, dass ihr meine gesamte Hinterlassenschaft zufallen soll."

Es ist daher wohl nicht verwunderlich, dass nach dem Ende des Ersten Weltkrieges Beamte der Diözese von Carcassonne unter Anwendung von recht beachtlichem Druck versuchten, Marie Denarnaud die Besitztümer des Abbè abzukaufen – einschließlich der Grundstücke in Rennes-le-Chateau. Doch sie war nicht auf das Geld der Kirche angewiesen. Die einstige Magd des Pfarrers war nun die reichste Dame im ganzen Ort, vielleicht sogar im gesamten Rhazes. Doch sie stellte ihr Vermögen nie so exzessiv zur Schau, wie es einst Berenger Sauniere getan hatte. Bis zum Ende des Zweiten Weltkrieges führte sie das beschauliche und zurückgezogene Leben einer vermögenden Großgrundbesitzerin. Das ermöglichten ihr vor allem die von Berenger Sauniere bereits zu Lebzeiten überschriebenen Besitzungen in Rennes-le-Chateau.

Viele bemühten sich, ihr Vertrauen zu gewinnen und so mehr über das Geheimnis des Pfarrers von Rennes zu erfahren. Doch Marie Denarnaud wich den drängenden Fragen stets aus: *„Die Bewohner Rennes-le-Chateaus wandeln auf purem Gold. Das, was der Herr Pfarrer hinterlassen hat, ist genug, um alle hier im Ort 100 Jahre lang aufs Beste zu kleiden und zu ernähren, und selbst dann wäre noch eine gehörige Menge übrig."*

Mehr ließ sie zeitlebens niemals verlauten. Aus den Beschreibungen der damaligen Dorfbewohner geht hervor, dass Marie sich nach dem Tod des Pfarrers auffällig veränderte. Es heißt, dass sie sich immer stärker vor dem Teufel und seinen Machenschaften zu fürchten begann. Mit zunehmendem Alter schränkte sie ihren Kontakt zu den übrigen Dorfbewohnern mehr und mehr ein. Sie galt als abergläubisch, äußerst kauzig und verschlossen.

Dennoch hat es Menschen gegeben, die es verstanden, ihr Misstrauen zu überwinden und durchaus enge Beziehungen zu der alternden Marie Denarnaud zu unterhalten. Zwei dieser Bekanntschaften sind es wert, näher betrachtet zu werden.

Anfang der dreißiger Jahre tauchte im Rhazes ein junger Deutscher auf, dessen Name bis dahin vollkommen unbekannt war – Otto Rahn. Der im Jahr 1904 in Michelstadt im Odenwald als Kind eines Justizhauptmannes geborene Rahn hatte sich seit dem Abbruch seines ungeliebten Jura-Studiums 1928 vollkommen der Erforschung des Schicksals der Katharer verschrieben. Er studierte die Leidensgeschichte dieser sogenannten Ketzer und erarbeitete sich Schritt für Schritt eine eigene Hypothese, die sein Werk über die Katharer prägen sollte. Otto Rahn sah in den Ketzern die Hüter des Legenden umwobenen Grals. Er machte es sich zur Aufgabe, zu beweisen, dass die Katharerfestung Montsegur mit der Gralsburg Munsalväsche aus dem Epos „Parzival" des Wolfram von Eschenbach identisch ist. Rahn unternahm auf den Spuren der Katharer lange Reisen nach Südfrankreich, spürte ihrem Geheimnis in den Höhlen des Sabarthès nach, forschte nach inneren und äußeren Zusammenhängen, um eine Antwort zu finden auf die Frage: „Was ist der Gral?"

In Paris wurde Rahn in einen Kreis von Literaten und Privatgelehrten eingeführt, dem auch der aus Toulouse stammende Schriftsteller Maurice Magre angehörte. Er stärkte nachhaltig Rahns Begeisterung für die Bewegung der Katharer. Durch ihn fand der junge, nahezu mittellose Deutsche auch Kontakte zu dem Dichter Albert Cassou und der mysteriösen südfranzösischen Gräfin de Poujol-Murat, die selbst Spiritistin gewesen sein soll. Darüber hinaus unterhielt die Adlige nachweislich sehr enge Beziehungen zu einer halbgeheimen Gesellschaft, die sich „Polaires" (die Polaren) nannte. Diese Gruppierung vertrat ein nordisch-esoterisches Weltbild und stand den Ideen der so genannten „Welteislehre" oder „Glazial-Kosmogonie" des Hans Hörbiger sehr aufgeschlossen gegenüber.

Unterstützt von der Gräfin de Poujol-Murat und einer französischen Sektion der Polaires unternahm Otto Rahn eine ausgedehnte Forschungsreise durch das Land der Katharer und ließ sich sogar im Spätherbst 1931 in dem kleinen Städtchen Ussat-le-Bain nieder, um seine Studien hier in Ruhe vervollständigen zu können. Bei seinen Recherchen lernte er Deodat Rochè – einen Anhänger Rudolf Steiners und Gründer der „Societè d' ètudes Cathares" – ebenso kennen wie den Heimatforscher Antonine Gadal, mit dem ihn zeitlebens eine enge Freundschaft verbinden sollte.

Welche Resonanz die von Otto Rahn und den „Polaires" betriebenen Forschungen im Gebiet der Ariege hatten, beweist ein Zeitungsartikel der „La Depeche" vom 6. März 1932, in dem es heißt:

„Gibt es einen neuen Goldrausch?

In der Nähe von Massat leitet ein Deutscher die Ausgrabungsarbeiten einer Gruppe von „Polaires“. Unsere Leser werden sich vielleicht an unseren Bericht im vergangenen Sommer erinnern, in dem wir über den Aufenthalt einer Schar ausländischer Vertreter einer theosophischen Gesellschaft mit Sitz in Paris (Avenue Rapp) in der oberen Ariege berichteten: die „Polaires“. Es würde zu weit führen, wenn man den Ursprung und das Ziel dieser Gesellschaft erklären würde, die im Ausland, vor allem in England, große Popularität genießt. Was haben die „Polaires“ nun im letzten Sommer in der Ariege gemacht? Wie wir bereits damals genau beschrieben hatten, handelte es sich um Ausgrabungen in der Burg Montsegur, deren Ziel ist es, die Schätze der Albigenser zu Tage zu fördern, die im 13. Jahrhundert vermutlich in der Festung und den Höhlen zurückgelassen wurden. Es ist ein Anliegen der „Polaires“ dort Hinweise auf eine katharische Reliquie zu finden, zu der auch das Evangelium des Heiligen Bartholomäus gehört, von dem angeblich Abschriften im Britischen Museum existieren. Insgesamt gesehen verfolgen die „Polaires“ mit ihren Nachforschungen dasselbe Ziel wie zur Zeit der Ingenieur Arnaud, der gegenüber einem unserer Mitarbeiter vor einigen Wochen alles über zukünftige und sensationelle Entdeckungen ausposaunt hat. Wie es scheint, hat er erklärt, dass er die von den „Polaires“ im letzten Sommer in der Gegend von Lordat unternommenen Recherchen ignoriere und dass er in keiner Weise für die Belange dieser Gesellschaft tätig sei, sondern vielmehr aus eigenem Interesse. Nun sind die „Polaires“, die lange Zeit verschwunden waren, ganz überraschend in die Ariege zurückgekehrt. Ohne Zweifel angelockt von dem Rummel, den die Presse um die Ausgrabungen Arnauds veranstaltet hatte. Zur Zeit halten sie sich in Ussat le Bains auf, um von dort aus alle Höhlen der Gegend zu untersuchen. Der Leiter des Unternehmens ist ein gewisser Rams, ein Ausländer, der nach eigenen Angaben Deutscher ist. Es stellt sich nunmehr die Frage, was diese Forschungen erbringen werden. Außerdem ist es von Interesse zu erfahren, welcher der beiden Konkurrenten, Herr Arnaud, der französische Ingenieur in Montsegur oder der deutsche „Polaire“ Herr Rams in Ornolac, als erster die katharischen Schätze und Manuskripte finden wird. Es darf gewettet werden.“

Nur vier Tage später fand sich in derselben Zeitung die Entgegnung Rahns auf diesen doch recht bissigen Artikel in Form eines Leserbriefes. Zunächst rügte der Deutsche die Verballhornung seines Namens und noch mehr die Unterstellung, er sei lediglich am „Gold der Katharer“ interessiert. Über sein Verhältnis zu den französischen „Polaires“ hingegen schwieg sich Otto Rahn aus und beteuerte statt dessen, lediglich „ein simpler Schriftsteller“ zu sein. Dennoch lassen seine Kontakte zu der Gräfin von Poujol-Murat ebenso wie erhalten gebliebene Briefe an seinen Freund Antonine Gadal keinen Zweifel daran, dass der junge Otto Rahn recht intensive Beziehungen zu Anhängern diverser esoterischer Zirkel und geheimer Gesellschaften pflegte. So erwähnte Rahn in einem Brief an Gadal auch die Unterstützung des italienischen Kulturphilosophen, Künstlers und Alchimisten Julius Evola, dessen grundlegendes Werk „Revolte gegen die moderne Welt“ noch heute zu den umstrittensten philosophischen Schriften gehört.

In Ussat-le-Bain versuchte sich der in kaufmännischen Angelegenheiten vollkommen unerfahrene Otto Rahn nebenbei noch als Hotelier und pachtete im Mai 1932 zunächst für drei Jahre das Hotel „Des Marronniers" („Zu den Kastanien"). Hier empfing er solch illustre Gäste wie Josephine Baker und Marlene Dietrich. Doch bereits im Oktober 1932 stellte das Handelsgericht von Foix den Bankrott des Unternehmens fest. Dies sollte für Rahn recht unangenehme Konsequenzen haben. Neben dem geschäftlichen Fiasko und einer drückenden Schuldenlast, die ihn für die nächsten Jahre plagen sollte, wurde er beschuldigt, ein deutscher Spion und Anführer eines internationalen Geheimbundes zu sein. Zweifellos spielten bei diesen Vorwürfen Rahns Beziehungen zu den „Polaires" eine ebenso bedeutende Rolle wie seine durchaus vorhandenen internationalen Verbindungen.

Nur durch deutsche Verlagsvorschüsse gelang es dem jungen Schriftsteller, die allergrößten Schulden zu tilgen und die Region unerkannt zu verlassen. Zeit seines Lebens sollte Otto Rahn nicht mehr an die Stätten seiner Forschungen zurückkehren. Dennoch erschien 1933 im Urban Verlag in Freiburg im Breisgau sein erstes Buch *Kreuzzug gegen den Gra*l, in dem Rahn seine These, die südfranzösischen Katharer seien Hüter des Grals gewesen, zu beweisen versuchte. Es ist sicherlich nicht das wissenschaftlichste Werk, das über den Gral oder die Katharer geschrieben worden ist. Doch mit eben solcher Sicherheit lässt sich sagen, dass es eines der berührendsten und schönsten Bücher ist, die jemals zu diesen Themen verfasst wurden. Otto Rahns *Kreuzzug gegen den Gral* zeugt ebenso von einer großen Sachkenntnis wie von einer tiefen Seelenverbundenheit zu den Ideen der Katharer und jenem Land, das einstmals ihre Heimat war. Es ist durchaus nicht übertrieben zu sagen, dass er es war, der eine erneute Beschäftigung der Historiker mit dem Schicksal der Katharer anregte und dazu beitrug, dass die Bewohner jener Region zu ihrer eigenen Geschichte zurückfanden.

Nun könnte die Beschäftigung Otto Rahns mit den Katharern und seine These über die Hüter des Grals für die vorliegende Arbeit allenfalls den Charakter einer Fußnote haben. Doch es gibt da einige Details, die darauf hindeuten, dass der junge Deutsche mehr über das Geheimnis von Rennes-le-Chateau in Erfahrung bringen konnte, als sonst jemand vor ihm.

Spricht man die ohnehin nicht sonderlich aufgeschlossenen Bewohner von Rennes-le-Chateau auf Otto Rahn an, so wird ihr eigentümliches Schweigen noch düsterer. „Ja, gekannt haben wir ihn schon," murmelt vielleicht der eine oder andere von den Älteren. „Freundlich und höflich ist er immer gewesen." Und einer fügt dann noch nach langem Schweigen hinzu: „Dort drüben hat er immer mit ihr gesessen" und weist auf den Garten der Villa Bethania. „Sie", damit ist niemand anders als Marie Denarnaud gemeint. Was die alternde Herrin der Besitzungen Berenger Saunieres an den langen Nachmittagen des Jahres 1930 mit dem jungen Fremden aus Deutschland zu besprechen hatte, weiß heute niemand mehr in Rennes-le-Chateau. Doch dass Otto Rahn stets von einem Diener begleitet wurde, daran erinnern sie sich noch. Auch an sein imposantes Automobil, das in dem ärmlichen Dorf für Aufsehen sorgte. Bei dem „Diener" handelte es sich um den Deutschen Joseph Widegger, den

Chauffeur der Gräfin de Poujol-Murat, der Rahn auf dessen Reise durch das Land der Katharer begleitete. Den Wagen mitsamt Chauffeur hatte die Gräfin dem jungen Schriftsteller für die Zeit seiner Recherche überlassen.

Rahn erwähnte jedoch weder in seinem ersten Buch *Kreuzzug gegen den Gral* noch in dem 1937 erschienenen Fortsetzungsband *Luzifers Hofgesind* seine Besuche in Rennes-le-Chateau. Leider befindet sich auch keinerlei privater Schriftverkehr mehr in seinem Nachlass, der Aufschluss über diese Aufenthalte in Rennes-le-Chateau geben könnte. Noch vor Kriegsende 1945 vernichtete Rahns Mutter zahlreiche Unterlagen.

Das Leben des jungen und noch immer fast mittellosen Schriftstellers änderte sich entscheidend nach seiner Rückkehr nach Deutschland. Seit 1933 war er bereits Mitglied im „Reichsverband deutscher Schriftsteller". Im Jahr 1935 wurde dann der fast siebzigjährige, charismatische SS-Standartenführer Wiligut-Weisthor auf Rahn aufmerksam. Wiligut hatte schon einige Zeit vor der Machtergreifung der Nationalsozialisten Heinrich Himmler auf einem Treffen der Nordischen Gesellschaft in Detmold kennen gelernt. Der Standartenführer, dem man auch Psi-Kräfte nachsagte, empfand sich selbst einem uralten Königsgeschlecht zugehörig. Zumindest bis 1938 besaß er einen gewissen Einfluss auf den Reichsführer SS. Dies ist vor allem mit Himmlers ausgeprägtem Interesse an Mystik und Okkultismus erklärbar. Das von ihm ins Leben gerufene Forschungsamt „Ahnenerbe SS" schickte Expeditionen in den Himalaja und nach Südamerika, um den Wahrheitsgehalt uralter Legenden zu enträtseln und den Ursprung der arischen Rasse zu klären. Weitere Forschungsgruppen widmeten sich der Magie. Es war sogar angedacht, eine uralte „nordische" Religion wiederzubeleben.

Von Himmler selbst ist überliefert, dass er mit Fernsuggestion durch Telepathie experimentierte und sich als Wiedergeburt des deutschen Kaisers Heinrich I. empfand, zu dessen Gruft er alljährlich in der Silvesternacht hinabstieg. Ansatzweise wird hierbei auch Himmlers ganz persönliche Suche nach dem Gral erkennbar. Auf Vorschlag Wiligut-Weisthors wollte er für diesen Zweck eine Festung in Westfalen als Gralsburg herrichten lassen. Der alte SS-Standartenführer hatte für Himmler die Wewelsburg ausgewählt, die zum ideologischen Zentrum der SS als eines „Schwarzen Ordens unter dem Totenkopf" werden sollte. Hier entwarf Wiligut auch den berühmt-berüchtigten SS-Totenkopfring – Zeichen für besondere Treue und Verdienste um die Schutzstaffel. Außerdem gingen auf Wiligut-Weisthor zahlreiche Rituale und Gegenstände zurück, die bei Eheschließungen von SS-Angehörigen Verwendung fanden. Die von ihm geschaffenen runenkundlichen Manuskripte sammelte Himmler persönlich. Einige dieser Unterlagen können noch heute im Bundesarchiv in Potsdam eingesehen werden.

Durch sein Buch und nicht zuletzt durch Wiliguts Protektion wurde Otto Rahn zunächst als fest angestellter Referent im Rasse- und Siedlungs-Hauptamt beschäftigt, bevor er nach seinem Eintritt in die SS am 12. März 1936 umgehend in den persönlichen Stab von Heinrich Himmler wechselte. Dort konnte er unmittelbar darauf dem

Reichsführer SS bei dessen eigenem Ahnennachweis helfen. Seine erfolgreichen Nachforschungen in der französischen Schweiz verschafften Otto Rahn eine Sonderstellung bei dem für solche „Gefälligkeiten" stets dankbaren Himmler.

Möglicherweise war es jedoch nicht nur diese Hilfe bei der Erstellung des Ahnennachweises, sondern auch das von Otto Rahn aus Südfrankreich und ganz speziell aus Rennes-le-Chateau mitgebrachte Wissen, welches den Reichsführer verpflichtete. So wurden im Stab Heinrich Himmlers und auch im Forschungsamt Ahnenerbe SS Ideen entwickelt, um in den Besitz des Grals zu gelangen, der dabei als realer Gegenstand mit außergewöhnlichen Eigenschaften gedacht wurde.

Im Jahr 1943 dann führten Spezialeinheiten der SS in Okzitanien, im Gebiet der „Gorges de la frau" – der „Schlucht des Schreckens" – eine streng geheime Suchaktion durch, die jedoch nach einigen Monaten erfolglos aufgegeben werden musste. Während dieser Zeit hielten sich SS-Offiziere auch in Rennes-le-Chateau auf, wo sie bei Marie Denarnaud als offensichtlich recht willkommene Gäste logierten. Die Anwesenheit der Deutschen muss Marie an jene vergangenen, glücklichen Tage zu Lebzeiten Berenger Saunieres erinnert haben, als berühmte internationale Gäste in der Villa Bethania ein und aus gingen. Über den Aufenthalt und die Tätigkeiten der SS-Offiziere jedoch bewahren die Dörfler bis heute hartnäckiges Schweigen.

Es mögen vor allem diese merkwürdigen Besuche während der Besatzungszeit sein, die es den älteren Einwohnern von Rennes-le-Chateau heute so schwer machen, über Otto Rahn zu sprechen. Man gibt nicht gern zu, dass im zweiten Weltkrieg die *Resistance* durchaus nicht so weit verbreitet war, wie man es heute nur allzu gern in den Geschichtsbüchern liest. Und überdies ist Otto Rahn auch in Südfrankreich schon längst zur Legende geworden.

Die Umstände und Hintergründe seines Todes waren schließlich mysteriös genug. Kurz vor der Fertigstellung seines dritten Buches starb er – wahrscheinlich in der Nacht vom 13. auf den 14. März 1939 – kurz nach seinem 35. Geburtstag in der Nähe des Gehöftes Rechau bei Kufstein. Da seine Leiche erst am 11. Mai 1939 aufgefunden wurde, spannen sich die Vermutungen zu Rahns Tod von Selbstmord über Unfall – diese Todesursache wurde von der SS in einer offiziellen Todesannonce vom 25. Mai 1939 in der Zeitschrift „Das Schwarze Korps" angegeben – bis hin zu einem mysteriösen „Tod durch fremde Hand", der sich allerdings nicht zweifelsfrei belegen lässt.

Wenige Tage vor seinem Ableben hatte Rahn in Freiburg noch seinen ersten Verleger Otto Vogelsang getroffen, der ihn später aus der Erinnerung heraus als „gelöst, zukunftsfreudig und heiter" beschrieb. Hinzu kam, dass der Schriftsteller zumindest nach seinen eigenen Worten Heiratsabsichten hegte – zu dem schon anberaumten Hochzeitstermin hatte sich neben dem Reichsführer SS auch Wiligut-Weisthor angesagt.

Dennoch scheint die Hypothese eines Freitodes Otto Rahns nach den zur Zeit vorliegenden Quellen die größte Wahrscheinlichkeit beanspruchen zu dürfen. Der Jurist und Zeitzeuge Dietmar Lauermann bemerkte dazu: *„Ganz sicher war Rahn kein*

'Nazi'. Dem damaligen politischen System stand er innerlich ablehnend gegenüber, auch nachdem sich Himmler zu seiner Förderung entschlossen hatte. Er geriet dadurch in einen inneren Zwiespalt, den zu lösen ihm unmöglich war. Das kann wiederum nur begreifen, wer damals gelebt hat....Und natürlich gab es noch einen anderen Grund: eben den, dass er homosexuell war. Nur sagt dieses Wort wenig. Solche Liebesrichtung kann ebenso viele Farben widerspiegeln wie die Liebe zu einem Mädchen oder einer Frau..."

In den Augen der Herrschenden des III. Reiches war ein solcher „Tatbestand" jedoch das sichere Todesurteil. Wie gnadenlos sich die SS gegenüber Homosexuellen in ihren eigenen Reihen verhielt, belegt recht anschaulich das Schicksal des ersten Chefs des SS-Hauptamtes und alten Kämpfers Kurt Wittje, der „wegen dieser Krankheit" sein Amt verlassen musste.

Rahn äußerte selbst in einem Gespräch zu den Vorwürfen: „*Ich bin denunziert worden...*"

Welches Geheimnis der Schriftsteller und spätere SS-Obersturmführer Anfang der dreißiger Jahre in Rennes-le-Chateau von Marie Denarnaud auch erfahren hatte – er nahm es in jener klirrend kalten Märznacht des Jahre 1939 mit in sein eisiges Grab bei Kufstein.

Die letztlich gescheiterten Suchaktionen der SS-Verbände bei Rennes-le-Chateau und am Montsegur in den Jahren 1943 und 1944 zeigen, dass die oberste SS-Führung Kenntnis von dem Geheimnis erhalten hatte. Es gab sogar noch in den letzten Kriegstagen im April 1945 im persönlichen Stab des Reichsführers SS Pläne, eine erneute Expedition nach Südfrankreich zu entsenden, doch dieser Einsatz kam nicht mehr zustande. Welche Spur die SS durch Otto Rahn und seine Verbindungen nach Rennes-le-Chateau auch immer entdeckt hatte, sie war nicht mehr in der Lage, diese bis zum Ende zu verfolgen.

Marie Denarnaud geriet nach dem Ende des Zweiten Weltkrieges und dem Sieg der Alliierten durch ihre guten Beziehungen zu den deutschen Besatzern in eine mehr als missliche Lage. Sie wurde von einigen Dorfbewohnern als Kollaborateurin denunziert, aufgrund dieser Beschuldigungen verhaftet und für mehrere Wochen interniert. Bei den Befragungen und Verhören der alten Dame kamen die Ermittler jedoch alsbald zu dem Schluss, dass sie es mit keiner „Kriegsverbrecherin" zu tun hatten. Marie Denarnaud wurde schließlich entlassen und kehrte – misstrauischer und verbitterter als zuvor – nach Rennes-le-Chateau zurück.

Hier erwartete sie ein weiterer Schicksalsschlag. Die damalige Nachkriegsregierung unter Charles de Gaulle führte eine Währungsreform durch und erließ gleichzeitig Verfügungen, um Steuerhinterzieher und Kriegsgewinnler dingfest zu machen. Beim Umtausch von alten Franc in neue Franc mussten alle französischen Bürger Rechenschaft über ihre Einkünfte ablegen. Marie Denarnaud war ganz offensichtlich nicht gewillt, irgendwelche Erklärungen abzugeben. Sie entschied sich für ein Leben in Armut. Verschiedene Dorfbewohner beobachteten, wie sie im Garten der Villa Bethania alte Francnoten gleich bündelweise verbrannte.

In dieser Situation fand sie der Industrielle Noèl Corbu vor, den das Kriegsgeschick im Jahr 1945 nach Rennes-le-Chateau verschlug.

Als weltgewandter, kultivierter Mann unterschied sich Noèl Corbu gravierend von den Leuten, die ansonsten die alte Frau belästigten, um ihr Informationen über das Geheimnis von Rennes-le-Chateau abzupressen. Seine Persönlichkeit mochte sie an Freunde von damals erinnern, an jene ferne Zeit, da sie in Rennes-le-Chateau als eine Dame von Welt lebte.

Noèl Corbu war ein promovierter Naturwissenschaftler und konnte auf einen recht beeindruckenden Stammbaum verweisen. Väterlicherseits war er mit den Cartimpres, von seiten seiner Mutter mit dem Geschlecht derer von Waldeck-Rousseau und den spanischen Bourbonen verwandt. Dank seiner galanten Höflichkeit gewann er Maries Vertrauen in vollem Maße. Sie erlaubte Noèl Corbu, mit seiner Familie die Villa Bethania zu bewohnen, und setzte die Eheleute Henriette und Noèl Corbu im Jahr 1946 testamentarisch zu ihren Universalerben ein. Diese dankbare Geste hatte ihren Grund. Die Corbus kauften Marie Denarnaud gegen Zahlung einer Leibrente und Garantie eines lebenslangen Wohnrechtes die Landgüter in Rennes-le-Chateau ab.

Im Jahr 1946 wandte sich Noèl Corbu auch wieder geschäftlichen Aktivitäten zu. Er reiste nach Marokko, um dort eine Zuckerraffinerie aufzubauen. Doch dieses Unternehmen scheiterte, so dass er im Jahr 1950 endgültig nach Rennes-le-Chateau zurückkehrte. Um den Lebensunterhalt seiner Familie bestreiten zu können, eröffnete Noèl Corbu in der Villa Bethania des Hotel-Restaurant „La Tour". Er hoffte, die herrliche Landschaft und die Kunde vom sagenhaften Schatz des Pfarrers Sauniere würden zahlreiche Touristen nach Rennes-le-Chateau locken. Deshalb begann Noèl Corbu, diese Geschichte zu verbreiten. Er erzählte sie auf seine Weise und nahm es dabei mit den historischen Gegebenheiten nicht immer genau. Dennoch blieb der Erfolg nicht hinter seinen Erwartungen zurück.

Doch Noèl Corbu wollte mehr. Er wollte selbst den Schatz von Rennes-le-Chateau finden, das Geheimnis entschleiern, das seit Berenger Saunieres Tagen über dem Ort lag. Unablässig forschte der Naturwissenschaftler und Hotelier, ging jeder noch so kleinen Spur nach – immer den erhofften Reichtum vor Augen.

Marie Denarnaud bremste seinen Eifer nicht, sondern versprach ihm, sie werde ihm ein Geheimnis anvertrauen, das Noèl Corbu zu „einem sehr, sehr reichen und mächtigen Mann machen" sollte. Dazu aber kam es nicht mehr. Im Jahr 1953 erlitt die Greisin einen Schlaganfall, an dem sie kurze Zeit später verstarb. Es heißt, Marie Denarnaud sei nur noch in der Lage gewesen, einen Bruchteil ihres Wissens an Noèl Corbu weiterzugeben.

Der Hotelier verbrachte jedenfalls die nächsten 15 Jahre seines Lebens mit der Erforschung des Geheimnisses. Er investierte bedeutende Summen und war 1960 sogar gezwungen, die Besitzungen Saunieres, die er von Marie Denarnaud erworben hatte, an Monsieur Henri Buthion, einen Geschäftsmann aus Lyon, zu veräußern, um wieder über ausreichend liquide Mittel für seine Forschungsarbeiten zu verfügen.

VI. Eine ehrenwerte Gesellschaft

Acht Jahre nach diesem Notverkauf schien er seinem Ziel sehr nahe gekommen zu sein. Jedenfalls verkündete Noèl Corbu im Mai 1968 im Bekanntenkreis, „er wisse nun, was Pfarrer Sauniere einst gewusst habe“ und „bald werde ihm nicht nur Frankreich, sondern ganz Europa gehören“. Wie ihm dies gelingen sollte, vermochte der Hotelier jedoch nicht mehr zu enthüllen. Nur drei Tage nach seiner großspurigen Ankündigung kam er bei einem mysteriösen Verkehrsunfall in der Nähe von Fanjeaux ums Leben. Sein Wagen wurde von einem weitaus größeren Fahrzeug – einem LKW oder einer schweren Zugmaschine – buchstäblich zermalmt. Noèl Corbu verstarb noch an der Unfallstelle. Der Unfallgegner beging Fahrerflucht. Trotz intensiver Ermittlungen der örtlichen Polizeibehörden blieb der Unfallgegner bis heute unbekannt. Noèl Corbu wurde neben seiner bereits 1966 verstorbenen Ehefrau auf dem Friedhof von Rennes-le-Chateau zur letzten Ruhe gebettet.

Auch Andere, die nach ihm kamen und den Schatz Berenger Saunieres finden wollten, merkten recht bald, dass sie sich dabei in Gefahr für Leib und Leben begaben. So hatte der Ingenieur Cholet aus Paris in den siebziger Jahren in Montfort-Lamaury, dem einstigen Lehen des Adligen Simon de Montforts einige historische Dokumente entdeckt, die eine recht genaue Beschreibung der Kirche von Rennes-le-Chateau lieferten. Herr Cholet besorgte sich daraufhin eine Grabungsgenehmigung, die ihm nach langwierigen Verhandlungen mit der Gemeinde auch bewilligt wurde. Bei seinen Arbeiten stieß der Ingenieur tatsächlich auf mehrere Verstecke im Inneren und in der Umgebung der Kirche, die möglicherweise einmal zur Aufbewahrung von Kostbarkeiten gedient hatten. Leider waren diese Verstecke alle bereits ausgeräumt.

Die Nachforschungen des Herrn Cholet wurden auf recht unsanfte Weise unterbrochen. Er entging nur um Haaresbreite dem Fall einer schweren Holzbohle, die ein Unbekannter absichtlich über den Eingang zur Kirche gestellt und damit eine tödliche Falle für den neugierigen Fremden geschaffen hatte. Nach diesem Vorkommnis zog es Ingenieur Cholet vor, seine Forschungen einzustellen und den Ort so rasch als möglich zu verlassen.

Ähnliches widerfuhr Monsieur Henri Buthion, dem neuen Eigentümer der einstigen Besitzungen von Berenger Sauniere. Nach dem Tod Noèl Corbus begann auch er, den sagenhaften Schatz des Pfarrers zu suchen, den er auf den Ländereien Sauniers vergraben glaubte. An einem Abend im April 1969 – das genaue Datum ließ sich nicht mehr exakt ermitteln – durchsiebte ein Unbekannter mit Geschossen aus einer 9 mm Maschinenpistole den vor der Villa Bethania geparkten Citroen DS 19 Monsieur Buthions. Der Wagen ging durch den Beschuss in Flammen auf und brannte vollständig aus. Dies war eine recht nachdrückliche Warnung an den Zugereisten, sich nicht zu tief in die Geheimnisse des Ortes einzumischen. Dreißig Jahre später beließ man es nicht mehr bei Warnungen. Im Juli 1999 wurden Monsieur Henri Buthion und seine Ehefrau in der Stadt Rennes in der Bretagne von einem angeblich geistesgestörten Mörder mit einer Maschinenpistole niedergeschossen.

Wohl nicht zu Unrecht fürchten sich die einfachen Menschen in der Gegend um Rennes-le-Chateau bis heute vor jenen Fremden, die alle, die dem Geheimnis zu nahe kamen, bedrohten, einschüchterten oder brutal töteten. Schon zu Lebzeiten des Pfarrers Sauniere häuften sich im Rhazes mysteriöse Todesfälle.

Da war der Fall des Abbè Antoine Gelis, eines Amtsbruders von Berenger Sauniere aus der kleinen Nachbargemeinde Coustaussa. Er wurde in der Nacht vom 31. Oktober auf den 1. November 1897 von Unbekannten im Wohnzimmer seines Pfarrhauses in Coustaussa mit einem stumpfen Gegenstand erschlagen. Der siebzigjährige Priester war seit 1858 in Coustaussa als Pfarrer tätig und in der ganzen Umgebung hoch geachtet. Er hatte auch keinerlei persönliche Feinde, wie die damaligen Polizeiakten ausdrücklich vermerkten. Seine Mörder wollten den Tod des Pfarrers wie einen Raubmord aussehen lassen, doch von der Barschaft des alten Mannes fehlte nichts. Dagegen waren die umfangreichen Unterlagen verschwunden, die Sauniere seinem alten Freund einige Tage zuvor in einer ledernen Aktentasche übergeben hatte.

Die Mörder hatten merkwürdigerweise ihr Opfer nach christlichem Ritus aufgebahrt und dabei den Körper des Toten in ost-westlicher Linie ausgerichtet, wobei sein Kopf nach Osten wies. Neben dem Toten fand sich ein Stück Zigarettenpapier der damals häufig gerauchten Marke „Le Tzar", auf dem mit dem Blut des Erschlagenen die merkwürdigen Worte „Viva Angelina" geschrieben standen. Ihr Sinn konnte bislang noch nicht entschlüsselt werden.

Da auch Sauniere als Kettenraucher der nämlichen Zigarettenmarke bekannt war, wurde er von den ermittelnden Kriminalbeamten zunächst in den Kreis der Verdächtigen einbezogen. Doch seine Haushälterin Marie Denarnaud und deren Familie verschafften ihm ein ausreichendes Alibi. Nach ihren Aussagen hatte sich Berenger Sauniere in der fraglichen Nacht in seinem Pfarrhaus von Rennes-le-Chateau aufgehalten.

Es war vor allem die Tatsache, dass sich im Haus des unglücklichen Antoine Gelis keine Spuren eines Einbruches oder gar Kampfes finden ließen, die Sauniere neben dem Auffinden des auch von ihm benutzten Zigarettenpapiers belastete.

Auch heute noch gehen viele Forscher davon aus, Antoine Gelis müsse seinen oder seine Mörder gekannt haben, da er ihnen freiwillig die Tür seines Hauses öffnete, was bei bedrohlich erscheinenden Fremden mit Sicherheit nicht der Fall gewesen wäre. Einer der wenigen engen Freunde, die der alte Antoine Gelis hatte, war Berenger Sauniere. Dieser hatte ihm darüber hinaus wenige Tage zuvor jene merkwürdige Aktentasche zur Aufbewahrung anvertraut, die nach Saunieres eigener Auskunft Abschriften wichtiger Dokumente enthielt. Der Inhalt dieser Tasche soll nun als Motiv für die Ermordung des alten Priesters herhalten. Sauniere habe es bereut, so wird spekuliert, den alten Mann in sein Geheimnis eingeweiht zu haben. Bei dem Versuch, die Tasche zurückzuerhalten, sei es zum Streit zwischen den Priestern gekommen und der mitunter zum Jähzorn neigende Berenger Sauniere habe dabei im Affekt seinen Kollegen erschlagen.

Auf den ersten Blick erscheint eine solche Argumentation schlüssig. Doch hierbei wird eine ebenso simple wie aufschlussreiche Tatsache übersehen. Sowohl im ausgehenden 19. Jahrhundert als auch heute noch bleiben in den Dörfern des Rhazes die Türen der meisten Häuser Tag und Nacht unverschlossen. Dort herrschten und herrschen – zum Glück, möchte man meinen – noch keine „amerikanischen Verhältnisse". Auch der alte Pfarrer von Coustaussa hatte also keinen Grund, sich in seinem Pfarrhaus zu verbarrikadieren. So war es also *jedermann* möglich, in die unverschlossenen Räume des Priesters einzudringen und ihn zu töten. Der oder die Täter mussten Coustaussa ebenso unerkannt betreten haben, wie sie es nach der Ermordung des alten Mannes wieder verlassen hatten. Dies mochten auch die Gedanken der damals ermittelnden Kriminalbeamten sein, die bald den Verdacht gegen Sauniere wieder fallen ließen.

In diesem Kriminalfall gab es noch einen weiteren Verdächtigen, den Neffen des alten Pfarrers. Der junge Mann hatte hohe Spielschulden und galt bei den Dörflern als Nichtsnutz und Tagedieb. Dennoch war er wegen seiner Rücksichtslosigkeit und seiner Neigung zur Gewalttätigkeit gefürchtet. Obwohl ihn viele im Dorf für den Mörder hielten, musste ihn die Polizei schließlich freilassen, als sich herausstellte, dass er den Abend in einem Nachbardorf bei seiner Geliebten verbracht hatte.

Der Mord an dem alten, beliebten Pfarrer bewegte damals noch monatelang die Gemüter. Doch schließlich mussten die Ermittlungen ergebnislos eingestellt werden. Das Verbrechen blieb bis heute ungesühnt.

Einen weiteren grausigen Fund musste der Hotelier Noèl Corbu in den fünfziger Jahren machen, als er nach dem Tod von Marie Denarnaud die Gebäude auf den ehemaligen Grundstücken Saunieres renovieren und zu seinem Hotel-Restaurant „La Tour" umbauen ließ. Bei Aushubarbeiten für die Neuverlegung von Leitungen für die Strom- und Wasserversorgung stießen seine Handwerker auf vier sorgfältig im Park der Villa Bethania vergrabene Skelette.

Hinzugezogene Gerichtsmediziner konnten anhand des Zustandes der sterblichen Überreste feststellen, dass es sich bei den vier Toten um Männer im Alter zwischen dreißig und vierzig Jahren gehandelt hatte. Sie waren alle durch Schüsse mit einer Schrotflinte aus kurzer Entfernung getötet worden. Erhalten gebliebene Kleidungsreste wiesen darauf hin, dass der Tod die Unbekannten in der Zeit zwischen der Jahrhundertwende und dem ersten Weltkrieg ereilt haben musste. Ihre Identität hingegen blieb ebenso ungeklärt wie der genaue Zeitpunkt und die näheren Umstände ihres Todes.

Da sie auf den Besitzungen Berenger Saunieres begraben worden waren und das zu einer Zeit, da der Pfarrer noch unter den Lebenden weilte, lag die Schlussfolgerung nahe, dass der Priester etwas mit dem Tod der vier Männer zu tun hatte. Sauniere galt als ausgezeichneter Jäger und bewahrte in seinen Privaträumen mehrere Gewehre auf, darunter auch einige großkalibrige Schrotflinten. Zwar konnte sich niemand im Dorf mehr daran erinnern, irgendwann einmal zu Zeiten Saunieres im Ort Schüsse gehört zu haben, doch will dies wenig besagen. Der Vergrabungsort der Toten musste schließlich nicht dem Tatort entsprechen. Womöglich hatte Sauniere auf einem seiner Streifzüge einige gar zu aufdringliche oder sogar gefährliche Verfolger ausgeschaltet und die Leichen dann auf seinem Grundstück verborgen. Dabei konnte er sicher auf die Hilfe seiner Gefährtin Marie Denarnaud und deren Verwandten zählen.

Möglicherweise handelt es sich bei den Toten auch um jene Männer, die Abbè Gelis auf dem Gewissen hatten. Vielleicht wollten sie nach der Ermordung des alten Priesters auch Berenger Sauniere aus dem Wege räumen, weil sie glaubten, durch die geraubten Dokumente nun ebenfalls im Besitz jenes Geheimnisses zu sein, das der Pfarrer von Rennes-le-Chateau kannte. Doch Berenger Sauniere war vorsichtiger als sein Kollege aus Coustaussa und auch bereit, sein Leben mit Waffengewalt zu verteidigen.

Die Dörfler im Rhazes sind sich sicher, wer Abbè Gelis, Pater Rescaniere, den Hotelier Corbu und all die anderen getötet hat. Nach ihrer Auffassung waren es die Gesandten des Priorats von Zion. Der Geheimbund hat sein Interesse an Rennes-le-Chateau nie verloren. Offensichtlich ist er bestrebt, das Geheimnis des Ortes bis in die Gegenwart mit allen Mitteln zu bewahren.

So entstand in jüngster Zeit zu diesem Zweck die so genannte „Association Terre de Rhedae". Dies ist eine im Jahr 1989 gegründete Vereinigung der lokalen Grundbesitzer, die es sich vorgeblich zum Ziel gesetzt hat, historische Hinterlassenschaften in der Gegend von Rennes-le-Chateau zu erforschen und für die Nachwelt zu bewahren. Zu diesen Hinterlassenschaften zählt natürlich auch das Erbe des Abbè Sauniere, dem die Mitglieder der Vereinigung ein ganz besonderes Interesse widmen. Bewaffnete Angehörige der von ihnen ins Leben gerufenen und ausgerüsteten privaten „Patrouille Forestier" kontrollieren die Wälder und Weiden rings um Rennes-le-Chateau, um jeden neugierigen Fremden von einer Suche nach den möglichen Schätzen Berenger Sauniers abzuhalten.

Die „Association Terre de Rhedae" führt ein merkwürdiges Logo. Es zeigt im Hintergrund stilisiert die Silhouette von Rennes-le-Chateau, die aber seltsamerweise von einem Steuerrad umrahmt wird, wie es einst auf den großen Segelschiffen vergangener Jahrhunderte gebräuchlich war. Zwar bedeutet der Name Rhedae übersetzt „Ort der vierrädrigen Fuhrwerke", so dass zunächst auch an ein Karrenrad gedacht werden könnte, doch ist dafür der Unterschied in der Darstellung einfach zu groß. Der Großmeister des Priorats von Zion wird nun als „Nautonier" bezeichnet, was zu deutsch „Steuermann" bedeutet. Verdeutlicht man sich die Symbolik der „Association Terre de Rhedae" unter diesem Aspekt, so kann man durchaus annehmen, dass sie eine vom Priorat von Zion gesteuerte Gesellschaft ist. Der „Steuermann" hält das „Steuerrad" in der Hand.

Bedenkt man die bereits beschriebene endgültige Zielsetzung der Mitglieder des Priorats, so erscheint ihr Interesse an Rennes-le-Chateau auch in unseren Tagen noch verständlich. Zumindest seit dem ausgehenden neunzehnten Jahrhundert gibt es ein weiteres beeindruckendes Zeugnis für die Existenz des Priorats und dessen Ziele. Dieses Dokument hat zwar einen großen Bekanntheitsgrad, seine Beweiskraft ist jedoch nach wie vor erbittert umstritten. Kein Wunder, da es doch im zwanzigsten Jahrhundert zur Legitimation verbrecherischer Ziele herangezogen wurde.

Die Existenz dieses Dokuments wurde zuerst im zaristischen Russland der Jahrhundertwende bekannt. Bereits lange vor dem berühmt-berüchtigten Rasputin hatten sich am Zarenhof recht einflussreiche esoterische Kreise etabliert. Zwischen 1890 und 1900, also genau in jener Zeit, da Sauniere begann, seine geheimnisvollen Projekte zu verwirklichen, bildete sich ein solcher Zirkel um einen gewissen Monsieur Philippe und seinen Mentor, bei dem es sich um keinen Geringeren als den auch mit Berenger Sauniere bestens bekannten französischen Esoteriker Dr. Gerard Encausse, genannt Papus, handelte. Die französischen Vertreter der „okkulten Erneuerung“, die den Landpfarrer aus Rennes-le-Chateau unterstützten, unterhielten ebenso enge Beziehungen zum russischen Hof, wo sie das Privileg genossen, enge Vertraute von Zar Nikolaus II. und seiner für alles Übernatürliche aufgeschlossenen Gattin Alexandra zu sein.

Dennoch war die Stellung des hermetischen Zirkels um Monsieur Philippe nicht unangefochten. Insbesondere Großfürstin Elisabeth unternahm es immer wieder, die Vertrauensstellung Monsieur Philippes zu untergraben, um durch eigene Vertraute einen größeren Einfluss auf das Zarenpaar zu gewinnen. Einer ihrer Kreaturen war ein dubioses Subjekt, das die Nachwelt nur noch unter dem Pseudonym Sergej A. Nilus kennt. Im Jahr 1903 legte dieser Nilus dem Zaren ein Dokument vor, mit dessen Hilfe er angeblich eine gefährliche Verschwörung aufdecken wollte. Doch mit seiner Hypothese war er beim Zaren offensichtlich an der falschen Adresse. Nikolaus II. erklärte empört, das vorgelegte Schriftstück sei nichts weiter als eine minderwertige Fälschung. Der Zar ordnete an, sämtliche vorhandenen Exemplare einzuziehen und zu vernichten. Gleichzeitig ließ er Sergej A. Nilus vom Hofe verbannen.

Natürlich wurde die Anordnung des Zaren nicht überall umgesetzt. So blieben einige Schriftstücke erhalten und zumindest ein Exemplar wurde bereits 1903 in der St. Petersburger Zeitung „Snamja“ in mehreren Folgen abgedruckt. Es war allerdings nicht geeignet, auch nur das geringste Interesse an dieser „Affäre“ zu wecken. Dies sollte sich jedoch ändern, als es 1905 abermals, diesmal jedoch als Anhang zu einem Werk des bekannten Mystikers und Philosophen Wladimir S. Solowjow erschien. Nunmehr erregte dieses Dokument allgemeine Aufmerksamkeit und entwickelte sich in den folgenden Jahrzehnten zu einer der ungeheuerlichsten Infamien des zwanzigsten Jahrhunderts.

Die Schrift, von der hier die Rede ist, war ein Programm mit sozialen und politischen Zielsetzungen. Es ist unter einer recht großen Anzahl ähnlicher Titel veröffentlicht worden. Der bekannteste aber lautet: ***Die Protokolle der Weisen von Zion.*** Es wurde verbreitet, dass diese Protokolle vorwiegend aus jüdischen Quellen stammen sollten, was damals zahlreiche Antisemiten zum Anlass nahmen, darin den Beweis einer „internationalen Verschwörung des Judentums" zu sehen. Während der Bürgerkriege in Russland im Jahr 1919 wurden Abschriften der Protokolle an Soldaten der Weißrussischen Armee verteilt. Daraufhin ermordeten diese in den folgenden beiden Jahren mehr als sechzigtausend Juden, da sie in ihnen die Drahtzieher der Oktoberrevolution vermuteten. Alfred Rosenberg, ideologischer Wegbereiter der NSDAP und Autor des umstrittenen Buches Der *Mythus des Zwanzigsten Jahrhunderts* verbreitete die Protokolle zu Propagandazwecken in Deutschland und auch Adolf Hitler berief sich auf sie zur Untermauerung seiner Thesen in *Mein Kampf*. Doch er unterließ es, die Authentizität der Protokolle kritisch zu hinterfragen. Damit aber stand er nicht allein. Selbst die seriöse britische Zeitung *Times* nahm 1921 die Protokolle der Weisen von Zion zunächst sehr ernst, bevor später der „Irrtum" korrigiert wurde. Heute sieht eine ganz überwiegend herrschende Meinung unter Historikern und Publizisten die Protokolle – zumindest in der vorliegenden Form – als eine Fälschung an.

Die Protokolle der Weisen von Zion enthalten einen detaillierten Plan, wie die absolute Weltherrschaft durch eine kleine Gruppe machtbesessener Individuen erlangt werden kann, die eine allumfassende ***„Neue Weltordnung(!)"*** errichten und selbst eine uneingeschränkte, unkontrollierte Macht ausüben. Zur Erreichung dieses Zieles sind alle Mittel recht und erlaubt. Mit Hilfe von Konspiration, Manipulation und Anarchie sollen bestimmte Regierungen gestürzt, demokratische und monarchische Systeme gleichermaßen destabilisiert, Freimaurerorden und ähnliche Institutionen unterwandert werden, um schließlich die totale Kontrolle über alle sozialen, wirtschaftlichen und politischen Institutionen der so genannten „zivilisierten Welt" übernehmen zu können. Die anonymen Autoren der Protokolle halten es für wichtig, ganz besonders darauf hinzuweisen, dass sie „nach einem politischen Plane handeln, von dem Jahrhunderte lang niemand auch nur etwas geahnt hat".

Heute mögen diese Protokolle dem Leser wie das Szenario eines Agententhrillers erscheinen, doch ihre Erstveröffentlichung wurde von dem Gerücht begleitet, sie seien von den Vertretern des Ersten Zionistischen Weltkongresses, der 1897 in Basel zusammenkam, ausgearbeitet worden. Diese Unterstellung wurde inzwischen widerlegt, da zum Beispiel bekannt ist, dass die ersten Ausgaben der Protokolle in Französisch abgefasst waren, jedoch kein einziger französischer Delegierter an der Baseler Tagung teilnahm. Außerdem kam später heraus, dass bereits ein Exemplar der Protokolle im Jahr 1894 im Umlauf war und einem Mitglied jener Freimaurerloge zugänglich gemacht wurde, der auch Papus angehörte und deren Meister er in späteren Jahren wurde.

Nach neueren Forschungen diente wohl der bereits 1864 anonym in Brüssel erschienene *Dialogue aux enfers Machiavel et Montesquieu ou la politique de Machiavel au XIX siecle* (Gespräche in der Unterwelt zwischen Machiavelli und Montesquieu über die Politik des 19. Jahrhunderts) den Verfassern der Protokolle als Vorlage. Autor dieser Streitschrift scheint der bekannte Pariser Anwalt und Schriftsteller Maurice Joly gewesen zu sein, der seinerseits eng mit Victor Hugo befreundet war.

Beide hassten den französischen Kaiser und Joly handelte sich mit seinen Angriffen auf Napoleon III. in dem genannten Traktat gar eine Gefängnisstrafe ein.

Die Protokolle der Weisen von Zion sind also mit Sicherheit nicht vom Zionistischen Weltkongress in Basel verfasst worden. Wem aber verdanken sie dann ihre Existenz? Historiker haben sie als das Werk von Antisemiten gebrandmarkt, welches das Weltjudentum in Verruf bringen sollte. Jedoch spricht der Inhalt der Protokolle selbst gegen eine solche Schlussfolgerung. Die Dokumente enthalten zahlreiche merkwürdige und nicht immer klar verständliche Querverweise, die aber auf gar keinen Fall jüdischen Ursprungs sein können. Jeder Antisemit, der die Juden diskreditieren wollte, hätte sich mit Sicherheit niemals solche Querverbindungen ausgedacht, da sie die Authentizität der Protokolle erheblich in Zweifel ziehen.

So enden die Protokolle – um nur dieses Beispiel zu nennen – mit der Formulierung: „*Unterzeichnet von den Vertretern Zions des 33. Grades.*" Weshalb hätte sich ein antijüdischer Fälscher eine solche Wendung einfallen lassen sollen? Warum klagte er statt aller Juden nur die wenigen „Vertreter des 33. Grades" an? Wäre es nicht näher liegend gewesen, anzunehmen, diese Protokolle seien von *allen* Teilnehmern des Zionistischen Weltkongresses zu Basel unterschrieben worden? Die genannten „Vertreter des 33. Grades" aber sind schwerlich mit einer „Verschwörung des Weltjudentums" in Verbindung zu bringen, sondern schon viel eher mit dem seit dem 18. Jahrhundert bekannten freimaurerischen System der „Strikten Observanz" des Reichsfreiherrn von Hund.

Die Protokolle weisen aber noch gröbere Ungereimtheiten auf. So ist im Text wiederholt von einem Kommen des „freimaurerischen Königreichs" und von einem „König aus dem Hause Zion" die Rede, der über jenes Reich herrschen soll. Der künftige König würde „aus dem Geschlecht Davids" stammen und „der wahre Papst" sowie der „Patriarch einer internationalen Kirche" sein.

Wer nun allen Ernstes behaupten will, solche Prophezeiungen seien jüdischen Ursprungs, stellt damit nur seine Unkenntnis jüdischer Tradition unter Beweis. Seit biblischen Zeiten gibt es dort nämlich keinen „König" mehr und das monarchische Prinzip an sich ist für die weltweit verstreuten jüdischen Gemeinden – und erst recht für den seit 1948 existierenden Staat Israel – vollkommen irrelevant geworden. Diese Tatsache sollte auch einem böswilligen Fälscher nicht entgangen sein. Bei genauerer Betrachtung erweisen sich die Aussagen der Protokolle denn auch mehr christlicher als jüdischer Herkunft. Im Verlauf der vergangenen 2.000 Jahre war nämlich Jesus der einzige „König der Juden", welcher – jedenfalls nach dem Wortlaut des Neuen Testaments – dem „Hause Davids" entstammte.

Wenn also jemand mit doch recht beträchtlichem Aufwand ein solches Dokument erstellt, um eine „jüdische Weltverschwörung" nachzuweisen, warum sollten sich dann so augenfällige Bestandteile der christlichen Lehre darin finden? Weshalb wird auf eine so spezifische Institution wie das Papsttum Bezug genommen? Weshalb ist die Rede von einer „Internationalen Kirche" und nicht von einer internationalen Synagoge oder zumindest von einem internationalen Tempel?

Unter Berücksichtigung dieser Tatsachen lassen sich folgende Schlüsse ziehen:

1. Die veröffentlichten und derzeit kursierenden Versionen der Protokolle basieren auf einem Originaltext, der keine Fälschung, sondern authentisch war. Allerdings hatte er nicht das Geringste mit einer „Verschwörung des Weltjudentums“ zu tun, sondern wurde von einer freimaurerischen oder sonstigen geheimen Gesellschaft herausgegeben.
2. Dieser Originaltext musste nicht unbedingt provokative oder revolutionäre Ideen zum Inhalt haben. Dennoch schien sein Kernpunkt ein Programm zu sein, in dem dargelegt wurde, wie Machtpositionen unter den verschiedensten gesellschaftlichen Voraussetzungen errungen werden konnten, wie freimaurerische und sonstige geheime oder halbgeheime Zirkel zu infiltrieren waren, um die sozialen, wirtschaftlichen und politischen Institutionen letztlich vollkommen kontrollieren zu können. Ein solches Programm steht nicht nur im Einklang mit den Zielen zahlreicher Geheimbünde der Renaissance oder des Rosenkreuzerordens von Johann Valentin Andräe, sondern auch mit denen des so genannten „Priorats von Zion“. Findet hiermit vielleicht die Erwähnung der „Weisen des 33. Grades von Zion“ ihre logische Erklärung?
3. Der Originaltext geriet schließlich in die Hände von Sergej A. Nilus, der eine Möglichkeit sah, damit die Stellung des Hermetischen Zirkels um Papus und Monsieur Philippe am russischen Zarenhof zu erschüttern. Eine Diskreditierung des Weltjudentums hatte Nilus keineswegs im Sinn. Möglicherweise nahm er jedoch Änderungen stilistischer Art an dem Urtext vor, um ihn bösartiger und gefährlicher klingen zu lassen. In dieser Form wurde das Dokument schließlich auch veröffentlicht. Zwar hatte seine Intrige keinen Erfolg, jedoch eignete sich das Machwerk auch, um den Antisemitismus zu fördern.
4. Der bekannte „offizielle“ Wortlaut der Protokolle ist daher keineswegs frei erfunden, sondern beruht auf einer drastisch veränderten Originalversion. Spuren des Originals finden sich in den erwähnten Hinweisen auf einen König, den Papst und eine internationale Kirche von Zion. Diese Hinweise sind in Bezug auf das Weltjudentum ohne jede Aussagekraft. Sie gewinnen jedoch beträchtlich an Bedeutung, wenn man davon ausgeht, das die Autoren der „Protokolle der Weisen von Zion“ Angehörige einer geheimen Gesellschaft waren. In Anbetracht der merkwürdigen Unterzeichnung des Dokumentes mag es legitim erscheinen, die Autorenschaft einigen Mitgliedern des „Priorats von Zion“ zuzuschreiben. Dies gilt vor allem in Anbetracht der Tatsache, dass das Priorat bestrebt ist, die Weltherrschaft zu erringen, wobei in einer Analogie zu den Protokollen alle Mittel recht und erlaubt zu sein scheinen, um dieses Ziel zu erreichen. In Anbetracht der momentanen gesellschaftlichen, politischen und wirtschaftlichen Lage mag sich denn so mancher auch fragen, wie weit denn die Bemühungen des Priorats denn schon gediehen sein mögen.

Eine Gesellschaft mit dem Namen Priorat von Zion ist nämlich noch heute aktiv. Die offizielle Anmeldung dieser Gemeinschaft erfolgte am 25. Juni 1956 bei der Unterpräfektur von Saint-Julien-en-Genevois. Als Zweck des Zusammenschlusses wurde lediglich die nebelhafte Formulierung „Studium und gegenseitiger Beistand der Mitglieder untereinander" angegeben. Die Gesellschaft soll ihren Sitz in Sous-Cassan, Annemass in den Haute-Savoie haben. Diese Angaben entstammen dem „Journal officiel", einem wöchentlich erscheinenden amtlichen Mitteilungsblatt aller eingetragenen Vereine, Gesellschaften und Organisationen Frankreichs. Die angegebene Adresse erwies sich bei Nachforschungen aber als derart ungenau, dass es völlig unmöglich war, ein Gebäude oder Büro des Priorats von Zion zu ermitteln. Auch die bei der zuständigen Unterpräfektur für jedermann gegen einen geringen Kostenbeitrag einsehbaren Statuten des Priorats von Zion sind nicht sonderlich aufschlussreich. Die Ziele der Gesellschaft werden nicht näher definiert. Ferner finden sich in dem einundzwanzig Artikel umfassenden Dokument auch keinerlei Hinweise auf den Einfluss des Priorats, auf finanzielle Mittel oder die Anzahl der Mitglieder. Jedoch legten die Statuten unter anderem fest, dass die Aufnahme in den Orden keinem Bewerber aufgrund seiner Sprache, Herkunft oder seiner politischen Ansichten zu verwehren sei. Diese Formulierung erfährt jedoch wenige Zeilen weiter eine gewichtige Einschränkung, wenn es heißt, dass die Bewerber Katholiken und über einundzwanzig Jahre alt sein müssen. Alles in allem vermitteln die Statuten den Eindruck einer frommen, sehr pro-katholisch orientierten Organisation. Doch Artikel VII ist dazu angetan, gesundes Misstrauen zu erwecken. Dort heißt es nämlich:

„Der Kandidat muss seine Persönlichkeit aufgeben, um sich in den Dienst eines hohen moralischen Apostolats zu stellen."

Dies ist wiederum eindeutig der Sprache der „Protokolle der Weisen von Zion". Die Forderung nach einem unbedingten, kritiklosen Gehorsam gegenüber einer Macht, die sich jedweder Kontrolle entzieht und despotisch nach eigenem Gutdünken entscheidet. Wohlweislich wird auch verschwiegen, welchem Zweck das „hohe moralische Apostolat" denn nun eigentlich dienen soll. Zieht man die Protokolle der Weisen von Zion heran, dann ist die Antwort ganz einfach – der Kandidat soll sich bedingungslos in den Dienst des Aufbaus einer ***„neuen Weltordnung"*** stellen, die von der geheimen Gesellschaft vorgezeichnet und dominiert wird.

Warum interessiert sich eine solche Gesellschaft mit Weltherrschaftsambitionen so brennend für ein gottverlassenes Dorf wie Rennes-le-Chateau? Weshalb hat sie dieses Interesse bis in die Gegenwart hinein nicht verloren? Ein solches Verhalten ergibt nur dann einigermaßen Sinn, wenn man annimmt, dass sich in Rennes-le-Chateau oder in der Umgebung des Ortes etwas befand oder noch befindet, das geeignet ist, die Weltherrschaftsträume des Priorats von Zion zur Realität werden zu lassen.

ben: Die Citè - das alte Carcassonne.

Oben: Grabstelle von Marie Denarnaud.

Links: Turm der Befestigung von Rhedae.
Unten: Motive aus westgotischer Zeit an einem Haus in Rennes-le-Chateau.

Die Ruinen des Chateau d'Hautpoul.

Porträt von Berenger Sauniere un ein Porträt von Marie Denarnaud

Berenger Saunieres Landgut von Couiza aus gesehen.

Grabstein von Berenger Sauniere auf dem Friedhof von Rennes-le-Chateau.

Tour Magadala - der Bibliotheks-turm des Priesters.

Rekonstruierter Grabstein der Marquise d`Hautpoul.

Poussins Bild "Die Hirten von Arkadien".

abplatte mit dem Motiv der beiden Ritter.

e Stelle, an der der Sarkophag bis 1988 stand.

"ribles es locus iste"- die Inschrift über dem Portal der Kirche.

Asmodi - Wächter der verborgenen Schätze.

Der Altar der Kirche von Rennes-le-Chateau.

Oben links:
Totenkopf über dem Friedhofseingang.

Oben rechts: Überall in der Kirche finden sich die Insignien "BS".

Mitte: Detail des Altars, Maria Magdalena zeigend.

Unten links: Die vier Engel auf dem Taufbecken.

Unten mitte: Wird Jesus hier bestattet oder aus dem Grab herausgetragen?

Unten rechts: Statue der Maria Magdalena in Rennes-le-Chateau.

Oben rechts: Fresko, die Bergpredigt Christi zeigend.

Oben links: Grab von Antoine Gelis in Coustaussa.

Rechts: Gedenktafeln für Henri Boudet und Pater Rescnieres in Rennes-le-Bain.

Links: Die Gedenktafel für Henri Boudet.

Links unten: Chateau von Arques.

Rechts unten: Grab des Jean Vie in Rennes-le-Bain.

Links: Blick auf Dorf und Burg Coustaussa.

Mitte: Das geheimnisvoll Camp Grand bei Coustaussa.

Links unten: Felsformation am Moun Cardou, unter der das "Jesusgrab" vermutet wird.

Rechts unten: Der Berg, den Baron Rotschild bei seiner Schatzsuche abtragen ließ.

ıks oben: Der Bergschaden von Le Casteillas.

chts oben: Der Gedenkstein für die ermorderten Katharer des ntsegur.

ıks: Ruinen der Katharerburg Puivert.

chts: Höhlenburg von Bouan im Ariegtal.

ıks unten: Montsegur - die berühmteste Festung der Katharer.

chts unten: Kromlech bei Rennes-le-Bain.

Links oben: Natürlicher Menhir bei Rennes-le-Bain nahe einer geheimnisvollen Höhle.

Rechts oben: Pic de Bugarach im Abendlicht.

Links: Blick über die Ruinen von Vijajanagara (Indien).

Links unten: Fresko mit einem Templerkreuz in Vijajanagara.

Rechts unten: Templerkreuze als Verzierungen in einem Fresko in Vijajanagara.

VII. Spekulationen

Kein Wunder, dass in der Zwischenzeit über dieses Geheimnis von Rennes-le-Chateau sehr viel Tinte vergossen worden ist.

Die meisten Forscher nehmen an, dort sei der Heilige Gral verborgen. Mehr als jeder andere abendländische Mythos hat die Legende vom heiligen Gral über Jahrhunderte hinweg eine kraftvolle Magie bewahrt, die noch heute Phantasie und Geist beflügelt. Kein anderer Mythos ist so reich an Symbolik, so mannigfaltig und doch bei näherer Betrachtung auch so widersprüchlich.

Eine der frühesten Erwähnungen des Grals findet sich Ende des 12. Jahrhunderts in der Helinandus-Chronik. Helinandus berichtete darin von einem Einsiedler, der im 8. Jahrhundert in Britannien gelebt haben soll und eine Vision des Joseph von Arimathia hatte, dem Hüter des Kelchs, den Christus beim Letzten Abendmahl benutzte. Am Karfreitag des Jahres 717 u. Z. erschien Joseph dem Einsiedler und verkündete:

„Dies ist das Buch seiner Herkunft. Hier beginnt das Buch des Heiligen Grals. Hier beginnen die Schrecken – hier beginnen die Wunder."

Die Legende vom Heiligen Gral wurde ausführlich wenige Jahre später zum ersten Male von einem begnadeten jungen Dichter mit Namen Chretien de Troyes niedergeschrieben. Über sein Leben ist so gut wie nichts überliefert, außer den spärlichen Angaben, die er in seinen Werken selbst dazu liefert.

Seine Fassung der Gralslegende ist – wie auch all jene aus späterer Zeit – bereits stark christlich eingefärbt. Jener Held, der den Gral schließlich erringt, heißt Perceval (Parzival). Er muss sich auf eine lange und gefahrvolle Suche begeben, um würdig zu werden, mittels des geheimnisvollen Grals mit Christus die Heilige Kommunion zu teilen. Außerdem muss er den König, den Hüter des Grals, von einer mysteriösen Wunde heilen und dessen verdorrtes Land wieder zum Blühen bringen. Weil Perceval jedoch im Angesicht des Grals nicht die richtigen Fragen stellt, gelingt ihm die Heilung des Königs nicht, und in einigen Varianten der Erzählung scheitert auch sein Versuch, dem verdorrten Land wieder zu seiner ursprünglichen paradiesischen Blüte zu verhelfen. Erst nach zahlreichen mühsamen und gefährlichen Abenteuern ist die Suche des Ritters endlich von Erfolg gekrönt. Es gelingt ihm, den König und dessen Land zu heilen.

Unschwer sind in dieser christianisierten Legende die Züge eines Heilsmythos zu erkennen. Sie gleicht der Erlösungsgeschichte, die an den Verlust des Paradieses durch Adam und Eva erinnert, das dann durch Christus wiedergewonnen wird. In einigen späteren Versionen der Legende ist der heroische Erlöser, der perfekte Ritter ein kaum verhülltes Abbild von Christus selbst. Dennoch taucht in Chretiens Werken, auch in seiner letzten, unvollendet gebliebenen Erzählung *Le Conte del Graal* der Gral immer nur als eine kostbare und magische Schale auf, deren Funktion und Geheimnis nie bis ins Letzte enthüllt wird. Das Szenario dieses Motivs kann jedoch ohne größere Schwierigkeiten bis in die irische oder walisische Sagenwelt zurückverfolgt werden. Dort findet sich die Erzählung vom so genannten „Kessel der Wiedergeburt". Darunter wird ein sehr großer, aus Gold und Silber kostbar gearbeiteter Kessel verstanden, der die magische Eigenschaft hat, in der Schlacht gefallene Krieger über Nacht wieder zum Leben zu erwecken, sofern man sie vor Sonnenuntergang in das frische Quellwasser wirft, mit dem der Kessel gefüllt ist.

Der bereits erwähnte Chronist Helinandus benutzt eine andere Erklärung für den Begriff Gral, welche bis heute zu den von den meisten Forschern akzeptierten Erklärungen gehört. Helinandus leitet „Gral" von „gradalis" her und schreibt:

„Gradalis oder auch gradale heißt im Französischen eine breite und ein wenig tiefe Schüssel, in welcher kostbare Speisen zusammen mit ihrer Soße den Reichen stufenweise (gradatim) vorgesetzt zu werden pflegen, ein Stückchen nach dem anderen in verschiedenen Anordnungen, auch wird sie mit dem volkssprachlichen Namen graalz benannt, weil sie dem aus ihr Speisenden gefällig (grata) und angenehm ist, einmal wegen ihrer äußeren Beschaffenheit, weil sie ganz silbern ist oder aus anderem kostbaren Material, zum anderen wegen ihres Inhaltes, d. h. wegen der vielfältigen Anordnung kostbarer Speisen."

Die Interpretation des Grals als eine Art Schüssel oder Schale sorgte dann im späten Mittelalter für seine Gleichsetzung mit jenem Kelch, aus dem Christus beim letzten Abendmahl getrunken haben soll und in dem Joseph von Arimathia später das Blut des Heilands auffing.

Im *Parzival*, einer deutschen Fassung der Gralslegende, stellt der Dichter Wolfram von Eschenbach die Gralssuche als Streben des Individuums nach Ganzheit dar. Der Gral wird hier als Quelle dieser Ganzheit dargestellt. Seine bloße Gegenwart bereits nährt den Suchenden, so dass Wolfram von Eschenbach schreibt:

„Man sagte mir, und ich sage es auch Euch, auf Euren Eid freilich, dass vor dem Gral bereit lag (wenn ich Euch Falsches berichtete, so lügt Ihr nun ebenso wie ich), wonach ein jeder die Hand ausstreckte, und dass er vor sich bereitet fand warme Speise, kalte Speise, neue Speise und alte Speise, von zahmem und von wildem Getier. Etwas derartiges hat es nie gegeben, möchte so mancher wohl sprechen. Aber er irrt: Denn der Gral war die Frucht der Seligen, eine solche Fülle irdischer Süßigkeit, dass er fast all dem glich, was man sagt vom Himmelreich."

In Wolframs *Parzival* lesen wir über die Trennung zwischen spontaner Natur und dem strikten christlichen Glauben an Gott oder das Über-Natürliche, welches eben von der Natur getrennt ist oder über sie gestellt wird. Die Suche des Helden wird hier als eine radikale Versöhnung beschrieben, als Wiedervereinigung der beiden scheinbar so unversöhnlichen Gegensätze von Himmel und Erde, Natur und Über-Natürlichem.

Für Wolfram von Eschenbach ist der Gral jedoch keine Schale und erst recht nicht der christliche Abendmahlskelch, sondern ein Gegenstand, von dem es heißt:

„Der Wünsche Füll` und Paradies:
Das war der Gral (vor dem ein Nichts
Der Erdenglanz), der Stein des Lichts."

Dieser „Stein" soll aus Luzifers Krone bei dessen Sturz aus den Himmeln gebrochen sein. Ihm werden außergewöhnliche, ja magische Eigenschaften nachgerühmt. So soll seine Gegenwart genügen, um alle Krankheiten zu heilen und Unsterblichkeit zu verleihen. Ferner spendete der Gral seinen Hütern Getränke und Speisen im Überfluss. Wolfram berichtet:

„Ich will Euch künden, wovon sie (die Gralshüter) leben:
Sie leben von einem Steine,
der von ganz reiner Art ist.
Wenn Ihr ihn nicht kennt,
so soll er hier genannt werden.
Er heißt lapis exillis.
Der Stein wird auch der Gral genannt."

Schon Generationen von Philologen haben sich den Kopf darüber zerbrochen, was denn mit diesem *lapis exillis* gemeint sein könnte.

Eine Deutungsmöglichkeit wäre die Herleitung von *lapis elexir*, dem „Stein der Weisen". Diese Interpretation würde gut zu der erwähnten Wundertätigkeit des Grals passen.

Vertretbar ist wohl ebenfalls die Möglichkeit, den *lapis exillis* als *lapis exili*, d. h. „Stein des Exils" oder als *lapis exulis*, den „fern seiner Heimat befindlichen Stein" aufzufassen, was letztlich auf die gleiche Sinndeutung hinausläuft.

Schließlich existiert noch eine weitere Deutung, die von den meisten Forschern als die wahrscheinlichste angesehen wird. Dies betrifft die Ableitung von *lapis exillis* aus *lapis ex coelis* bzw. *lapis de coelis,* der „Stein aus dem Himmel" oder sogar, wie einige Philologen annehmen, eine Verkürzung des Begriffes *lapis lapsus ex illis stellis*, was sich als „der Stein, welcher von jenen Sternen herabkam" übersetzen lässt.

Diese Interpretationsvariante passt sehr gut zur Herkunft des Grals, über die Wolfram von Eschenbach in seinem *Parzival* folgendes zu berichten weiß:

„Ihn ließ auf Erden eine Schar,
die wieder zu den hohen Sternen flog,
da ihre Reinheit sie heimwärts zog."

Weiter heißt es im *Parzival*-Epos über den Weg, den der Gral zu den Menschen nahm:

„Ein Heid` (er hieß Flegetanis),
Den man um reiches Wissen pries,
Aus Salomos Geschlecht erkoren,
Vom Stamme Israel geboren,
Der beut vom Gral die erste Spur."

Der Name Flegetanis in der *Parzival*-Legende ist ein Pseudonym für Hiram von Tyrus, der einst Baumeister des Salomonischen Tempels von Jerusalem gewesen sein soll. Interessant ist in diesem Zusammenhang jene altjüdische Legende, die behauptet, dass Hiram von Tyrus den Tempel Salomos nur mit Hilfe des Dämons Asmodeè oder Asmodi erbauen konnte, der auch als der Hüter verborgener Schätze und Geheimnisse gilt. Wollte Berenger Sauniere mit den Bildern und Darstellungen in seiner Kirche auf den Bau des salomonischen Tempels anspielen, als er dort die Statue Asmodis aufstellen ließ?

Kehren wir zurück zum Gral und zu seiner Bedeutung. Jener Gegenstand, den Wolfram von Eschenbach als „Stein" und zuweilen einfach als „Ding" beschreibt, war offensichtlich mehr als nur ein rein geistiges oder esoterisches Symbol. Der Gral soll nach einigen Überlieferungen bereits zu Schätzen des bereits erwähnten König Salomo gehört haben. So setzen manche Forscher den Gral auch mit dem Wunderstein „Schamir" des biblischen Herrschers gleich.

In späteren Zeiten widerfuhr dem Tempelschatz Salomos ein wechselvolles Schicksal. Römische Truppen unter Titus brachten die Kostbarkeiten nach der Eroberung Jerusalems im Jahre 70 n. Chr. in die Hauptstadt ihres Imperiums.

Im Jahr 410 n. Chr. dann erstürmten die Heere des Westgotenkönigs Alarich die Ewige Stadt am Tiber. Bei ihren Plünderungen stießen sie auch auf den Salomonschatz, den Alarich umgehend in seine Residenz Carcassonne transportieren ließ.

Den größten Teil dieses Schatzes brachte später der Westgotenkönig Theoderich – der Dietrich von Bern der Sage – nach Ravenna. Von hier aus holte den Schatz dann Belisar – der berühmte und gefürchtete Feldherr des Griechenkaisers Justinian – nach Byzanz, als er die Goten in der Schlacht am Vesuv besiegt hatte.

Dort fiel dieser Teil des salomonischen Schatzes 1202 bei der Eroberung der Stadt, die inzwischen Konstantinopel hieß, den plündernden Kreuzfahrern in die Hände, die im Zeichen des sanften Heilands raubten und mordeten. Gegenstände aus Edelmetall wurden eingeschmolzen. So gingen die berühmten siebenarmigen Leuchter der Bibel verloren. Bücher, Papyri und gravierte Schrifttafeln fielen der sinnlosen Zerstörungswut der „Pilger" zum Opfer.

Ein anderer Teil des Salomonischen Schatzes soll in Carcassonne zurückgeblieben sein. Im Jahr 711 n. Chr. wurden die Westgoten in der siebentägigen Schlacht von Jerez de la Frontera von arabischen Heeren vernichtend geschlagen. Der überwiegende Teil des Salomonschatzes fiel zu Toledo in die Hände der Sarazenen.

Einige spanische Legenden berichten jedoch, dass es Überlebenden der Schlacht gelang, verschiedene Gegenstände, die für die Westgoten von enormer religiöser Bedeutung waren – ihren „Heiligen" oder „Alten Schatz", darunter den „Tisch Salomos" und jenen „Schrein", der den Wunderstein „Schamir" barg – vor dem Zugriff der Feinde zu bewahren. Der „Tisch Salomos" und der „Schrein" des Wundersteines „Schamir" sollen in einer Höhle, der „verzauberten Grotte des Herakles", verborgen worden sein. Der Gotenkönig Roderich soll Jahre später dann den Schatz dort wiederentdeckt haben.

Hieraus leiten einige Forscher, die den Gral als materiellen Gegenstand begreifen, der mit übernatürlichen Kräften ausgestattet ist, die Möglichkeit ab, König Roderich habe den Gral schließlich wieder mit nach Rhedae gebracht und dort verborgen.

Jahrhunderte später habe der Pfarrer Berenger Sauniere dann das Versteck des Grals gefunden und den Gral in Besitz genommen. Nur dadurch sei er zu Reichtum, Macht und Einfluss gelangt. Die Vertreter dieser Spekulation suchen noch heute – bewaffnet mit altem Kartenmaterial, Kompass, Wünschelrute oder Metalldetektor – den Gral in der Gegend um Rennes-le-Chateau.

Doch nicht nur Hobby-Schatzsucher und Esoteriker trachten danach, den Gral zu finden. Auch bestimmte Kreise der Hochfinanz hegen offensichtlich ein brennendes Interesse an der „Affäre Rennes". Immerhin investierte der inzwischen verstorbene Baron Edmond de Rothschild in den sechziger Jahren sechsstellige Dollar-Summen in eine Suchaktion nahe Rennes-le-Chateaus, in deren Verlauf ein südlich des Dorfes gelegener Berg mit dem Namen Savonet zu mehr als einem Drittel abgetragen wurde, weil man dort Saunieres sagenhaften „Schatz" vermutete.

Doch weder das von Baron de Rothschild beauftragte Grabungsteam noch die zahlreichen mehr oder weniger professionellen Schatzsucher, die sich seit den sechziger Jahren in Rennes-le-Chateau tummeln und in der Umgebung des Dorfes buchstäblich jeden Stein umgedreht haben, fanden bislang trotz gründlicher Suche weder den Gral noch einen anderen Schatz.

Auch die Brüder Fiebag, die den Gral als Hinterlassenschaft extraterrestrischer Technologie deuten, kommen bei ihrer Recherche zu dem Ergebnis, dass dieses Gerät nicht in der Gegend von Rennes-le-Chateau zu suchen ist. Sie interpretieren den Gral als jene „Manna-Maschine", die im Sohar und anderen altjüdischen Texten beschrieben wird und die das israelitische Volk auf seiner Flucht aus Ägypten durch die Wüste mit Nahrung – eben mit „Manna" versorgte. Eine ebenso detaillierte wie auch technisch sinnvolle Rekonstruktion des Apparates gelang bereits in den siebziger Jahren den beiden englischen Forschern George Sasson und Rodney Dale. In ihren Büchern *Die Entdeckung des Grals* und *Die Ewigkeitsmaschine* verfolgen die Fiebags nun den Weg, den das außerirdische Artefakt über die Jahrhunderte hinweg genommen hat, und kommen zu dem überzeugenden Schluss, dass es heute wahrscheinlich auf Oak Island zu suchen ist. Bei dieser „Eicheninsel" handelt es sich um ein kleines, unbewohntes Eiland in der Mahonebucht, rund einhundert Kilometer südlich von Halifax, Neuschottland auf dem Gebiet des heutigen Kanada.

Nach den Recherchen der Fiebags sollen es die Tempelritter gewesen sein, die nach der Auflösung ihres Ordens in Frankreich im Jahr 1307 in die Neue Welt flohen, um der Verfolgung durch die Behörden des französischen Königs und der Inquisition zu entgehen. Dabei nahmen sie die Manna-Maschine mit, die sie als heiligen Gegenstand verehrten und die einen Teil der von vielen Historikern vermuteten „Geheimlehre" der Templer gebildet haben soll. Wohl aufgrund kriegerischer Auseinandersetzungen mit der Urbevölkerung des neuen Kontinents entschlossen sich die Templer dann, ihr Heiligtum auf Oak Island in einer eigens dafür konstruierten unterirdischen Anlage sicher zu verbergen. Dieses Tunnelsystem verfügt über mehrere Flutungsanlagen und ist so raffiniert angelegt worden, dass bis zum heutigen Tag sämtliche Versuche des Eindringens zum Scheitern verdammt waren. In die Bergung des „Schatzes“ von Oak Island sind Dollar-Beträge in Millionenhöhe investiert worden und mehrere Menschen haben ihr Leben bei dem gefährlichen Unternehmen verloren, ohne dass bislang ein Ende der Suchaktionen absehbar wäre.

Eher symbolisch hingegen versuchten die britischen Journalisten Lincoln, Baigent und Leigh den Begriff Gral zu deuten und damit das Geheimnis Rennes-le-Chateaus zu entschlüsseln. Sie konstruierten in ihrem viel gelesenen Buch eine ebenso spannende wie verworrene Geschichte, in der sie Häresie und hohe Politik, große Namen der Historie, Dynastien und Geheimbünde, vieldeutige Bilder und merkwürdige Schriften vermischten. Es ging den drei Briten vor allem darum, nachzuweisen, dass Jesus nicht am Kreuz gestorben sei, sondern Maria Magdalena geheiratet und mit ihr eine neue Königsdynastie gegründet habe. Deren Nachkommen lebten noch heute unter uns und seien bestrebt, ihre Heilige Herrschaft über Europa wieder zu errichten. Dies sei auch das Geheimnis Berenger Saunieres gewesen, der sich für sein Wissen von den Betroffenen habe fürstlich bezahlen lassen. Der Begriff „Heiliger Gral“ könne in diesem Zusammenhang von *Sang Real*, dem „königlichen Blut“, abgeleitet werden und stelle somit „gleichermaßen ein Symbol für das königliche Blut Jesu wie für Maria Magdalenas Schoß dar, aus dem die Nachkommenschaft hervorging.“

Es kann den drei Briten an dieser Stelle nicht der Vorwurf erspart werden, dass sie weder in Rennes-le-Chateau gründlich genug recherchierten, noch sich mit der etymologischen Herleitung des Begriffes Gral genügend auseinander setzten. Eine Herleitung dieses Wortes von *Sang Real* wird von der überwiegenden Mehrzahl der Philologen verneint mit dem berechtigten Hinweis, dass die Gleichsetzung von „Gral“ mit dem „königlichen Blut Christi“ eine Legendenform des ausgehenden Mittelalters ist. Sie fand also zu einer Zeit statt, da die Identifikation des Begriffes *Gral* mit dem Kelch des Letzten Abendmahls bereits längst vollzogen worden war. Auch verweist eine solche Gleichsetzung keineswegs auf Christus oder Maria Magdalena und deren mögliche gemeinsame Nachkommen, sondern sie bezieht sich lediglich auf den Abendmahlskelch. Lincoln, Baigent und Leigh sind in ihrer Spekulation jedoch noch weiter gegangen und haben den Gral mit dem „königlichen Blut Jesu und dem Schoß der Maria Magdalena“ identifiziert. Für diese Vermutung sind sie allerdings den Beweis schuldig geblieben.

Aufbauend auf die spekulative Schriftstellerei der drei Journalisten verlegten die ebenfalls aus Großbritannien stammenden Forscher Paul Schellenberger und Richard Andrews kurzerhand „Das letzte Grab Christi“, in die Pyrenäen und erklärten, damit sei das Rätsel um Rennes-le-Chateau nun aber endgültig gelöst. Zwar ist die Fülle der von ihnen in ihrem voluminösen Werk zusammengetragenen Daten auf den ersten Blick beeindruckend, doch erweist sich bei näherer Betrachtung rasch, auf welch tönernen Füßen die These der beiden Engländer steht. Zum Auffinden des vermeintlichen Grabes bedienen sie sich einer „Heiligen Geometrie“, die sie aus den von Sauniere aufgefundenen, chiffrierten Dokumenten herausgelesen haben wollen. Die Frage nach einem verbindlichen Maßstab dieser Geometrie bleibt wohlweislich unbeantwortet. So umgehen Schellenberger und Andrews nämlich den heiklen Teil ihrer Hypothese, da sie sonst erklären müssten, warum in Dokumenten, die nachweislich aus dem 18. Jahrhundert stammen, nicht etwa die französische Landmeile oder die englische Seemeile als Maßstab für Entfernungsmessungen benutzt wurden, sondern bereits mit Metern und Zentimetern gerechnet wurde, obwohl das metrische System erst Ende des 19. Jahrhunderts seinen Siegeszug antrat. Da die beiden Briten dann auch noch natürliche Landmarken ebenso wie Gebäude aus den verschiedensten architektonischen Epochen als Fixpunkte für ihre Berechnungen nach der „Heiligen Geometrie“ verwenden, nimmt es natürlich nicht Wunder, dass es in der Gegend um Rennes-le-Chateau von Pentagrammen und gleichschenkligen Dreiecken nur so wimmelt. Natürlich gelingt es den Autoren am Ende, das Jesusgrab genau dort zu lokalisieren, wo es nach ihren bereits zu Anfang des Buches ausgesprochenen Vermutungen auch sein sollte – am Mont Cardou nämlich, einem eindrucksvollen Berg nördlich von Rennes-le-Chateau. Unter einer markanten Felsformation an der Südostflanke des Berges soll sich der Eingang zu einem unterirdischen Gang befinden, an dessen Ende das Grab des Heilands liegt. Hier nehmen Schellenberger und Andrews ganz eindeutig Bezug auf die Gerüchte um verschollene Gold- und Silberminen am Mont Cardou, die bislang noch nicht lokalisiert werden konnten. Den mysteriösen Gang haben natürlich die Templer gegraben, welche die Gebeine Jesu im Heiligen Land unter den Resten des Salomonischen Tempels fanden und mit nach Frankreich brachten.

Es gibt nur einen gewaltigen Haken an der ganzen Sache. Um Gewissheit zu erlangen, ob sich das Grab auch wirklich an der vermuteten Stelle befindet, müsste der Eingang des Tunnels geöffnet werden. Dazu ist heute genauso wie zur Zeit Berenger Saunieres neben einer offiziellen Grabungserlaubnis – das fragliche Gebiet war und ist Staatsforst – aufgrund der Geländestruktur auch umfangreiche Grabungstechnik erforderlich. Eine Nacht-und-Nebel-Aktion zur Öffnung des Jesus-Grabes scheidet also aus. Wie aber, wenn nicht durch handfeste Artefakte, sollte Berenger Sauniere seine Vorgesetzten und auch die Angehörigen des Hauses Habsburg von der Existenz des Grabes und seinem Wissen darum überzeugt haben? Der Spekulation der beiden Briten steht die Tatsache entgegen, dass auf dem in Frage kommenden Areal für jedermann ersichtlich seit mehreren hundert Jahren keinerlei Grabungen oder sonstige künstliche Veränderungen des Geländes vorgenommen worden sind.

In die gleiche Kerbe wie Schellenberger und Andrews schlägt auch Manfred Dimde, der selbst ernannte „führende Nostradamus-Experte“ Deutschlands. Auch er hat in seinem Buch *Die Gralsverschwörung* angeblich das „Jesusgrab jetzt entdeckt“. Verantwortlich für diese sensationelle Enthüllung ist diesmal allerdings nicht die „Heilige Geometrie“ sondern eine nicht näher erläuterte Fähigkeit des Herrn Dimde „dank glücklicher Umstände geheime Texte“ lesen und entschlüsseln zu können. Er hält sich dabei vor allem an Henri Boudets Werk *La vraie langue celtique et le Cromleck de Rennes-les-Bains* und die Illustrationen dieses Buches, die Boudets

Bruder Edmond beisteuerte. Außerdem zieht Dimde noch diverse „persönliche Aufzeichnungen" Berenger Saunieres zu Rate, die nach Quellenlage aber wohl nur ihm zugänglich sein dürften. Bezeichnenderweise schweigt er sich dann auch über die Herkunft dieser „Aufzeichnungen" aus. Dafür entdeckte der „Nostradamus-Experte" auf einer von Edmond Boudets Karten ein „Kreuz, das den Zugang zur Grabanlage" Jesu markieren soll. Dieses Kreuz ist auf der Karte in einer Gegend eingetragen, die nahe dem Zusammenfluss von Blanque und Sals bei dem Weiler Bordeneuve liegt. Tatsächlich bildet diese Landschaft im Buch Henri Boudets ein zentrales Thema, war er doch zu der Auffassung gelangt, dort einen gigantischen Kromlech keltischer Herkunft vor sich zu haben. Eine intensive Begehung des Ortes im Oktober 1999 zeigte dann, dass er einst besiedelt gewesen sein muss. Ob es sich tatsächlich um ein keltisches Heiligtum handelt, wie Boudet vermutete, oder aber um eine Fluchtburg, die von der ländlichen Bevölkerung als Schutz vor Überfällen unter Einbeziehung natürlicher Felsformationen geschaffen wurde, muss noch dahingestellt bleiben. Auf jeden Fall aber sind die „Menhire und Dolmen", welche Henri Boudet dort zu sehen glaubte, keinesfalls künstlich bearbeitet, sondern eine ebenso außergewöhnliche wie bizarre Laune der Natur. Es gibt hier Höhlen und Grotten, die teilweise sogar künstlich erweitert worden sind.

Nach dem „Eingang zur Grabanlage" Jesu forscht man allerdings vergeblich. Boudet hatte auf seiner Karte nicht nur ein Kreuz in der beschriebenen Gegend gezeichnet, sondern auch noch mindestens vier weitere Stellen auf diese Weise markiert. Gibt es also vier weitere „Jesusgräber"? Mit Sicherheit nicht. Wenn man die Erläuterungen betrachtet, die Boudet seiner Karte beifügte, so erfährt das „Mysterium" eine ganz einfache Erklärung. Boudet beschreibt die mit einem Kreuz markierten Stellen kurz als *Croix greeques gravees*, das heißt, als Orte, an denen „griechische Kreuze eingraviert" sind. Mit ein wenig Ausdauer und Geschick lassen sich diese filigranen Gravierungen aus antiken Zeiten auch heute noch an den von Boudet markierten Örtlichkeiten finden. Das Jesusgrab des Herrn Dimde aber hat sich spätestens an dieser Stelle als Phantasiegebilde entpuppt.

Alle hier vorgestellten Hypothesen verkennen darüber hinaus, dass das bloße Wissen um die mögliche Existenz eines solchen „Jesusgrabes" als Druckmittel nie ausgereicht hätte, um Sauniere und seinen Mitverschworenen ein luxuriöses Leben durch großzügig bemessenes „Schweigegeld" zu ermöglichen. Wie die katholische Kirche mit Menschen umzugehen pflegt, die über ein für diese Institution gefährliches Wissen verfügen könnten, zeigt das Schicksal der Portugiesin Lucia, die zu den „Seherkindern" der berühmten Marienerscheinung von Fatima im Jahr 1917 gehörte. Lucia, die als einzige der Beteiligten noch am Leben ist, verbringt ihre Zeit seit dem Ende der Erscheinungsserie in „strenger Klausur" – was im Klartext nichts anderes als Einzelhaft bedeutet – im Kloster des Karmeliterordens von Coimbra. Sie verzichtete angeblich „auf eigenen Wunsch" auf ihre Freiheit.

Die beschriebene Sichtweise lässt ebenfalls das sehr große Interesse außer Betracht, dass das Haus Habsburg und auch die Familie Rothschild an Rennes-le-Chateau hatte und immer noch hat.

Henry Lincoln überlegte sich das Ganze dann auch noch einmal und beschloss nach erneuten, intensiven Studien in den von Sauniere entdeckten Pergamenten, ebenfalls mit Hilfe „Heiliger Geometrie“ – mit metrischem Maßststab natürlich – in der Nähe Rennes-le-Chateaus einen „Heiligen Platz“, einen „Unsichtbaren Tempel“ zu lokalisieren, den er als das „achte Weltwunder“ bezeichnet und der das eigentliche Geheimnis des Ortes sein soll. Sein Szenario der Geschehnisse, für das er ausnahmsweise mal keinen Berg, keine Höhle und auch keine Grabanlage bemüht, vermag jedoch ebenfalls nicht zu überzeugen.

Unbestritten aber ist Lincolns Verdienst bei der Entdeckung einer antiken, möglicherweise sogar prähistorischen Wallsiedlung von gewaltiger Ausdehnung nordwestlich des Dorfes Coustaussa, die heute in Karten und von den Einheimischen schlicht „Camp Grand“ – das „Große Lager“ genannt wird.

Eine persönliche Besichtigung des beschriebenen Platzes förderte Erstaunliches zutage. Auf einem Areal von ca. 10 km^2, das teilweise künstlich planiert und mit Schieferbruch befestigt, quasi „gepflastert“ worden ist, erheben sich die Reste gigantischer Mauern und bunkerartiger Befestigungen. Deutlich lassen sich einzelne Bauepochen unterscheiden. Merkwürdigerweise sind hier die offenbar ältesten Gebäude auch am sorgfältigsten ausgeführt. Sie weisen noch eine weitere Besonderheit auf. Schießscharten finden sich auch anderswo an antiken und mittelalterlichen Wehrbauten. Vor der Erfindung der Feuerwaffen lag der schmalste Teil der Schießscharte stets an der Außenseite der Mauer. So waren zum einen die Verteidiger vor feindlichen Geschossen bestmöglich geschützt, zum anderen leitete die Schießscharte auf diese Weise auch die größtmögliche Lichtmenge in den Innenraum.

Erst mit der Erfindung von Feuerwaffen machten sich neue Konstruktionsprinzipien erforderlich. Die Läufe der Gewehre und Geschütze mussten in einem möglichst großen Winkel geschwenkt werden können, um den Gegner effektiv bekämpfen zu können. So befindet sich bei diesen neuen Schießscharten nun die schmalste Stelle an der Innenseite der Mauer, nach außen erweitert sich die Schießscharte, um das notwendige Schussfeld zu schaffen. Doch gerade bei den ältesten Bauwerken des „Camp Grand“ findet sich diese Konstruktionsweise von Schießscharten für Feuerwaffen.

Über die Erbauer dieses europaweit in seiner Weise wohl einzigartigen Schutzbauwerkes kann nur spekuliert werden. Der Ort scheint so alt zu sein, dass noch nicht einmal in lokalen Legenden von ihm die Rede ist. Für die Einheimischen war „Camp Grand“ schon immer da und nach ihrer Meinung wurden die Gebäude auch schon immer so genutzt wie heute – nämlich als Schafspferche und Unterstellräume für landwirtschaftliche Geräte. Doch welches Schaf braucht für seinen Pferch meterdicke Mauern mit Schießscharten?

Die Geschichte dieses Platzes wird sich nur durch gründliche Forschungen vor Ort rekonstruieren lassen. Ein erster Schritt dazu könnte die genaue Vermessung und Kartierung des betreffenden Geländes sein. Möglicherweise warten unter den

Trümmern Artefakte auf ihre Entdeckung, die einen Vergleich mit dem „Heiligen Gral“ nicht zu scheuen brauchen.

VIII. Das Erbe der Katharer

So mancher Forscher vermutet auch den sagenhaften Katharerschatz im Gebiet von Rennes-le-Chateau. Zur Entstehung dieser Legende trug ein geheimnisvoller Fremder bei, der im Jahr 1950 das Dorf aufsuchte und behauptete, der Nachkomme eines Katharers zu sein, der im Mittelalter an der Verbergung des „Ketzerschatzes“ beteiligt war.

Tatsächlich hüteten die Anhänger dieser häretischen Glaubensgemeinschaft auf der Burg Montsegur – ihrem geistigen Zentrum – etwas, das die sie verfolgenden Inquisitoren später als *ad pecuniam infinitam* – „von nicht mit Geld zu bemessendem Wert“ bezeichnen sollten.

Was hatte es aber mit jenen Dingen auf sich, die nicht mit allem Geld der Welt aufzuwiegen waren, und vor allem – wer waren die Hüter dieses merkwürdigen Geheimnisses? Um dies zu verstehen, ist es notwendig, Geschichte und Weltsicht der Katharer genauer darzustellen.

Okzitanien und das Langueduoc, die Berge der Corbieren, der Montagne Noir und des Rhazes, die tiefen Schluchten der Aude und der Ariege sind uraltes Kulturland wie die übrigen Pyrenäen auch. Keltische und iberische Einflüsse finden sich hier ebenso wie die Spuren der Phönizier und Phokäer. So stellte zu antiken Zeiten die gewaltige Höhle von Lombrives – Europas größte natürliche Grotte – ein phokäisches Heiligtum dar. Es war dem Ilhomber geweiht, der eine iberische Verkörperung des griechischen Herakles (Herkules) darstellte.

Zu Zeiten der Westgotenherrschaft war das flache Land Okzitaniens bereits christianisiert. In der einsamen und unzugänglichen Bergwelt der Pyrenäen jedoch verehrten noch immer die Druiden – Priester des keltischen Kultes, der eine Verschmelzung von Wissenschaft, Philosophie und Religion war – ihren Lichtgott Abellio. Dieser Gott ist die keltisch-iberische Inkarnation der griechischen Gottheit Appollon. Er gilt als Lichtbringer, der von Mitternacht kam und dem nachgesagt wurde, dass er einmal im Jahr in seine nordische Heimat zu dem geheimnisvollen Volk der Hyperboräer zurückkehrte. Die Hyperboräer sollen an jenem Ort leben, der in den antiken Legenden als Ultima Thule beschrieben wird und den Generationen von Forschern und Abenteurern bislang vergeblich suchten.

Schließlich stießen christliche Missionare auch in die Pyrenäen vor. Es waren jedoch Christen, die von ihren eigenen Glaubensbrüdern verfolgt wurden. Es war die Sekte der Priscillianer. Sie galten seit den Konzilen von Saragossa (341 n. Chr.) und Bordeaux (384 n. Chr..) als ketzerisch. Ihr geistiger Führer Priscillian starb im Jahr 385 n. Chr. in Trier auf dem Scheiterhaufen.

Die Priscillianer hingen einem dualistischen Glauben an, der sich im Ursprung wohl auf die Lehren der persischen Feueranbeter Ahura-Mazdas zurückführen lässt. Der Mazdaismus besagte, dass sich in diesem Universum von Ewigkeit zu Ewigkeit zwei Prinzipien bekämpfen – das des Lebens, der Fruchtbarkeit und das des Todes, der Zerstörung. Symbol des Lebens ist die Sonne, die geistiges Licht, Wärme, Güte und Wahrheit verkörpert und in Ahura-Mazda, dem Gott des Lichtes und des Feuers, verehrt wurde. Das gegnerische Prinzip stellt die nächtliche Finsternis dar, die Irrtum, Lüge, Verrat und allgemeine Übel in sich birgt. Symbol dieses Prinzips ist der zerstörerische Gott Ahriman.

In den Glaubenslehren der Priscillianer war Jesus Christus an die Stelle Ahura-Mazdas getreten. Sein Gegenspieler Luzifer ersetzte den Ahriman des Mazdaismus.

Dieser dualistische Glaube wies viele Berührungspunkte zur keltisch-iberischen Götterwelt auf, in der ebenfalls zwei gegensätzliche Gottheiten wirkten: Abellio, der Lichtgott und Dispater, der Herr des finsteren Totenreiches.

Den Priscillianern gelang es, die Druiden, von denen sie freundlich aufgenommen worden waren, zum Christentum zu bekehren. So hüteten fortan die christianisierten Nachfahren der Kelten jene dualistische Lehre, die ursprünglich in den Weiten Persiens begründet worden war.

Aus dieser Tradition entwickelte sich im Mittelalter eine religiöse Erneuerungsbewegung, die von der katholischen Kirche als häretisch verurteilt wurde.

Die Begründung dieser Gemeinschaft war Ausdruck einer Wandlung der religiösen Gesinnung, die in dieser Zeit stattfand. Sie wurde tiefer und anspruchsvoller. Die Haltung der katholischen Kirche stimmte mit der wehmütigen Sehnsucht nach einer ursprünglichen, evangelisch reinen Kirche schon lange nicht mehr überein. Der wenig auf solche Entwicklungen vorbereitete niedere Klerus übte auf die Bevölkerung des flachen Landes wenig oder gar keinen Einfluss mehr aus, während Reichtum und verschwenderische Prunksucht des hohen Klerus in allzu auffälligem Gegensatz zur Armut der meisten Gläubigen standen.

Die katholische Kirche vermochte mit ihren Antworten die grundsätzlichen Probleme, mit denen sich zahlreiche Gläubige konfrontiert sahen, nicht mehr zu lösen. Daher versuchten zahlreiche Christen, selbst zufrieden stellende Antworten auf ihre Fragen zu finden, die sich allesamt um jene Themen rankten, mit denen jeder Mensch früher oder später in seinem Dasein konfrontiert wird: ***Wer bin ich***? und ***Warum bin ich?***

Im Jahr 1163 benannte Eckbert von Schönau, Domherr zu Köln, diese Suchenden spöttisch „Katharer“, abgeleitet vom griechischen „katharoi“, was soviel wie „rein“ bedeutet. Eine andere Bezeichnung für sie lautet „Albigenser“, abgeleitet vom Namen der südfranzösischen Stadt Albi. Im Jahr 1165 wurde in Lombers, einem kleinen Ort in der Nähe von Albi, ein wichtiges Treffen zwischen katholischen Würdenträgern und den zu dieser Zeit bereits der Ketzerei beschuldigten Katharern organisiert. Erst nach diesem Kolloquium setzte sich der Begriff „Albigenser“ durch.

Wer waren nun jene Männer und Frauen, die von der römisch-katholischen Kirche als so gefährlich erachtet wurden, dass sie verfolgt und vernichtet werden sollten?

Zunächst einmal waren sie auch Christen. Die Katharer lasen das neue Testament, insbesondere die Evangelien des Hl. Johannes und bezogen daraus das Fundament ihres Glaubens. Sie glaubten in gewisser Form auch an Christus. Doch ihre Lehre war dualistisch. Ihre Weltsicht war von tiefem Pessimismus geprägt, ihr Glaube hingegen war voller Hoffnung. Wie, so fragten die Katharer, kann es möglich sein, dass der in den Evangelien beschriebene allgütige, allwissende und vollkommene Gott eine derart unvollkommene Schöpfung wie unsere Welt hervorbringt – endlich, beherrscht von der alles zerstörenden Zeit, von Leid und Gewalt. Ihre Antwort auf diese Frage war die Feststellung einer ebenso traurigen wie unumstößlichen Tatsache: Es gibt nicht nur einen allmächtigen und allgütigen Gott, sondern zwei Prinzipien. Gut und Böse teilen sich die Welt untereinander auf.

Die Erde stellte für die Katharer eine Schöpfung des urbösen Demiurgen dar – des „Nach-Bildners", der im Alten Testament unter dem Namen Jahwe agiert und bestrebt ist, das Gute zu vernichten. Deswegen sperrt er ein kleines Stück des Wahren Lebens – die Seele – in eine materielle Hülle – den Körper – und erfindet die Zeit, die das wesentliche Prinzip von Verderbnis und Zerstörung ist.

Die Ewigkeit hingegen war für die Katharer die Wiedererlangung der reinen Existenz in einer Welt „jenseits der Sterne", einer Welt des Geistes, geschaffen vom wahren Gott des Lichtes und der Liebe.

Die Menschen begriffen sie als gefallene Engel, *„Multiplikationen des Urverführers Luzifer",* der bei seinem Sturz aus den Himmeln unzählige Seelen mit sich riss. Den ursprünglich von Gott geschaffenen Menschen verstanden sie nicht als ein Wesen von Fleisch und Blut, sondern als ein Lichtwesen, welches „einen wunderbaren Körper nach dem Abbild Gottes" besaß. Durch seinen Sturz in die Welt der Materie büßte die Menschenseele diesen Lichtkörper ein und verlor so auch die spirituelle Verbindung zu ihrem göttlichen Ursprung. Diese gestürzten Miniaturwelten oder Mikrokosmen benötigten nun eine aus der Materie geborene Hülle – den Körper – um die göttliche Seele zu beherbergen. Daher treffen nach Auffassung der Katharer im Menschen beide Prinzipien aufeinander. Seine Seele, sein höheres oder wahres Selbst, gehört dem Reich des Guten und des Lichtes an, sein Körper zur materiellen Welt des Demiurgen.

Das Heil bestand für die Katharer folglich darin, sich von dieser materiellen Welt des „Nach-Bildners" zu lösen, um zurück in die ursprüngliche Heimat des Menschen, das Lichtreich des Guten zu gelangen. Das Leben auf dieser Erde begriffen sie daher als bloßen Zwischenzustand, erfüllt von Leiden, um der Buße und Läuterung willen.

Doch vom Tod erwarteten sie nicht automatisch die Befreiung der Seele. Diese kann erst in das Reich des Guten eingehen, wenn sie ihre Reinheit wiedergewonnen hat, also wenn sie zur Erkenntnis ihres eigenen göttlichen Ursprungs gelangt ist. Da der wahre Schöpfer der Menschen als allgütig und vollkommen angenommen wird, existiert im katharischen Glauben auch keine Strafe im Sinn eines Fegefeuers oder gar der Hölle. Die Hölle wird mit der menschlichen Existenz auf dieser Welt gleichgesetzt. Jedoch ist es jeder Seele erlaubt, sich so lange in der Welt des Demiurgen zu verkörpern, bis auch sie Sehsucht nach ihrer wirklichen Heimat verspürt und den Wunsch, zu diesem Ursprung zurückzukehren. Die Katharer waren überzeugt, dass selbst Luzifer, der Prinz der Finsternis, am Ende einer langen Reinigung und harten Läuterung für das Lichtreich wiedergewonnen würde.

Jesus von Nazareth war für sie nicht die irdische Inkarnation Gottes, sondern lediglich ein Bote des Lichtreiches, gesandt vom göttlichen Ursprung, um die Menschen in der Welt der Materie an ihre eigentliche Herkunft zu erinnern. Die Katharer gingen davon aus, dass dieser Bote des Lichtreiches all jenen, die ihn annehmen und sich bemühen, nach seiner Botschaft zu leben, den Parakleten schenkt, den Tröster – jene fehlende Verbindung, die den Menschen aus der Welt der Materie erneut zu seinem spirituellen Ursprung zurückführt.

Dieser aus dem Lichtreich stammende Geist, die spirituelle Inspiration ist es, die dem Menschen die rettende Erkenntnis offenbart. Diese Erkenntnis kann nach Auffassung der Katharer nur durch Handauflegen und auf geistigem oder energetischem Wege übertragen werden. Jene dafür erforderliche schlichte Zeremonie wurde das Consolamentum genannt. Diese geistige (Erwachsenen-)Taufe oder Tröstung verleiht nach Ansicht der Katharer erst das „Verständnis des Guten". Das Handauflegen, mit dem die geistige Taufe dem Empfänger gespendet wird, symbolisiert den Eintritt in das spirituelle Leben und die Anerkennung der Zugehörigkeit zum Lichtreich des Guten Gottes durch die in der Welt der Materie gefangene Seele. Das Consolamentum konnte nur von einer Person erteilt werden, die es bereits empfangen hatte, also von einem männlichen oder weiblichen Vollkommenen (Perfecti).

Die Katharer entnahmen ihre Lebensregeln den Evangelien und zumindest die Vollkommenen oder „Perfecti" – die Eingeweihten des katharischen Glaubens – wandten diese Regeln auch im engsten Sinne an. So weigerten sie sich, das Kreuz anzubeten, in dem sie zu Recht ein unmenschliches Marterinstrument und kein Heilszeichen erblickten. Sie empfahlen ein Leben in materieller Bedürfnislosigkeit und lehnten sowohl die Kindstaufe, die Eucharistie als auch die Beichte und die Liturgie als Menschenwerk ab.

Die Taufe wurde von den Katharern nicht als reinigendes, sondern als offenbarendes Sakrament verstanden. Sie setzt daher reifliche Überlegung, Glaube und vor allem die Einwilligung des Getauften voraus und darf daher nur Erwachsenen erteilt werden. Personen, die sich nicht im Vollbesitz ihrer geistigen Kräfte befanden waren ebenso wie Kinder oder gar Säuglinge von der Taufe ausgeschlossen.

Die Eucharistie wurde ebenfalls verworfen. Brot und Wein können keinesfalls für Fleisch und Blut Christi stehen, da beide Teil der äußerlichen, materiellen Hülle und ein Werk des Demiurgen sind. Es ist sehr verständlich, dass die Katharer den von der katholischen Kirche bis heute in der Eucharistie gepredigten symbolischen Kannibalismus keineswegs anerkennen konnten. Die Jesus zugeschriebenen Worte sollten nach ihrer Auffassung als Übermittlung geistiger Erkenntnis verstanden und die von ihm vollbrachten Wunder nur in geistiger Hinsicht interpretiert werden. Sie sind lediglich als Allegorien auf die einem jeden menschlichen Wesen mögliche Transformation anzusehen. Die materielle Welt als Werk des „Nach-Bildners" ist hingegen keineswegs verbesserungsfähig. In Anbetracht unserer heutigen Situation gewinnen diese Aussagen des Katharismus einmal mehr gespenstisch anmutende Aktualität.

Weiterhin praktizierten die männlichen und weiblichen Perfecti eine uneingeschränkte sexuelle Enthaltsamkeit, da sie die Zeugung für ein Werk des Demiurgen erachteten. Hierdurch wurde der irdische Körper, das Gefängnis der menschlichen Seele, geschaffen.

Die Katharer weigerten sich auch zu schwören. Dieses Gebot war dem Evangelium des Hl. Markus entnommen. Es stand aber ebenso wie die praktizierte sexuelle Enthaltsamkeit im vollkommenen Gegensatz zur Gesellschaftsordnung des 13. Jahrhunderts, die eben auf der Vermehrung und Achtung vor dem Treueid basierte. Die Bande des feudalen Lehnswesens waren wesentliche Bestandteile der damaligen gesellschaftlichen Organisation.

Im Gegensatz zu den Vorschriften der römisch-katholischen Kirche gestatteten die Katharer Leihzinsen. Ihre strikte Weigerung, Kirchensteuern zu bezahlen, war sowohl beim einfachen Volk als auch beim Adel gern gesehen.

Ein weiteres Gebot der Perfecti betraf die Arbeit – sowohl körperliche als auch geistige Tätigkeit – als Pflicht für jedermann. Selbst die Adligen waren im Gegensatz zu den Gebräuchen der Zeit davon nicht ausgenommen. Die Eingeweihten praktizierten darüber hinaus die Endura, vergleichbar nur der strengen Askese indischer Yogis, um im versteckten göttlichen Selbst wiedergeboren zu werden, das allen Menschen innewohnt. Sie müssen eine leuchtende, unwiderstehliche Energie ausgestrahlt haben, da sie trotz ihres materiellen Körpers geistig bereits auf einer anderen Ebene lebten.

Den einfachen Gläubigen des katharischen Kultes, Credentes genannt, die den Reizen des materiellen Lebens noch nicht ganz entsagen konnten oder wollten, wurde das Consolamentum, die „göttliche Tröstung“ auf dem Sterbelager gespendet. Der Sterbende legte hierbei die gleichen Gelübde ab wie ein Perfecti. Er verlieh seinem Wunsch Ausdruck, getröstet zu werden, indem er mit dem ihm betreuenden Perfectus das Vaterunser betete. Überlebte er nun seine Krankheit oder Verwundung, hatte der neue Getröstete die Wahl, wieder als einfacher Gläubiger in sein weltliches Leben zurückzukehren oder aber Novize zu werden und sich darauf vorzubereiten, jene Weihe zu empfangen, die als Consolamentum Ordinationis überliefert ist.

Während der Zeit der Verfolgung durch die katholische Kirche, auf die im folgenden noch näher eingegangen wird, schufen die Katharer eine besondere Regelung, die so genannte Convinenza. Sie ermöglichte es den Soldaten, das Consolamentum der Sterbenden vor dem Kampf zu empfangen. Eine solche Vereinbarung wurde getroffen, da das Consolamentum den Katharern verbot, auf Gewalt mit Gegengewalt zu antworten.

Die sterbenden Credentes, denen das Consolamentum gespendet worden war, wussten, dass sie noch ein oder auch mehrere Male in die materielle Welt zurückkehren mussten, um sich zu reinigen oder, wie die Inder sagen würden, um ihr Karma gänzlich abzutragen. Wie die Angehörigen vieler östlicher Kulturen glaubten auch die Katharer an eine Seelenwanderung durch zahlreiche Verkörperungen.

Die spirituelle Entwicklung der katharischen Eingeweihten schloss mehrere Proben ein. Während der Hauptphasen ihrer Vorbereitung wurden sie von ihrem jeweiligen Lehrer oder Meister auf einen windgepeitschten Berggipfel geführt, wo der Novize die Wind- und Sonnenfeuerprobe zu bestehen hatte.

Danach musste er sich in eine der zahlreichen Grotten oder Höhlen der Pyrenäen zurückziehen. In diesen Einweihungsräumen musste der künftige Vollkommene mehrere Tage lang fasten und meditieren, um die Proben des Wassers und der Erde zu bestehen. Möglicherweise ließen sich die Katharer hierbei von den Visionen *Jesaias*, einer Schrift aus dem zweiten Jahrhundert, inspirieren. Das Sammelwerk berichtet von den Einweihungserfahrungen, in deren Verlauf der Prophet die verschiedenen spirituellen Reiche durchschreitet, bis hin zu jenem, das in der Überlieferung als „Siebter Himmel“ bezeichnet wird.

Für die Vollkommenen befand sich die Wahrheit in der Natur und durch die Meditation hatten sie Zugang zu jenen Ebenen des kosmischen Bewusstseins, die als „A-kasha-Chronik“, „Weltgedächtnis“ oder „Buch der universellen Erkenntnis“ bezeichnet werden. Während ihrer häufigen und langen Meditationen in den wilden Bergen der Hohen Pyrenäen konnten sie bewusst und willentlich jene Ebenen erreichen, die uns unbekannt sind und die wir Weltlichen allenfalls im Traum erfahren.

Von Amiel-Aicart, einem der letzten Perfecti, ist überliefert, dass er als Asket im großen Saal der Grotte von Lombrives lebte, welcher „La Cathedral“ genannt wird. Die Einwohner der umgebenden Dörfer stiegen regelmäßig zur Höhle hinauf, um den Worten des alten Katharers zu lauschen, der ihnen Auszüge aus dem *Johannesevangelium* vorlas und erläuterte:

„Im Anfang war das Wort, und das Wort war bei Gott, und das Wort war Gott. Im Anfang war es bei Gott. Alles ist durch das Wort geworden, und ohne das Wort wurde nichts, was geworden ist. In ihm war das Leben, und das Leben war das Licht der Menschen. Und das Licht leuchtet in der Finsternis, und die Finsternis hat es nicht erfasst.“

Über die Lehren der Katharer ist im Lauf der Jahrhunderte oft und heftig gestritten worden. Wer sie wirklich waren, wird wohl für immer ein Geheimnis bleiben, denn mit den „Reinen“ oder „Guten Menschen“, wie sie sich selbst nannten, starb auch ihre Literatur auf den Scheiterhaufen.

So ist es nicht verwunderlich, dass Voltaire in ihnen Vorläufer der Waldenser erblickte. Später erachteten ernsthafte Historiker sie für Frühsozialisten oder gar Kommunisten.

Die Autoren neuerer Werke sehen in ihnen Bogumilen, die Anhänger einer bereits im 10. Jahrhundert in Bulgarien entstandenen Glaubensgemeinschaft. Zwar vertraten auch die Bogumilen eine dualistische Weltanschauung, nach der die Erde dem Teufel – einem Sohn Gottes und Bruder Christi – untertan sei. Unleugbar finden sich bogumilische Einflüsse auch bei den Katharern, doch reichen diese bei weitem nicht aus, um auf den Ursprung der südfranzösischen Religionsgemeinschaft zu schlussfolgern.

Dieser Streit ist jedoch eher akademischer Natur. Was die Katharer für immer im Gedächtnis eines jeden human empfindenden Menschen erhalten wird, ist das Schicksal, das ihnen die katholische Kirche bereitete.

Die Katharer waren in ganz Europa verbreitet. Chronisten belegen sie mit zahlreichen Namen: Patarener, Publikaner, Manichäer, Albigenser, Arrianer etc. In Deutschland wurden 1143 zu Köln die ersten bekennenden Katharer dem Scheiterhaufen überantwortet.

„So übermächtig war die Häresie der Katharer, dass sie binnen kurzem gegen tausend Städte ansteckte," notierte der Chronist Cäsarius von Heisterbach erschreckt.

Die eigentliche Heimat der Katharer aber war Südfrankreich, die Corbieren und Pyrenäen, Okzitanien – das „Ketzerland".

Die katholische Kirche war in jener Region der Verachtung anheimgefallen. Doch sämtliche Ursachen für dieses Desaster hatte sich der Klerus aufgrund seines Lebenswandels selbst zuzuschreiben. In altbewährter Manier versuchten die Geistlichen den Katharern dafür die Schuld zuzuschieben und die Lehren der Reinen als Götzendienst und Teufelsanbetung zu verunglimpfen.

Damit holten sich die Kleriker jedoch selbst bei ihren eigenen Glaubensbrüdern eine vernichtende Abfuhr. Der als strenggläubig bekannte katholische Ritter und spätere Templerkomtur Pontius von Rondelle gab Bischof Fulco von Toulouse auf dessen Frage, warum man die Ketzer nicht aus dem Lande treibe, eine eindeutige Antwort:

„Wie könnten wir dies tun! Sind wir doch mit diesen Menschen aufgewachsen, haben Verwandte unter ihnen und sehen, dass sie ein rechtschaffenes Leben führen."

Da diese von den Kirchenkanzeln aus geführten Verleumdungsfeldzüge nicht die gewünschten Wirkungen hatten, griff man auf Seiten der katholischen Kirche zu anderen Mitteln. Im Jahre 1163 verhängte das Konzil von Tours zunächst eine vollständige Wirtschaftsblockade gegen Okzitanien, während das III. Laterankonzil dann den offenen Krieg gegen die Ketzer beschloss. So überfiel im Jahr 1181 ein „Kreuzheer" unter Führung des Abtes Heinrich von Clairveaux die Grafschaft Toulouse, um nunmehr mit Feuer und Schwert die Ketzer zum „einzig wahren Glauben" zu bekehren. Die Katharer aber übten eine besondere Art des passiven Widerstands. Sie unterwarfen sich scheinbar, um nach dem Abzug der Kreuzfahrer erneut zu ihrem friedlichen Glauben zurückzukehren. Nichts lag ihnen ferner, als die Waffen zu ergreifen und die kreuztragenden Banditen gewaltsam aus ihrem Lande zu werfen. Der erste Kreuzzug gegen Okzitanien geriet für Rom zum Pyrrhussieg.

So verwundert es auch nicht, dass 1184 Papst Lucius III. den Bannfluch gegen alle Häretiker schleuderte.

Elf Jahre später gelangte in Toulouse Raimund VI. zur Herrschaft, ein mächtiger und fast unabhängiger Vasall der französischen Krone, unter dessen toleranter Herrschaft den Katharern nochmals eine friedvolle Zeit beschieden war. Seine Exkommunikation durch Papst Cölestin nahm er gelassen hin. Die Kurie vergaß und verzieh ihm dies nie.

In Papst Innocenz III., der am 22.2.1198 den Apostolischen Stuhl bestieg, erwuchs den Katharern ein unversöhnlicher Gegner. Sein Legat Rainier und nach ihm die Zisterziensermönche Peter von Castelnau und Radulf versuchten den Herren von Toulouse das Versprechen abzupressen, die Katharer aus der Stadt zu treiben. Als dies misslang, stellte ihnen der Papst einen weiteren Mann zur Seite – den Abt Arnold Amalrich von Citaux, dessen Vollmachten eindeutig waren:

....gewähren wir Euch uneingeschränkte Vollmacht, zu zerstören, zu vertilgen und auszureißen, was Ihr als zerstörens-, vertilgens- und ausreißenswert erkennt..."

Da jedoch der Grund für einen offenen Angriff fehlte, mussten sich die Legaten notgedrungen mit der Waffe des Wortes begnügen, was unter den solcherart Attackierten aber keine nennenswerte Wirkung zeigte.

Auch Dominikus Guzman – der spätere Heilige Dominique und Gründer des gleichnamigen Ordens – predigte ab 1206 in ganz Südfrankreich gegen die Häresie der Katharer, musste aber bald sein mangelndes Talent dazu selbst eingestehen.

Die Situation veränderte sich dramatisch, als im Jahr 1208 der Legat Peter von Castelnau auf einer seiner Reisen durch Okzitanien in der Nähe von Saint-Gilles unter mysteriösen und bis heute nicht ganz aufgeklärten Umständen von einem Unbekannten getötet wurde. Für den Vatikan allerdings war der Fall klar – niemand anderes als die Katharer konnten diesen Anschlag geplant und ausgeführt haben.

Im Auftrag des Papstes ließ Abt Amalrich von Citeaux nun seine Zisterzienser einen „Heiligen Krieg" gegen die Ketzer predigen und brachte mit dieser Propaganda den Abschaum Europas unter seine Fahnen. Im Juni 1209 versammelte sich ein raubgieriges „Kreuzheer" vor den Toren der Stadt Lyon, darunter solche erlesenen Zeitgenossen wie die „Ribautz" und die „Truands" – die „Hurenböcke" und „Leichenfledderer". Zeitgenössische Chronisten sprechen von 20.000 Rittern und 200.000 Fußsoldaten, die gegen Okzitanien marschierten. Angelockt wurden sie durch Aussicht auf reiche Beute, da alle Besitzungen der südfranzösischen Edlen, denen eine „Konspiration" mit den Katharern nachgewiesen werden konnte, „zur Jagd freigegeben" wurden. Diese Ländereien gehörten also dem Kreuzritter, der sie eroberte. Ferner wurde die Vergebung aller Sünden versprochen. Den im Kampf Gefallenen winkte die sofortige Aufnahme ins Paradies.

Die Stadt Beziers, gewarnt von ihrem jugendlichen Vicomte Ramon Roger de Trenceval, war das erste Ziel der Kreuzfahrer. Am 21. Juni 1209 schlug das Heer sein Lager vor den Toren der Stadt auf. Die Kreuzfahrer forderten die Auslieferung sämtlicher Ketzer, die sich innerhalb der Stadtmauern aufhielten. Die Bürger Beziers wiesen dieses Ansinnen empört zurück. *„Sie wollten lieber als Ketzer sterben, denn als Christen leben."* Und so starben sie – als die Stadt erobert wurde, begann *„ein*

Morden, wie es seit der Sarazenenzeit wohl niemals so wild beschlossen worden ist und ausgeführt...“

Als ein Feldhauptmann während des Angriffes den Abt Arnold Amalrich von Citeaux fragte, wie man denn Katholiken und Katharer voneinander unterscheiden könne, da soll „Gottesstreiter“ lakonisch geantwortet haben:

„Erschlagt sie alle! Gott wird die Seinen schon erkennen.“

Und so geschah es. Das mittelalterliche Beziers starb in einem Meer aus Blut und Feuer. Die Glocken der Kirchen schmolzen in ihren Türmen, Leichen brannten lichterloh und die Kathedrale explodierte wie ein Vulkan. Rinnendes Blut, brennende Tote, eine lodernde Stadt, zusammenbrechende Mauern, singende Mönche, mordende Kreuzfahrer, plündernder Mob – aus diesem Inferno gab es kein Entrinnen. Zwanzigtausend, nach anderen Quellen sogar sechzigtausend Einwohner und Flüchtlinge aus der Umgebung sollen bei diesem beispiellosen Massaker ermordet worden sein.

„Ich glaube, nicht ein einziger von ihnen ist mit dem Leben davongekommen,“ schrieb der Chronist Wilhelm von Tudela über die Tragödie von Beziers.

So begann jenes finsterste Kapitel des Mittelalters, das unter dem unzutreffenden Namen „Albigenserkriege“ in die Geschichte eingehen sollte.

Anfang August 1209 standen die Sieger von Beziers vor den Toren von Carcassonne. Vicomte de Trenceval bereitete seine große Festung auf die Verteidigung vor. Doch durch einen Angriff von Norden her gelang es den Kreuzfahrern bereits nach kurzer Zeit, die Wasserversorgung der Stadt zu unterbrechen. Das durch Flüchtlinge bei weitem überbelegte Carcassonne litt furchtbar unter Hitze, Durst und Nahrungsmittelmangel. Den Eingeschlossenen drohte ein langsamer, qualvoller Tod. In dieser Situation entschloss sich Ramon Roger de Trenceval zu Verhandlungen mit den Belagerern. Er wurde jedoch von diesen wortbrüchig gefangengesetzt und in den Verliesen seiner eigenen Zitadelle eingekerkert. Dort starb er am 10. November 1209 im Alter von nur 24 Jahren. Die Gerüchte wollen bis heute nicht verstummen, dass er von seinen Feinden heimtückisch vergiftet worden sei.

Auch Carcassonne fiel den Kreuzfahrern zum Opfer. Die Bewohner mussten ihre Stadt ohne persönliche Habe und unter Zurücklassung sämtlichen Vermögens verlassen. Es geht die Legende, dass sie durch geheime unterirdische Gänge zu den Besitzungen des Pierre Roger de Caberet in das zwanzig Kilometer entfernte Lastours geflohen seien.

Die Kreuzfahrer, nunmehr unter dem militärischen Kommando des Ritters Simon de Montfort, machten sich daran, eine Stadt nach der anderen zu erobern, wobei allein ihre gewaltige zahlenmäßige Überlegenheit eine gewichtige Rolle spielte. Montreal, Fanjeaux, wo sich Montfort mit Dominikus Guzman traf, Limoux, Castres, das sich kampflos ergab, Cabaret, wo erbitterter Widerstand geleistet wurde, Mirepoix, das er seinem treuen Gefolgsmann Guy de Levis zum Lehen gab, und schließlich Pamiers, Saverdun, Lombers und Albi.

Im Juni 1210 dann begann das Kreuzheer, Minerve zu belagern. Die gut befestigte, von tiefen Schluchten umgebene Stadt wurde von einer starken Garnison unter Guillaume de Minerve verteidigt. Selbst nach sechswöchiger Belagerung waren die Kreuzfahrer keinen Schritt vorangekommen. Doch es gelang ihnen, mit Geschossen der großen Wurfmaschinen die Zugänge aller Wasserversorgungen zu zerstören. Vom Verdursten bedroht, mussten sich die Verteidiger schließlich ergeben. Die Garnison kam mit dem Leben davon, doch 140 Katharer, die sich weigerten, ihrem Glauben abzuschwören, wurden öffentlich bei lebendigem Leibe verbrannt.

Von diesem „Erfolg“ in Minerve ermutigt, sollte nun die wuchtige Burg von Termes angegriffen werden. Doch erst nach viermonatiger Belagerung gelang Simon de Montfort die Einnahme der Festung. Die auf einer Felsspitze thronende Burg war von ihrem Herrn Raymond de Termes mit großem Geschick verteidigt worden. Doch dem Mangel an Trinkwasser konnte auch er nicht abhelfen. Nachdem auch noch die Ruhr unter den Verteidigern ausgebrochen war, musste Raymond de Termes aufgeben.

Für die Eroberung der schönen Wohnburg von Puivert genügten dem Kreuzfahrerheer drei Tage. Doch in dieser schlecht zu verteidigenden Festung standen lediglich 300 Verteidiger einer etwa 30-fachen Übermacht entgegen.

Im Frühling 1211 standen die Kreuzfahrer vor den Mauern der Stadtfestung Lavaur, die zu recht als eine der stärksten Plätze Okzitaniens galt. Die Belagerung sollte sich als äußerst schwierig erweisen. Doch am 3. Mai drangen die Angreifer nach verbissenen Kämpfen in die Stadt ein. Wieder spielte ihre zahlenmäßige Überlegenheit eine entscheidende Rolle. Mehr als 15.000 Belagerer standen gegen knapp eintausend waffenfähige Verteidiger. Nach ihrem Sieg wüteten die Kreuzfahrer furchtbar unter den überlebenden Verteidigern und den Bewohnern der Stadt. Achtzig Rittern wurde die Kehle durchgeschnitten, nachdem der für sie provisorisch zusammengezimmerte Galgen bereits unter dem Gewicht ihres Kommandanten Aymeri de Montreal zusammengebrochen war. Guiraude de Lavaur, die Kastellanin, die an der Verteidigung ihrer Stadt aktiven Anteil genommen hatte, wurde den Soldaten ausgeliefert, vergewaltigt und gelyncht:

„Schreiend und heulend warf man sie in den Brunnen und begrub sie unter einem Steinhagel, bis ihr Wimmern nicht mehr zu hören war. Die Menge war außer Rand und Band. Dies war ein großes Unglück und Verbrechen, denn die Dame Guiraude war gut und barmherzig“, notierte ein Chronist des Kreuzzuges. Guiraude de Lavaur starb zweimal, denn sie trug ein Kind unter dem Herzen.

Dann wurde ein „Freudenfeuer“ angezündet. Mehr als 400 Katharer waren in Lavaur gefangen genommen worden. Alle, die nicht das Ave Maria hersagen konnten, verbrannten die Eroberer „mit größter Freude“.

Die Legende berichtet jedoch, dass die Freude der Märtyrer, endlich dieser Hölle zu entrinnen, größer gewesen sei, als die ihrer Schergen. Die Katharer gaben sich gegenseitig den Friedenskuss und warfen sich mit dem Ruf „Gott ist Liebe!“ in die

Flammen. Mütter verhüllten ihren Kindern die Augen, bis dass Feuer sie ihnen für immer schloss, ihnen auf ewig die wahre Heimat der Menschen enthüllend.

Und so ging es weiter – zwanzig Jahre lang. Überall verbrannten die Reinen, die Guten Menschen auf den Scheiterhaufen, da sie *„lieber sterben, denn als Christen leben wollten."* Ihre mitleidlosen Henker waren Arnold Amalrich von Citeaux und Simon de Montfort, von dem es hieß: *„Alle Ketzer, deren er habhaft werden konnte, ließ er eines grausamen Todes sterben..."*

In den Schlachten von Castelnaudary im Jahr 1211 und Muret am 12. September 1213 versuchten die Herren des Südens in offener Feldschlacht dem Kreuzfahrerheer Paroli zu bieten. Dieser Entschluss sollte sich als verhängnisvoll erweisen. In beiden Schlachten trugen die zahlenmäßig überlegenen Kreuzfahrer den Sieg davon. Bei Muret fiel überdies König Peter II. von Aragon, Lehnsherr und Gönner des Grafen Raymond von Toulouse, im konfusen Gewirr der Nahkämpfe. Damit war Okzitaniens Untergang besiegelt.

Erst der „Friede von Paris" und der damit verbundene Vertrag von Meaux brachten im Jahr 1229 vorläufige Ruhe für das gepeinigte Land. Nach langem Zögern hatte sich der französische König schließlich doch selbst in die Kampfhandlungen eingeschaltet und den Krieg zu seinen Gunsten entschieden. Okzitanien büßte seine Unabhängigkeit für immer ein. Seine Kultur war zerstört, die Wirtschaft lag am Boden, viele Bewohner waren tot oder geflohen.

Bis zum so genannten Albigenserkreuzzug erschien Okzitanien als ein „mitten im stürmischen Meer ruhig und heiter blühendes Eiland". Die Greueltaten des so genannten „Heiligen Krieges" gegen die Katharer bilden eines der größten und furchtbarsten Verbrechen, das die Welt je gesehen hat – höchstens vergleichbar mit dem fluchbeladenen Holocaust des zwanzigsten Jahrhunderts. Ein reiches und schönes Land, ein tolerantes, freies und nicht in mittelalterlicher Dumpfheit und Weltuntergangsangst befangenes Volk, vielleicht die einzige wirklich christliche Kultur Europas, wurde von machtbesessenen Theokraten und neidischen, beutelüsternen Nachbarn vernichtet. Eine Entwicklung, die zu einem wirklich freien und friedvollen Europa hätte führen können, wurde für immer brutal unterdrückt.

Christus hatte Liebe säen wollen, die Welt erntete Hass. Christus hatte das Alte Gesetz als reformbedürftig erkannt und durch das Neue Gesetz auflösen wollen. Die Welt aber ließ den Neuen Bund noch grausamer als den Alten Bund werden.

Dennoch lebte die Lehre der Katharer fort. Noch existierte jener Ort, an dem die Reinen den Parakleten behüteten, den Tröster, den sie auch die „Manisola" nannten.

In den Pyrenäen ragt ein mehr als 1.200 m hoher, schroffer, kahler Berggipfel auf – eine Felspyramide, so wuchtig und wild, so abweisend und unzugänglich, dass sie ihresgleichen sucht auf der Welt. Auf dem Gipfel, in den reinen, klaren Himmel Okzitaniens hinein, erheben sich die Mauern der mächtigen Burg von Montsegur.

Nach den verheerenden Mord- und Raubzügen der christlichen Kreuzheere, nach mehr als dreißig Jahren Scheiterhaufen, Blut, Feuer und Tod, als Okzitanien nur noch eine verödete, zerstörte und fast menschenleere Gegend war, da ragte diese Burg noch immer unbezwungen über Chaos und Leid empor.

Hierher flüchteten sich die Ritter und Troubadoure, die Bürger und Bauern – all jene, die dem katharischen Glauben anhingen oder ihm nahe standen. Auf dem Montsegur versammelten sich auch die überlebenden geistigen Führer der Katharer oder Perfecti, wie sie genannt wurden, unter ihrem Oberhaupt Bertrand d'En Marti. Hier fanden sie Zuflucht – so nahe den Sternen, nach denen sie sich sehnten, und so ferne den Menschen, von denen sie doch nur Verfolgung und Tod zu erwarten hatten.

„Gott ist reiner Geist und Liebe," so pflegten die Katharer zu lehren, „diese Erde ist die Hölle."

Von dieser Hölle sollten auch sie verschlungen werden.

Im Mai des Jahres 1243 begann ein Kreuzfahrerheer, aufgeboten von Pierre Amiel, dem Erzbischof von Narbonne, mit der Belagerung der Festung. Der Anlass für diesen Kreuzzug war der Tod von zwei katholischen Inquisitoren und ihrem Gefolge, die so furchtbar unter der Bevölkerung gewütet hatten, dass die Menschen keinen anderen Ausweg mehr wussten, als sich ihrer Peiniger gewaltsam zu entledigen. In der Stadt Aviognet wurden die Inquisitoren durch Soldaten aus der Festung Montsegur unter dem militärischen Kommando von Pierre Roger de Mirepoix gefangen genommen und hingerichtet. Die Soldaten waren von den Bewohnern der Stadt zu Hilfe gerufen worden.

Daraufhin befahl das Konzil von Beziers auf das unnachgiebige Drängen der Königin Blanche de Castille die Zerstörung der Burg. Im Mai 1243 schloss eine 6.000 Mann starke Truppe unter dem Oberbefehl des Seneschalls von Carcassonne, Piere de Arcis, den Belagerungsring um die Festung. Auf dem Montsegur befanden sich zu dieser Zeit etwa 300 Katharer und eine unter dem Kommando von Pierre-Roger de Mirepoix stehende Garnison mit einer Stärke von weniger als 150 Mann.

Mehr als ein Jahr lang hielt die Festung den Belagerern stand. Oft hatten die Kreuzfahrer größte Mühe, die Belagerung des windgepeitschten Berges überhaupt aufrecht zu erhalten. Obwohl Montsegur vollständig von den Gegnern eingeschlossen war, funktionierte der Nachschub an Proviant, Ausrüstung, Waffen und Munition sowie ein ausgezeichnetes Nachrichtensystem in dem unübersichtlichen Gelände. Vermutlich bildete die Verbindung zu Außenwelt eine riesige, natürliche Höhlenanlage unter der Festung, deren Eingänge inzwischen verschüttet sind und bisher noch nicht wieder aufgefunden werden konnten.

Eine Zeit lang schien die Lage der Eingeschlossenen nicht ganz so hoffnungslos. Es hielt sich hartnäckig das Gerücht, der deutsche Kaiser Friedrich II. werde dem Montsegur mit dem Reichsheer zu Hilfe eilen. Der gekrönte deutsche Pragmatiker hatte jedoch anderes im Sinn, als ein paar hundert Häretiker vor dem Scheiterhaufen zu bewahren.

Seine Hilfe wäre ohnehin zu spät gekommen, denn zu Winterbeginn hatte Pierre de Arcis Söldner aus der Gascogne angeworben, die den Kampf am Berg gewohnt waren. Den Gascognern gelang es, den Gipfel des Montsegur zu ersteigen und sich im Dezember 1243 nach blutigem Kampf eines Roc de la Tour genannten Vorwerkes zu bemächtigen. Von diesem Brückenkopf aus, der von den Verteidigern des Montsegur immer wieder attackiert wurde, arbeiteten sie sich ebenso mühsam wie zielstrebig weiter hinauf in Richtung der Festung. Ein Bollwerk aus Stein und Holz, genannt die „Barbacane“ versperrte ihnen den weiteren Weg. Im Januar und Februar 1244 tobten erbitterte Gefechte um diese Befestigung. Den Angreifern gelang es unter Leitung des Bischofs und Kriegsingenieurs Durand von Albi, eine große, als „Trebuchet“ bezeichnete Wurfmaschine zu bauen, die mit ihren Geschossen nach und nach die Befestigung der Barbacane zerstörte. Anfang Februar 1244 gelang es den Kreuzfahrern dann, die Verteidiger mit einem Überraschungsangriff aus der Barbacane zu vertreiben. Nunmehr konnten sie das Trebuchet innerhalb der beschädigten Befestigungen des Vorwerkes aufstellen und waren in der Lage, von hier aus den östlichen Teil der Hauptburg des Montsegur mit schweren Steingeschossen einzudecken.

Die Angriffe dieser Belagerungsmaschine beantworteten die Verteidiger des Montsegur mit einem Katapult, das der Kriegsingenieur Bertrand de la Baccaria de Capdenac konstruiert hatte. Noch vier Wochen dauerten die Duelle der Wurfmaschinen. Erst zu Beginn des Monats März 1244 zeichnete sich ab, dass die militärische Situation der Katharer auf dem Montsegur hoffnungslos war. Abgeschnitten von ihren Nachschubwegen, unter dem ständigen schweren Beschuss des Feindes und ohne Hoffnung auf militärische Hilfe entschlossen sich die Befehlshaber des Montsegur, Pierre Roger de Mirepoix und Ramon de Perellha, zu Verhandlungen mit den Belagerern.

Die Bedingungen der Übergabe waren in Anbetracht des vorausgegangenen harten Kampfes überraschend milde. Zunächst wurde den Verteidigern des Montsegur im Austausch gegen Geiseln ein 15-tägiger Waffenstillstand gewährt. Außerdem durften die Soldaten der Festungsgarnison mitsamt Fahnen, Waffen, Ausrüstung und ihrer nicht unbeträchtlichen Kriegskasse die Burg nach der Übergabe als freie Männer verlassen. Dies traf auch für jene Kämpfer zu, die an der Hinrichtung der Inquisitoren in Aviognet beteiligt gewesen waren. Ferner sollten alle Katharer, die bereit waren, ihrem Glauben abzuschwören, freigelassen werden. Andernfalls aber erwartete sie der Scheiterhaufen. Zahlreiche Soldaten ließen sich während der Waffenruhe von Bertrand d'En Marti in die Gemeinschaft der Katharer aufnehmen, obwohl sie nur zu gut wussten, welches Schicksal sie mit diesem Entschluss gewählt hatten.

Am 16. März 1244 übernahmen die bischöflichen Belagerer dann die stark zerstörte Festung, während Pierre Roger de Mirepoix mit seiner Garnison abrückte. Die Schlacht um den Montsegur hatte der Festungskommandant zwar verloren, doch er dachte nicht daran, den Widerstand aufzugeben. Bis zu seinem Tode im hohen Alter von 86 Jahren befehligte er den Kampf der letzten freien Fürsten Okzitaniens von der Burg Montgaillard aus.

Die Katharer verließen den Montsegur unter Führung ihres geistlichen Oberhauptes Bertrand d'En Marti. Der Erzbischof von Narbonne forderte sie auf, ihrem „Irrglauben" abzuschwören. Doch die Gefangenen blieben fest. Nicht ein einziger verspürte den Wunsch, im „Zeichen des Kreuzes gerettet" zu werden. So erlitten sie das Schicksal, welches die Kurie zu jener Zeit und auch noch lange danach allen bereitete, die es wagten, die Dogmen dieser Institution in Frage zu stellen: Sie wurden verbrannt.

Zweihundertfünf – andere Quellen nennen zweihundertfünfundzwanzig – Frauen und Männer starben an einem Ort, dessen Name auch heute noch die Erinnerung an jenes furchtbare Geschehen wachhält – auf dem Camp de Cremat, dem Feld der Verbrannten, dem Scheiterhaufenacker. Unter den Ermordeten waren Esclarmonde de Perellha, die Tochter des Kastellans, und auch seine Frau, Corba de Perellha.

Die Hüter des Trösters starben in den Flammen dieses Scheiterhaufens, doch das Symbol des lichten Parakleten überdauerte ihr Ende. Es war vor den Feinden rechtzeitig in Sicherheit gebracht worden. Aus den Berichten der Inquisitoren geht hervor, dass sich in der Nacht vor der Übergabe des Montsegur vier Katharer vom Gipfel aus in Richtung Lassetschlucht abseilten, um einen „Ketzerschatz" in Sicherheit zu bringen. Drei der Perfecti kennen wir sogar mit Namen: Amiel-Alicart, Hugo und Potevin. Sie brachten jene Gegenstände in Sicherheit, welche die Inquisitoren als *„ad pecuniam infinitam"* (von nicht mit Geld aufzuwiegendem Wert) bezeichneten.

Ihr Weg führte sie über den Gipfel des Bidorta, der noch in winterliches Weiß gehüllt war, hinüber in das Tal der Ariege zu den Höhlenfestungen von Bouan und Ornolac, die Pons-Arnaud, dem Herrn von Castellum Verdunum unterstanden. Er war ein treuer Lehnsmann des Grafen von Foix und machte aus seiner Sympathie für die Katharer kein Hehl. Er nahm die geflohenen Katharer freundlich auf, bewirtete sie und stellte ihnen für ihren weiteren Weg einen kundigen Führer zur Seite, der sich in den Hohen Pyrenäen auskannte. Wohin sich die vier Perfecti und ihr Führer nunmehr wandten, ist nicht genau bekannt.

Es darf jedoch darf nicht übersehen werden, dass nach dem Fall des Montsegur noch zwei weitere bedeutende Festungen den katholischen Kreuzfahrern widerstanden. Es handelte sich um die Burg Queribus, das „Wolkenschloss", und die Festung Puilaurens, die das Hochtal von Fenouilledes bewachte. Beide Befestigungen standen unter dem Befehl des überzeugten Katharers Chabaret de Barbeira, der nach dem Tod seines Herrn Pierre de Fenouillet hier das Kommando übernommen hatte. Die Burgbesatzungen widerstanden den Angriffen der Kreuzfahrer noch bis 1256. In diesem Jahr geriet Chabaret de Barbeira durch Verrat in Gefangenschaft und musste seine Freiheit durch die Übergabe beider Burgen an den französischen König erkaufen.

Betrachtet man jedoch die Richtung ihrer Flucht, so ist es wahrscheinlicher, dass die vier Perfecti nach ihrem gelungenen Entkommen vom Montsegur in jener Märznacht 1244 sich weiter in die Hohen Pyrenäen zurückzogen.

Dort findet sich im Labyrinth der Schluchten und Täler des Flusses Aude verborgen die Burg von Usson, die erstmals im 11. Jahrhundert erwähnt wurde. Sie gehörte damals der Familie Albion. Die kleine Festung liegt so versteckt, dass sie während der gesamten Albigenserkreuzzüge nicht ein einziges mal angegriffen wurde. Die Eroberer aus dem Norden hatten diese Burg schlicht übersehen. Hierher retteten sich höchstwahrscheinlich die Flüchtlinge vom Montsegur, um den sagenumwobenen „Ketzerschatz" in Sicherheit zu bringen. Wer überzeugt ist, dass es sich dabei um materielle Gegenstände von erheblichem Wert handelt, sollte mit seiner Suche in der Festung von Usson oder deren näherer Umgebung beginnen. Dort finden sich einige schwer begehbare Höhlen, die sich durchaus als Versteck für Kostbarkeiten eignen.

Nach den beschriebenen Umständen ist es aber auf jeden Fall unwahrscheinlich, dass die Katharer ihr Heiligtum in der Nähe von Rennes-le-Chateau verbargen, wo sie spätestens seit 1210 über keinen Rückhalt mehr verfügten.

Wie könnte dieser „Schatz" beschaffen gewesen sein, für dessen Rettung die Katharer ein solches Risiko eingingen? Welche Dinge sind nicht mit allem Geld dieser Welt aufzuwiegen? Vielleicht ist die Antwort auf diese Fragen einfach. Ein Schatz verbirgt oft einen zweiten. Hinter materiellen Kostbarkeiten versteckt sich möglicherweise ein spiritueller Schatz. Gold und Silber aber führten die Flüchtlinge vom Montsegur mit Sicherheit nicht bei sich. Es mögen Manuskripte von höchster religiöser und esoterischer Bedeutung gewesen sein. Vielleicht war es auch die Verkörperung dessen, was für die Katharer von größter Wichtigkeit und das Wertvollste überhaupt für sie war auf dieser Welt, etwas, das unter keinen Umständen den Feinden in die Hände fallen durfte – es war der Paraklet, der Tröster oder, wie sie es nannten, die Manisola. Dies könnte nun wiederum bedeuten, dass der eigentliche „Ketzerschatz" in dem Wissen und der Erfahrung jener vier Perfecti bestand, die dem Scheiterhaufen von Montsegur entkamen. Möglicherweise waren sie von ihren Glaubensbrüdern beauftragt wurden, sich zu retten, um die Lehre der Katharer vor dem Untergang und dem Vergessen zu bewahren.

Mit dem Fall des Montsegur hatten die Katharer ihr geistiges Zentrum verloren und die okzitanische Kultur ihren Todesstoß erhalten. Den Reinen blieben die Höhlenfestungen von Ornolac und Bouan, die Pyrenäenwälder und die Burgen von Queribus, Puilaurens und Usson.

Dieser aussichtslose Kampf der Katharer und der letzten freien okzitanischen Ritter dauerte noch mehr als achtzig Jahre. Erst im Jahre 1324 starben die letzten bekennenden Katharer auf dem Scheiterhaufen.

Ihre Verfolger versuchten vergeblich, ihnen das Geheimnis des Parakleten zu entreißen. Sie erfuhren nie, wo jener „Schatz" verborgen war, den die vier Perfecti in jener Märznacht des Jahres 1244 vor den Häschern der Inquisition gerettet hatten. Die Reinen nahmen ihr Geheimnis mit ins Grab.

Vielleicht aber war es zu jener Zeit auch schon niemandem mehr möglich, in den Besitz des Parakleten zu gelangen, denn einer alten Sage der Pyrenäen zufolge entfernt sich der Tröster um so weiter von der Menschheit, desto unwürdiger sie seiner wird. Um Zugang zu dem Wissen zu erlangen, das der Paraklet symbolisiert, muss der Mensch in eine höhere Schwingungsebene aufsteigen, um von der physischen Ebene aus durch alle folgenden bis zur Ebene seines Ursprungs zu gelangen. Der geheime „Schatz“ der Katharer hatte sicherlich einen vorwiegend mystisch-spirituellen Wert, verkörperte uraltes Wissen und Einweihungserfahrung. Zumeist war ihr Tempel das Himmelsgewölbe, ihr Altar ein flacher Stein oder ein von grobem Leintuch bedeckter Tisch, in dem das Evangelium des Johannes und die Bücher der Eingeweihten aufbewahrt wurden.

Doch die Legende berichtet auch von Belibaste, einem der letzten Katharer und Troubadoure, der auf seinem Weg zum Scheiterhaufen gesagt haben soll:

„Al cap des sest cens ans verdegeo le laurel.“

was zu deutsch bedeutet:

„Am Kap der siebenhundert Jahre wird der Lorbeer wieder ergrünen.“

Dieser Satz von hohem Symbolwert wird oft so gedeutet, dass dem Glauben der Katharer nach die Seele alle siebenhundert Jahre auf der Erde wiedergeboren wird. Sie erscheint hier in neuem Gewand und neuer menschlicher Hülle, um so den Zyklus der Wiedergeburten von Prüfung zu Prüfung fortzusetzen, der die Seele schließlich zu ihrer wahren Heimat in einer Welt des reinen Geistes, des Lichtes und der Liebe führt.

IX. Ein Vermächtnis der Templer

Wenn es nicht der Katharerschatz war, was könnte Berenger Sauniere dann entdeckt haben?

Alle, die das Geheimnis Rennes-le-Chateaus kannten, waren bestrebt, sich im Ort oder zumindest in seiner unmittelbaren Umgebung niederzulassen.

Berenger Sauniere war nicht der Einzige, wohl aber der Letzte in einer langen Reihe der Eingeweihten, dem sich das Geheimnis in seiner gesamten Tragweite erschloss. Vor ihm waren zumindest mit mehr oder weniger großen Teilen des Rätsels vertraut: Abbe Henri Boudet, der sein Leben in Rennes-les-Bains verbrachte, Jean Vie – dessen Amtsvorgänger – und Antoine Bigou, der das Geheimnis von Marie de Negre erfuhr, der letzten Marquise de Hautpoul de Blanchefort, die 1781 starb. Mit ihrem Tod erlosch eines der mächtigsten Adelsgeschlechter Südfrankreichs.

Die Blancheforts – deren Stammhaus nur wenige Kilometer nordöstlich Rennes-le-Chateaus stand – waren höchstwahrscheinlich auch die Entdecker jenes Geheimnisses, das den Ort bis heute umgibt.

Es heißt, dass das Adelshaus Blanchefort dem Orden der Templer eng verbunden gewesen sei.

Dieser Mönchsritterorden wurde offiziell im Jahr 1127 in Frankreich geschaffen, doch sowohl um seine Entstehung als auch um seine spätere Tätigkeit ranken sich zahlreiche Legenden. Verbürgt ist, dass sich bereits in den Jahren 1118/19 im Heiligen Land unter Führung der normannischen Adligen Hugo de Payns und Gottfried de Saint-Omer neun Ritter zu einer Art Polizeitruppe zusammenschlossen. Sie wollten „nach Kräften für die Sicherheit von Straßen und Wegen sorgen“ und insbesondere „für den Schutz der Pilger“. Nicht erst ein Historiker hat sich verblüfft gefragt, wie denn Hugo de Payns und seine acht Gefährten allein diese schwierige Aufgabe bewältigen wollten. Noch verwirrender wird die ganze Angelegenheit, wenn man feststellt, dass sich in der Zeit bis 1127 die Mitglieder der „Armen Ritterschaft Christi vom Salomonischen Tempel zu Jerusalem“ zwar allen möglichen Beschäftigungen widmeten, jedoch gar nicht daran dachten, ihre eigentliche Aufgabe, den Schutz der Jerusalempilger und die Sicherung der Straßen und Wege im Heiligen Land wahrzunehmen.

Stattdessen unternahmen die Ritter ausgedehnte Reisen durch Palästina, knüpften diplomatische Kontakte zu sarazenischen Würdenträgern und der berühmt-berüchtigten ismaelitischen Geheimsekte der Assassinen. Außerdem führten die frisch gebackenen Templer regelrechte archäologische Ausgrabungen unter jenem Flügel des Palastes in Jerusalem durch, der ihnen als Quartier diente und der den Rittern von König Balduin I. persönlich zur Verfügung gestellt worden war. Nach einer alten Überlieferung hatte man diese Unterkunft auf den Fundamenten des Salomonischen Tempels errichtet, woraus der neu gegründete Orden auch seinen Namen ableitete. Die Templer legten bei ihren Ausgrabungen auch die „Pferdeställe König Salomos“ frei, wie aus dem Bericht eines Pilgers zu entnehmen ist. Bei diesen angeblichen Pferdeställen handelt es sich um riesige unterirdische Gewölbe, die von den Templern systematisch ausgegraben und erkundet wurden.

Während ihr königlicher Gönner Feldzüge gegen El-Ghazi in Antiochien (1119-1120) und gegen Nord-Syrien (1121-1122) unternahm, dabei mehrfach in Gefangenschaft geriet und nur gegen Zahlung eines hohen Lösegeldes wieder freikam, beteiligten sich die Templer während all dieser Jahre an keiner einzigen militärischen Auseinandersetzung, sondern erkundeten lieber uralte Ruinen.

Auffällig ist weiterhin die Tatsache, dass alle neun Gründungsmitglieder des Templerordens entweder mit dem Grafen Hugo von Champagne verwandt oder, wie im Fall Hugo de Payns und Gottfried de Saint-Omer, seine Lehnsmänner waren. Bemerkenswert ist dies deshalb, weil der Grafenhof der Champagne in Troyes zu den aufgeklärtesten Herrschaftszentren des Mittelalters gehörte. So bestand hier seit dem Jahr 1070 bereits eine angesehene, von Rabbi Raschi (1040-1105) gegründete Schule für talmudische und esoterische Studien. Sie war das Zeichen für religiöse Toleranz und das Interesse an Wissenschaften, das man in dieser Zeit nur sehr selten fand.

Graf Hugo von der Champagne stiftete bereits im Jahr 1115 Land im Wald von Bar-sur-Aube, auf dem der später heilig gesprochene Zisterziensermönch Bernhard de Fontaine die berühmte Abtei von Clairvaux gründete.

Nachdem die Kunde von der neu geschaffenen *militia christi* das Abendland erreicht hatte, war es eben jener Bernhard von Clairveaux, der sich zum beredten Fürsprecher des jungen geistlichen Ritterordens machte. Es ist mit Sicherheit nicht übertrieben, Bernhard als einen der bedeutendsten Wortführer und geistigen Architekten des Christentums in jener Epoche zu bezeichnen. Seine Autorität und sein Ruf genügten, um den Templern noch vor ihrer offiziellen Anerkennung auf der Synode von Troyes im Jahr 1129 reiche Schenkungen an Geld, Gütern und vor allem an Ländereien zufließen zu lassen. Im Jahr 1128 bereits verfasste Bernhard von Clairveaux ein Traktat, welches er *„De laude de novae militiae“* – „Das Lob der Neuen Miliz“ betitelte und in dem er die militant religiösen Ziele der Templer zum Ideal und Inbegriff aller christlichen Werte erklärte.

Doch zunächst kehrten erst einmal alle Gründungsmitglieder des Templerordens im Jahr 1127 nach Frankreich zurück, wo sie von Bernhard von Clairveaux bereits erwartet wurden. Der Zisterzienserabt ließ dann eine Synode nach Troyes einberufen, auf welcher der Orden der Tempelherren offiziell gegründet wurde. Bernhard wirkte federführend bei der Abfassung der neuen Ordensregel mit. Hugo von Payns wurde zum ersten Großmeister des neuen Ordens ernannt und der Papst erteilte den Mönchsrittern seinen Segen.

In die Präambel der Ordensregel ließ Bernhard schreiben: „Mit Gottes und mit unserer und mit unseres Retters Jesu Christi Hilfe ist das große Werk vollendet worden, der seine Freunde aus der Heiligen Stadt Jerusalem in die Marche und Bourgogne zurückbeorderte. Es sind Freunde, die für unser Wohlwollen und für die

Verbreitung des rechten Glaubens ohne Unterlass ihre Seele Gott anbieten, welch edle Aufopferung..."

Obwohl der neue Orden gerade erst offiziell gegründet worden war, schrieb Bernhard von Clairveaux: ... *ist das große Werk vollendet worden* ..." Welchen Sinn sollte diese Aussage haben, wenn sie sich nicht auf die Tätigkeit der Templer zwischen 1118 und 1127 bezog? Was ist in diesem Zeitraum geschehen? So wie sich die Ereignisse darstellen, gibt es nur einen logischen Schluss. Die Gründungsmitglieder des Templerordens kamen keineswegs nach Palästina, um die „Pilger zu schützen", sondern sie reisten ins Heilige Land, um dort etwas zu suchen und schließlich zu bergen, von dem Hugo de Payns während seiner Teilnahme am ersten Kreuzzug Kenntnis erhalten hatte.

Einige Autoren, so Louis Charpentier, spekulieren nun darüber, ob Hugo de Payns und seine Gefolgsleute bei ihren Ausgrabungen unter dem Tempelberg in Jerusalem vielleicht auf die Bundeslade oder einen ähnlich bedeutsamen Gegenstand gestoßen seien. Manfred Dimde nimmt sogar an, sie hätten dort das originale Grab Christi gefunden und die sterblichen Überreste des Heilands mit nach Europa gebracht. Doch die Ereignisse, die unmittelbar nach Gründung des Ordens begannen, werfen ein anderes Licht auf diese Frage.

Mit dem Auftauchen der Templer in West- und Mitteleuropa begann fast übergangslos jenes Zeitalter, das wir heute als „Gotik" bezeichnen und das vor allem in der sakralen Architektur seine eindrucksvollen Spuren hinterlassen hat. In jener Zeit entstanden die großen Kathedralen von Chatres, Reims und Sens (nur um einmal die bedeutendsten Bauwerke zu nennen). Scheinbar aus dem Nichts wurden die mit der Errichtung solcher Bauten verbundenen mathematischen, bautechnischen und logistischen Leistungen bewerkstelligt. Woher kam dieses Wissen und die Mittel, die erst den Bau der Kathedralen ermöglichten? Zumindest als Finanziers dieser sakralen Architektur werden die Templer heute anerkannt. Doch es kann durchaus sein, dass sie auch die Inspirationen, die Ideen, die Pläne und die erforderlichen Informationen zur Umsetzung dieser vorwiegend architektonischen Ideen lieferten. Hinweise für die Richtigkeit dieser These finden sich in einem anderen brisanten Dokument.

Eine der in Qumran am Toten Meer aufgefundenen Schriftrollen wurde in den Jahren 1955/56 durch Spezialisten der Universität Manchester entziffert. Dabei stellte sich heraus, dass sie genaue Angaben über große Mengen an Gold- und Silberbarren, heilige Gefäße, Schalen und nicht näher bezeichnete weitere Wertgegenstände enthielt. Weiterhin war die Rede von einem geistigen „Schatz" und uraltem Wissen. Der Text enthielt Hinweise auf vierundzwanzig verschiedene Stellen unter dem Tempelberg, wo all diese Gegenstände vergraben sein sollten.

Als in den letzten Jahren israelische Archäologen und Behörden diesen Hinweise nachgingen, stießen sie auf bereits ausgeräumte Verstecke. Dies könnte zumindest ein Indiz dafür sein, dass die Templer bei ihren Ausgrabungen am Tempelberg Erfolg hatten. Möglicherweise fanden sie materielle Wertgegenstände, die für die Mönchsritter mit Sicherheit ein gutes Startkapital für weitere Unternehmungen darstellten. Mit Sicherheit entdeckten sie jedoch auch den mysteriösen „geistigen Schatz“, von dem in jener Qumran-Rolle die Rede ist. Es handelt sich dabei um Wissen, das aus dem alten Ägypten stammen dürfte und sich auf die Geheimnisse der Baumeister der Pharaonen bezieht. Durch diese Überlieferungen war den Templern das notwendige geistige Rüstzeug zugänglich gemacht worden, mit dem es ihnen möglich war, jene „gotisch“ genannte, spirituelle Architektur in Europa zu schaffen, die noch heute unsere Bewunderung erregt.

Es erscheint logisch, dass Hugo de Payns, bevor er mit seiner Bergungsaktion begann, sich sowohl der Unterstützung seines mächtigen Lehnsherrn Hugo von der Champagne als auch des Wohlwollens der Kirche versicherte. Nachdem auch der ehrgeizige und wortgewandte Bernhard von Clairveaux seine Zustimmung zu diesem Unternehmen gegeben hatte, reiste Hugo de Payns mit den Verwandten seines Lehnsherren und anderen Vasallen, die er für vertrauenswürdig genug befunden hatte, ins Heilige Land, um vor Ort mit der Suche zu beginnen. Natürlich war es notwendig, dem Unternehmen einen Anschein von Legalität zu verschaffen. Dazu, aber sicherlich auch, um die Gemeinschaft der Sucher fest aneinander zu binden, erfolgte im Jahr 1118 der Zusammenschluss zu einer Laienbrüderschaft, aus der später der Templerorden hervorgehen sollte. Da die Arbeit Hugo de Payns offensichtlich von Erfolg gekrönt war, ist es kein Wunder, dass Bernhard von Clairveaux die „neue Ritterschaft“ so über alle Maßen lobte. Er und seine Zisterzienser gelangten durch den Fund der Templer ebenfalls in den Besitz eines ebenso umfangreichen wie uralten Wissens, das sich bei kluger Nutzung als Trumpfkarte im Kampf um geistliche Autorität und weltliche Macht erweisen würde.

Als Beleg für diese These mag gelten, dass in den auf die Ordensgründung folgenden Jahren an der in Troyes bestehenden Kabbalaschule zahlreiche und sehr alte hebräische Texte übersetzt wurden. Manchmal mussten für diese Arbeit sogar Rabbiner aus dem Hochburgund hinzugezogen werden. Diese wissenschaftliche Zusammenarbeit war für die damalige Zeit ebenso beispielgebend wie einzigartig.

Wozu sollten die hier skizzierten Aktionen dienen? Waren es lediglich die Launen des ambitionierten jungen Geistlichen Bernhard von Clairveaux und zweier Adliger – Hugo de Champagne und Hugo de Payns –, deren wissenschaftliche Interessen weiter reichten, als bei Angehörigen ihres Standes damals üblich? Oder steckte mehr hinter diesem aufwendigen Unternehmen?

Betrachtet man die Statuten des Templerordens, die eine lockere Hierarchie vorgeben, und verfolgt die Politik der Mönchsritter, so kann man sich des Eindruckes nicht erwehren, als habe eine große, heute nur noch rudimentär erkennbare Idee die Handlungen der Ordensführung bestimmt. Möglicherweise beabsichtigten die Templer, in Zusammenarbeit mit dem Zisterzienserorden ein vollkommen reformiertes Abendland zu schaffen. Ein Europa unter administrativer Verwaltung des Orden, das feudale Strukturen und deren Hemmnisse für Wirtschaft und Handel nicht mehr kannte – die Vorwegnahme der heutigen Europäischen Union.

Doch die Ideen der Templer zielten weit über Alltagsleben und Geschäft hinaus. Ein spirituelles Europa nach dem Vorbild des Ordens sollte es sein, stark und einheitlich nach außen, um sich seiner Feinde zu erwehren. Doch nach innen sollte es stets so gestaltet sein, dass der Einzelne niemals so viel Macht auf sich vereinigen konnte, als dass er sie hätte missbrauchen können. Vielleicht sollte am Ende dieses Weges sogar nach der Wiedergewinnung des Heiligen Landes eine Art Eurasische Union und die Aussöhnung der drei großen alten Weltreligionen – Judentum, Christentum und Islam – stehen, nach dem Prinzip der in Spanien zu dieser Zeit geschaffenen Convivencia – des friedlichen und rechtlich geregelten Zusammenlebens von Christen, Moslems und Juden.

In den darauf folgenden Jahren nahm der neu gegründete Templerorden einen Aufschwung, der wohl selbst die Erwartungen seiner Gründer übertraf. Obwohl das Hauptquartier des Ordens zunächst in Jerusalem verblieb – erst nach dem Verlust der Stadt sollte Akkon zum neuen Machtzentrum der Templer werden –, schufen die Mönchsritter in Europa zahlreiche befestigte Häuser, Komtureien genannt, die bald für die Entwicklung und weitere Expansion des Ordens unentbehrlich werden sollten. Die Ordenshäuser nahmen alle Schenkungen entgegen, die dem Orden zuteil wurden, und wenn jemand den Wunsch verspürte, Templer zu werden, so wandte er sich an die nächste Komturei. Das Beispiel Hugo de Payns und des Grafen von der Champagne, die ihren gesamten Besitz dem Orden überschrieben, sorgte dafür, dass die Schenkungen an den Templerorden in ganz erheblichem Maße zunahmen.

Während sich die Templer in Palästina vor allem als disziplinierte, Kampf geübte und mutige Soldaten einen Namen machten, gingen sie in Europa daran, ihre so rasch gewonnene Vormachtstellung auf sämtlichen Gebieten zu festigen und auszubauen. Dabei wurden sie nach und nach zu einer äußerst einflussreichen Macht von internationalem Rang. Diese ohnehin rasante Entwicklung beschleunigte sich noch, als 1139 Papst Innocenz II. mit seiner Bulle *„Omne datum optimum"* bestimmte, dass der Orden keiner weltlichen oder geistlichen Macht außer dem Papst Gehorsam schulde. Damit wurde den Templern vollkommene Unabhängigkeit von allen Königen, Fürsten und Äbten gewährt, so dass sie keine Einmischung seitens politischer oder geistlicher Würdenträger mehr zu fürchten hatten. Das enthob den Orden jeglicher territorialen Eingrenzung und machte ihn zum Herrn über ein autonomes, internationales Reich, befreit von den Fesseln feudaler Lehnswirtschaft. So wirkten die Templer in ganz Europa und auch im Heiligen Land als Diplomaten auf höchster Ebene. Sie waren Mittler zwischen dem Adel und den Monarchen ebenso wie zwischen den christlichen und sarazenischen Herrschern in Palästina.

In England wurde der Meister des Tempels stets zu den Sitzungen des Parlaments eingeladen und galt darüber hinaus als Oberhaupt aller kirchlichen Orden im Land. Als der englische König die „Magna Charta", die erste Verfassung Englands, unterzeichnete, stand der Meister des Ordens an seiner Seite.

Auch mit der islamischen Welt verbanden die Templer intensive diplomatische Kontakte. Nahezu alle Sarazenenherrscher respektierten die Templer mehr als jeden anderen Christen. Selbst die Assassinen, jene für ihre Militanz und Todesverachtung bekannte ismaelitische Sekte, zahlte in einigen Gebieten Palästinas Tribut an den Templerorden.

Doch die Aktivitäten der Mönchsritter beschränkten sich nicht nur auf Kriege, Diplomatie und hohe Politik. Sie verliehen astronomisch hohe Geldsummen an verarmte Herrscher und wurden somit zu den Bankiers aller europäischen Königshäuser. Selbst einige moslemische Herrscher zählten zu den Kunden der Templer. Die Ordensniederlassungen in ganz Europa und im Nahen Osten nahmen gegen Entrichtung einer geringen Gebühr Geldüberweisungen für Kaufleute vor. So wurden die Templer zu den wichtigsten Bankiers und einflussreichsten Geldwechslern ihrer Epoche. Das Pariser Ordenshaus entwickelte sich zum europäischen Finanzzentrum ersten Ranges. Es kann davon ausgegangen werden, dass die Einführung des Schecks in seiner heute bekannten Form ebenfalls auf die Templer zurückgeht.

Doch der Orden handelte nicht nur mit Devisen, sondern wurde aufgrund seiner langjährigen fruchtbaren Kontakte zur jüdischen und islamischen Welt auch zum Umschlagplatz für neue Ideen und Gedanken. Die Templer übten ein regelrechtes Monopol über die beste und modernste Technik ihrer Zeit aus. So förderten sie die Entwicklung des Vermessungswesens und der Kartographie ebenso wie den Straßenbau und die Schifffahrt.

Der Orden besaß eigene Häfen und Werften, so unter anderem in La Rochelle, in Barfleur, in Marseille und Toulon. Die Flotte des Ordens zählte zu den besten ihrer Zeit. Die Templerschiffe gehörten zu den ersten, die nach chinesischem Vorbild mit Magnetkompassen ausgerüstet waren. Manche Historiker sind darüber hinaus zu der Auffassung gelangt, dass der Orden in seiner Spätzeit an der Wende vom 13. zum 14. Jahrhundert für Kriegszwecke bereits Schießpulver einsetzte, dessen Herstellung und Anwendung die Templer von den Sarazenen gelernt hatten. So sollen auch einige der Ordensgaleeren mit vorerst noch primitiven Geschützen ausgerüstet gewesen sein. Aus dem Jahr 1305 ist überliefert, dass die *La Rose de Temple* – das Flaggschiff der in La Rochelle stationierten, geheimnisumwitterten Westflotte des Ordens – zwei so genannte Bombarden und ein mörserartiges Geschütz führte.

Mit dieser Westflotte des Ordens hat es eine ganz besondere Bewandtnis. Der Historiker Jaques de Mahieu sammelte eine große Anzahl ernst zu nehmender Hinweise, dass die Westflotte des Ordens von ihrem Heimathafen La Rochelle aus durchaus in der Lage gewesen sein muss, den Atlantik zu überqueren, um Handelsbeziehungen mit den Völkern Mittel- und Südamerikas zu unterhalten. Mahieu kommt in seiner Recherche zu dem Schluss, dass von den Templern insbesondere auf dem Gebiet des heutigen Mexiko zahlreiche Gold- und Silberminen ausgebeutet wurden. Dies soll ein entscheidender Grund für den sagenhaften Reichtum des Ordens gewesen sein.

Mahieu widerspricht damit den Auffassungen etablierter Historiker, wonach es vor Kolumbus keine transozeanischen Kontakte zwischen Europa und Amerika gegeben hätte. Doch Wissenschaftler wie Thor Heyerdahl haben inzwischen bewiesen, dass die schulwissenschaftliche Meinung gründlich revidiert werden muss.

Bereits um 985 n. Chr. erreichte der Winkinger Bjiarn Herluffson als erster Norweger das amerikanische Festland. Um 1000 folgte ihm Leif Erikson. Er gründete in dem von ihm so benannten „Vinland“ eine erste europäische Kolonie, die sich mit einigen Unterbrechungen bis zum Beginn des 15. Jahrhunderts behauptete. An der Mündung des Black Duck Brook, unweit des kleinen Fischerdorfes L'Anse au Meadow, wurden in den sechziger Jahren die Ruinen dieser Wikinger-Siedlung ausgegraben. Die Wikinger wurden im mittelalterlichen Europa auch Normannen, die „Nordmänner“ genannt. Von dieser Bezeichnung leitet sich der Name ihres Siedlungsgebietes in Frankreich ab – der „Normandie“. Die Gründungsmitglieder des Templerordens stammten zum überwiegenden Teil aus der Normandie. Sie waren Nachfahren der einstigen Wikinger, der „Nordmänner“. So besteht die Möglichkeit, dass in den Familien der Gründer des Ordens auch die Kunde von Leif Eriksons „Vinland“ überliefert wurde.

In den Jahren 1166 und 1183 unternahm der Waliser Prinz Madoc mit zwei Schiffen und etwa 30 Männern von Abergle in Nordwales eine Expedition in die Neue Welt, möglicherweise auf den Spuren von Leif Erikson. Das Schicksal der Waliser lässt sich nur sehr schwer rekonstruieren. Wahrscheinlich gründeten sie ebenfalls eine Kolonie und vermischten sich im Lauf der Zeit mit den Eingeborenen. Die Indianerstämme der Mandan, die im 19. Jahrhundert durch eine Blatternepidemie ausgelöscht wurden, können die Nachkommen solcher Kolonisten gewesen sein. Sie scheinen anderen Indianerstämmen Nordamerikas in ihren technischen Fähigkeiten überlegen gewesen zu sein. Die Mandan pflegten teilweise europäisch anmutende Gebräuche und hatten auch eine hellere Hautfarbe.

Es gab also bereits lange vor Kolumbus Kontakte zwischen dem mittelalterlichen Europa und der Neuen Welt. Offensichtlich hatten die Templer von diesen frühen Expeditionen Kenntnis und nutzten sie für eigene Unternehmungen.

Da es das Kriegshandwerk der Mönchsritter auch mit sich brachte, Verwundete zu pflegen und Kranke zu heilen, lernten die Templer, mit Arzneien und Heilmitteln umzugehen. Der Orden unterhielt zahlreiche Krankenhäuser mit eigenen Ärzten, Chirurgen und Heilerinnen – speziell ausgebildeten Frauen, die bei der Behandlung jene Heilmittel anwendeten, welche heute gern als „alternative Medizin“ bezeichnet werden. Die bekannteste Templer-Ärztin war Schwester Ubaldina, welche ein beachtenswertes Kompendium über Wundpflege und Hygiene verfasste. Mit ihrer Auffassung von Epilepsie, die Schwester Ubaldina nicht als Teufelswerk, sondern als behandelbare und heilbare Krankheit betrachtete, war sie ihrer Zeit ebenfalls weit voraus.

Diese erstaunlichen Leistungen und Erfolge machten es den Templern möglich, fast zwei Jahrhunderte lang die Geschichte des Abendlandes entscheidend zu prägen.

Ein besonderes Interesse hegte der Orden auch an Okzitanien, insbesondere am Gebiet um das heutige Rennes-le-Chateau. Auf einem Areal von weniger als fünfzig Quadratkilometern unterhielten die Templer immerhin sechs Komtureien und befestigte Ordenshäuser, die sich wie ein schützender Gürtel um die alte Westgotenstadt Redhae legten. Es mag aufgrund der kulturellen Eigenheiten und Voraussetzungen des Landes sogar möglich gewesen sein, dass die Templer planten, hier die Keimzelle ihres europäischen Ordensstaates entstehen zu lassen.

Zum einheimischen Adel und auch den Anhängern des katharischen Glaubens unterhielt der Orden traditionell gute Beziehungen. Viele wohlhabende Grundbesitzer, die entweder selbst Katharer waren oder mit deren Lehren zumindest sympathisierten, hatten dem Orden große Ländereien übertragen. Dies ist nur verständlich, wenn man bedenkt, dass die Templer bereits aufgrund ihrer Kontakte zur jüdischen und islamischen Welt Gedankengut aufgenommen hatten, welches im Gegensatz zur traditionellen Lehre der katholischen Kirche stand. Ihre daraus erwachsende kulturelle Toleranz und intellektuelle Neugier ließ den Orden Positionen einnehmen, die der Vatikan niemals gebilligt hätte. Durch die Katharer wurden den Mönchsrittern Ideen des gnostischen Dualismus vermittelt, falls diese ihnen zuvor jemals fremd gewesen sein sollten.

Bezeichnend ist daher auch die Haltung, welche der Templerorden während des so genannten „Albigenserkreuzzuges" einnahm, der im vorigen Kapitel beschrieben wurde. Hier begnügten sich die Templer, zumindest äußerlich, mit der Rolle von neutralen Beobachtern. Doch der damalige Großmeister Guillaume de Chatres äußerte wiederholt und öffentlich, dass nach seiner Meinung ein Kreuzzug nur gegen die Sarazenen in Palästina geführt werden könne, niemals aber gegen Christen. Eine Überprüfung von Chroniken und zeitgenössischen Berichten, die im Templer-Museum von Champagne-sur-Aude aufbewahrt werden, hat erwiesen, dass die Ordenshäuser in Okzitanien und in der Provence zahlreichen katharischen Flüchtlingen Asyl gewährten. Auch zeigen die Mitgliederverzeichnisse des Templerordens aus jener Zeit einen nicht unbeträchtlichen Zustrom von Katharern bis in die höheren Ränge des Ordens hinein. In Okzitanien gab es schließlich mehr Katharer als Katholiken in Führungspositionen.

War es wirklich nur der Traum von eigenem Ordensstaat, der die Templer bewog, sich dermaßen im Gebiet von Aude und Ariege zu engagieren? Oder gab es noch andere Gründe? Antwort auf diese Fragen vermögen vielleicht die überlieferten Berichte von den damaligen Unternehmungen der Templer in Okzitanien zu geben.

Im Jahr 1156 wurde ein gewisser Bertrand de Blanchefort zum sechsten Großmeister der Templer gewählt. Blanchefort sollte dieses Amt dreizehn Jahre lang bekleiden und sich als ebenso fähiger wie umsichtiger Führer des Ordens erweisen. Die Überarbeitung der Ordensregeln und die Schaffung effizienter administrativer Abläufe im Verwaltungsapparat der Templer sind mit seinem Namen untrennbar verbunden.

Um so merkwürdiger erscheint die Tatsache, dass es bislang noch keinem Historiker eindeutig gelungen ist, die Herkunft dieses Großmeisters zu klären. Ganz überwiegend wird jedoch angenommen, dass er aus dem Süden Frankreichs stammte und zum Geschlecht der Grafen von Rhazes gehörte.

Dies würde auch erklären, warum eben jener Betrand de Blanchefort bereits im Jahr 1156 – kurz nach Übernahme seines Amtes als Großmeister der Templer – eine größere Gruppe deutscher Bergleute aus dem Bergischen und dem Schneeberger Land nach Okzitanien holen ließ, wo sie unter strengsten Geheimhaltungsvorschriften Arbeiten im Gebiet des Chateaus de Blanchefort und der Templerfestung Le Bezu ausführten.

Die Festung von Le Bezu erhebt sich einige Kilometer südöstlich des alten Rhedae auf einem schwindelerregenden Felshang. Sie wurde ursprünglich im Jahr 1110 von Bernard Sermon d' Albedun erbaut – einem Adligen, der einer alten Familie des Rhazes entstammte. Doch bereits bevor Betrand de Blanchefort zum Großmeister gewählt wurde, war Le Bezu in den Besitz der Templer übergegangen. Sie stationierten auf dem strategisch außerordentlich gut gewählten Platz eine Garnison, die in Sicht- und Signalverbindung mit Rhedae und mit den Templerkomtureien von Champage-sur-Aude und Laroque-de-Fa stand. Obwohl Le Bezu heute völlig in Trümmern liegt, ist noch gut erkennbar, welche Ausmaße die Anlage einst hatte. Zu ihrer Glanzzeit brauchte Le Bezu einen Vergleich mit solchen Höhenburgen wie Montsegur, Queribus oder Puilaurens zweifellos nicht zu scheuen. Zwei Vorburgen und ein massiver Mauerring mit mehreren Türmen schützten die eigentliche Hauptburg, deren Bergfried oder Donjon sich wie ein mahnender Finger über dem Tal von Lavaldieu und dem Valleè de Bezu erhoben haben muss.

Nimmt man heute die Anstrengungen des halbstündigen Aufstiegs auf sich, so wird man dafür bei gutem Wetter mit einem Atem beraubenden Rundblick auf alle Schauplätze des mysteriösen Geschehens von Rennes-le-Chateau belohnt. Im Nordwesten liegt das Dorf selbst, doch auch Rennes-les-Bains und die natürlichen Menhire des Kromlechs, dem einst Henri Boudet so viel Aufmerksamkeit widmete, sind von hier aus mit dem bloßen Auge zu erkennen. Nördlich von Le Bezu erhebt sich der Mont Cardou und von Osten wirft ein weiterer geheimnisvoller Berg seinen mächtigen Schatten – der Pic de Bugarach.

Blickt man dann hinunter ins Valleè de Bezu, durch das sich einst eine alte Handelsstraße schlängelte, so kann man gut den so genannten *Col de Tiplies* – den Templerpaß – erkennen. In seiner Nähe befinden sich die Ruinen des La Jacotte genannten Dorfes, das Betrand de Blanchefort einst für die angeworbenen deutschen Bergarbeiter errichten ließ. Er unterwarf die Knappen, Hauer und Hüttenleute der militärischen Ordensdisziplin. Die Unterbringung in dem eigens für sie errichteten, abgeschiedenen Dorf trug ebenso wie die natürliche Sprachbarriere zur Abschottung der Deutschen von der einheimischen Bevölkerung bei.

Am Fuß der eigentlichen Festung von Le Bezu liegt ein kleiner Weiler, auf dessen Gelände sich die sorgfältig zugeschütteten und vermauerten Eingänge zu den Stollen befinden, in denen die deutschen Bergleute damals beschäftigt waren. Der Name des Gehöftes ist bezeichnend. Er lautet im okzitanischen Dialekt *la touc de tiplies*, was sinngemäß übersetzt „das Loch der Templer“ bedeutet.

Bereits zur Zeit von Betrand de Blanchefort wurde über die Tätigkeit der fremden Bergleute spekuliert. So hieß es unter anderem, dass am Le Bezu in geheimen Minen Gold abgebaut würde, mit dem die Templer auf ihrer Festung falsche Münzen prägten. Doch es ist bis heute völlig ungeklärt, welchem Zweck diese Arbeiten wirklich dienten.

Um 1600 stieß der Bergbauingenieur Lamoignon de Basville auf die Spuren der deutschen Bergknappen und kam zu dem Schluss, dass sie jedenfalls keine Minen ausgebeutet hatten. Im Jahr 1647 stellte dann sein Kollege, der Bergbauingenieur Cesar d'Arcons fest, dass die Deutschen Eisen in großen Mengen verhüttet hatten. Damit soll nach d'Arcons eine Art unterirdisches Bauwerk angelegt worden sein, das er als „Tresor“ bezeichnet. Heutzutage würde man vielleicht treffender von einer Bunkeranlage sprechen.

Im Hinblick auf das gewaltsame Ende des Templerordens argumentieren nun einige Forscher, dass bereits während der Ära des Bertrand de Blanchefort die Ordensoberen an schlechte Zeiten gedacht und ein Versteck für ihre Schätze angelegt hätten. Diese Ansicht scheint jedoch in Anbetracht der damaligen Umstände nicht unbedingt logisch zu sein. Jedenfalls blieb, nachdem am 13. Oktober 1307 alle Templer in Frankreich auf Befehl König Philipp IV. unter ebenso fadenscheinigen wie unsinnigen Vorwänden verhaftet wurden, der sagenhafte „Templerschatz“ unentdeckt.

Einige Historiker sind deshalb zu der Meinung gelangt, entweder habe dieser Schatz nie existiert oder aber er sei vor der Verhaftungswelle von den Templern in Sicherheit gebracht worden. Es gibt in der Tat Hinweise darauf, dass eine Gruppe von Rittern um den Schatzmeister des Ordens systematisch ihre Flucht vorbereitete. Deshalb sollte es nicht überraschen, dass sämtliches Barvermögen und die mit Sicherheit recht umfangreichen Ordensarchive spurlos verschwunden sind. Einem durchaus glaubhaften, aber von keiner weiteren historischen Quelle bestätigten Augenzeugenbericht des verhafteten Templers Jean de Chalons zufolge soll bereits Anfang Oktober 1307 zumindest der Schatz des „Temple“ von Paris aus der Hauptstadt auf einem Konvoi schwerer Lastwagen heraus geschmuggelt worden sein. Jean de Chalons sagte dazu vor den Inquisitoren aus:

„Ich habe am Abend vor der Razzia, am Donnerstag, den 12. Oktober 1307, selbst drei mit Stroh beladene Wagen gesehen, die kurz nach Einbruch der Nacht den Tempel von Paris verließen, und Gèrard de Villiers und Hugo de Chalons, die dazu 50 Pferde führten. Auf den Wagen waren Truhen verborgen, die den gesamten Schatz des Generalvisitators Hugo de Pairaud enthielten. Sie nahmen Richtung auf die Küste, wo sie an Bord von 18 Schiffen des Ordens ins Ausland gebracht werden sollten.“

Diese Wagen transportierten den Schatz und wohl auch die Ordensarchive nach La Rochelle an der Antlantikküste. Die Stadt war eine Gründung der Templer und ihr bedeutendster Hafen an der Westküste Frankreichs. Hier wurden dann die Wertgegenstände und Dokumente an Bord von 18 Galeeren gebracht, die zur sagenumwobenen Westflotte des Ordens gehörten. Die Schiffe verließen mit unbekanntem Kurs den Hafen von La Rochelle und sind seither verschollen. Mit ihnen verschwanden etwa 1.300 Templer – Ritter und einfache Bedienstete des Ordens – im Dunkel der Geschichte. Den Häschern des Königs muss diese kleine Flotte jedenfalls entkommen sein, denn es fehlen jegliche Berichte darüber, dass sie aufgebracht worden wäre. Folgt man dem Historiker Mahieu, so könnten die 18 Galeeren den Atlantik in Richtung Mexiko überquert haben. Demzufolge hätten die flüchtigen Templer in Mittelamerika eine neue Heimat gefunden und dort vielleicht sogar den Traum eines eigenen Ordensstaates verwirklichen können. Aber gibt es denn wirklich Hinweise darauf, dass Angehörige des Ordens den Atlantik überquerten und Amerika erreichten?

Zu Beginn des 17. Jahrhunderts verfasste der zum Christentum übergetretene aztekische Chronist Francisco de San Anton Munon Chimpalpahin Chuauhtlehuanitzin die Geschichte eines mexikanischen Volkes, der *Nonohualca Teolixca Tlacochcalca*. Nach den Angaben von Francisco de San Anton kamen die Angehörigen dieses Stammes aus einem Land namens *Tlapallan Nonohualco*. Von Interesse ist vor allem die Übersetzung dieses Namens. *Tlappallan* lässt sich mit „Land im Osten" (S. Rendon, 1965), „Land der Morgenröte" oder „Land des Orients" (W. Krickeberg, 1965), „Land jenseits des Meeres" (B. da Sahagun, 1829) oder „Osten inmitten des Wassers" (E. Beauvais, 1902) übersetzen. Francisco de San Anton schreibt dazu:

„Als die Nonohualca Tlacochcalca das Land Tlapallan verließen, überquerten sie das große Meer, den großen Ozean."

Der Chronist lässt keinen Zweifel daran, dass die *Nonohualco Tlacochcalca* wirklich aus einem Land jenseits des Atlantik, also aus Europa, gekommen sein müssen. Der erste französische Übersetzer der Chronik, Renè Simèon, erwähnt darüber hinaus, dass die Einwanderer *sur le coquillages*, „auf Muscheln" fuhren. Dies mag wohl auf den ersten Blick seltsam erscheinen, doch Simèon schreibt:

„Die Verwendung einer solchen Vokabel für Schiff kann uns nicht besonders verwundern, die wir das Wort coque (Schale, Nussschale) im gleichen Sinn für ein Schiff verwenden – ein Wort, das vom Lateinischen concha (Muschel) hergeleitet ist."

Im Deutschen findet sich eine Parallele dazu in dem Begriff *Kogge*, mit dem die mittelalterlichen Handelsschiffe der Nord- und Ostsee bezeichnet werden.

Nonohualca wird übersetzt als „Land der Stummen" oder „Land derer, die eine andere Sprache sprechen" (Krickeberg, 1956). Auch dies deutet auf Einwanderer aus Europa hin. Allein ist es für eine Kolonisierung durch die Templer jedoch kein ausreichendes Indiz, da offensichtlich mehrere Landungen von Europäern zu verschiedenen Zeiten stattgefunden haben.

Umso bedeutsamer ist die Analyse des Stammesnamens, den Francisco de San Anton nennt. Der aztekische Chronist bezeichnet die aus dem Osten gekommenen

Einwanderer als *Nonohualca Teolixca Tlacochcalca.* Die Vokabel *Tlacochcalca* setzt sich aus drei Wortstämmen zusammen, zum einen aus *tlacochtli*, was „Pfeil" oder „Waffe" bedeutet, aus *calli*, was sich mit „Haus" übersetzen lässt, und aus *ca*, der Mehrzahl von *catl*, also „Personen" (des Hauses). *Tlacochcalca* heißt demzufolge „Personen oder Leute vom Haus der Waffen", oder kürzer ausgedrückt, – „Soldaten".

Teolixca leitete sich ebenfalls aus drei verschiedenen Worten her: *tèotl* heißt „Gott", *ixtli* bedeutet „Antlitz", doch ebenso auch „Bote" oder „Gesandter". Die Silbe *ca* wiederum ist der Plural von *catl*, also wiederum „Personen" oder „Menschen". Die Einwanderer waren also „von Gott gesandte Soldaten aus einem Land jenseits des östlichen Meeres".

Eine solche Bezeichnung wäre für einen geistlichen Ritterorden wie die Templer durchaus zutreffend, genügt jedoch nicht als alleiniger Beweis für die Identität der Einwanderer.

Die *Nonohualca Teolixca Tlacochcalca* werden jedoch auch als *Tecplantlaca* bezeichnet. Auch dieser Begriff wird aus drei Wortstämmen gebildet. *Tecpan* heißt „Tempel", abgeleitet von *tecuhtli*, also „Herr". *Pantli* bedeutet „Mauer" oder „Pavillon". *Tacatl* nimmt wiederum auf „Personen" Bezug. *Tecplantlaca* lässt sich also mit „Leute vom Haus des Herrn" oder „Leute vom Tempel" übersetzen – oder kurz gesagt als „Templer".

„In dieser letzten Bedeutung muss der Name der Tecplantlaca verstanden werden", schrieb Eugene Beauvois bereits 1902.

Selbst die drei wichtigsten Anführer der Einwanderer werden von Francisco de San Anton beschrieben. Einer von ihnen wurde *tetzauhquiacuili* genannt, der „Ehrwürdige Mönch". Dann gab es noch *xochpoyo*, den „Prediger" und *caccole*, „den mit den schlechten Schuhen". Diese Bezeichnungen weisen auf mönchisch lebende oder einem Mönchsorden angehörende Personen hin.

Nach Francisco de San Anton sollen diese „Soldaten vom Tempel" in zwei Einwanderungswellen in der zweiten Hälfte des 13. Jahrhunderts nach Mexiko gekommen sein. Da die Chronik des christianisierten Azteken erst reichlich vierhundert Jahre später entstand, bleibt fraglich, ob die darin genannten exakten Zeitangaben (1272 und 1294) wirklich zutreffen. Es existieren keine anderen schriftlichen Quellen mehr aus dieser Zeit, da die meisten Unterlagen während der Eroberung Mexikos von den Conquistadoren vernichtet, wurden, die glaubten, damit ein Gott gefälliges Werk zu tun. Die Wissenschaft verfügt heute nur noch über drei originale Maya-Handschriften.

Trotz der spärlichen Quellenlage kann davon ausgegangen werden, dass die von Francisco de San Anton beschriebenen „Templer" den amerikanischen Kontinent in der zweiten Hälfte des 13. Jahrhunderts erreichten. Über ihre Ankunft in Amerika weiß der aztekische Chronist folgendes zu berichten: *„Sie erreichten festes Land an einem Punkt, wo sich die Mündung eines sehr großen Flusses befand, dem sie an* *seinen Ufern bis dahin folgten, wo der Fluss seine erste Biegung tat. Dann verließen sie das Ufer des Flusses und marschierten in östlicher Richtung weiter...“*

Wer von La Rochelle aus in See geht, wird durch den Einfluss des Kanarenstroms und des Nordäquatorialstroms sowie der günstigen ganzjährigen Passatwinde relativ sicher und schnell den Atlantik überqueren und die karibische Inselwelt erreichen können. Thor Heyerdahl bewies mit seinem Schilfboot RA II, dass eine solche Reise auch mit einfachen Hilfsmitteln innerhalb von zwei Monaten zu bewerkstelligen ist. Die Templer verfügten über robuste und äußerst seetüchtige Galeeren, so dass ihre Überfahrt wesentlich kürzer gewesen sein dürfte.

Bei dem „großen Fluss“, vom dem bei Francisco de San Anton die Rede ist, könnte es sich um den Mississippi handeln, wenn man davon ausgeht, dass die Templerflotte, geleitet durch Wind und Meeresströmungen, schließlich den Golf von Mexiko erreichte. An einem Nebenfluss des Mississippi, dem Arkansas, existiert noch heute ein Ort, dessen Bezeichnung an den Heimathafen der Westflotte des Templerordens erinnert. Dieser Ort heißt *Little Rock. La Rochelle* und *Little Rock* haben die gleiche Bedeutung als Bezeichnung einer landschaftlichen Gegebenheit. Beide Begriffe lauten ins Deutsche übersetzt „kleiner Felsen“.

Vom Unterlauf des Mississippi aus erkundeten die Templer offenbar die Gebiete der heutigen Südstaaten der USA. Doch schließlich kehrten sie zu ihrem ursprünglichen Landeplatz an der Mündung des Flusses zurück und lichteten erneut die Anker. Die Templer erreichten mit südöstlichem Kurs daraufhin die Insel *Acihuatlmichintlaco.* Wahrscheinlich statteten sie dem heutigen Kuba einen Besuch ab. Danach segelten die Schiffe der „Leute vom Tempel“ wieder in westliche Richtung und erreichten schließlich das Land der Tolteken. In Tullan, der Hauptstadt des gastfreundlichen Volkes, verbrachten die Einwanderer drei Jahre. Danach stießen sie auf ihren Erkundungen bis zum *Chalco* See vor, unterwarfen die ansässige Bevölkerung und errichteten schließlich ein eigenes kleines Reich. Über das von den Templern errichtete Herrschaftsgebiet schrieb Francisco de San Anton:

„Obwohl sich seine Ausdehnung nicht entfernt mit derjenigen der mexikanischen Förderation vergleichen konnte, der es später angeschlossen wurde, stellte es doch einen recht eindrucksvollen Verband in einer Breite von 100 bis 150 Meilen dar.“

Bei dem erwähnten Chalco-See könnte es sich um ein Gewässer in der Nähe der Maya-Metropole Tikal handeln. Damit ließe sich das ehemalige Reich der Templer im Gebiet des heutigen Guatemala lokalisieren. So hatten die Templer denn in Mittelamerika endlich das verwirklicht, was ihnen in Europa versagt geblieben war. Sie gründeten hier einen eigenen, unabhängigen Ordensstaat. Nun findet die Aussage Jean de Chalons, dass die Schätze der Templer auf Schiffen ins Ausland gebracht worden seien, in den geschilderten Tatsachen ihre Bestätigung. Es gab in Europa kein Land – auch nicht das den Templern wohl gesonnene Portugal – welches hinreichend Schutz für die wertvollen Besitztümer des Ordens geboten hätte.

Es erhebt sich in diesem Zusammenhang die berechtigte Frage, warum wir nicht mehr über diese Zeit der Templer in Mittelamerika wissen oder warum bislang noch keine archäologischen Funde gemacht wurden, welche eine Anwesenheit des Ordens bezeugen. Dabei ist allerdings zu bedenken, dass die Herrschaft der Templer schon nach wenigen Jahrzehnten zu Ende gegangen sein muss. Als Mönche hatten sie auch gelobt, ehelos zu leben. Selbst wenn dieses Gelübde nur für die unmittelbaren Angehörigen des Ordens und nicht auch auf die Sergeanten und den zivilen Tross galt, so waren sie doch insgesamt mit Sicherheit zu wenige, um zu einer dauerhaften Umorientierung der Gesellschaft und zu auch noch nach Jahrhunderten spürbaren Veränderungen hätten beitragen können. Auch die Wikinger Leif Eriksons, deren Kolonie in Nordamerika ja etwa 400 Jahre lang bestand, waren nicht in der Lage, die einheimische Kultur nachhaltig zu beeinflussen.

In der ersten Hälfte des 15. Jahrhunderts, als vielleicht noch konkrete Erinnerungen und Dokumente existierten, wurde das Land von den Azteken überrannt, die alles vernichteten, was auf eine Geschichte vor dem Beginn ihrer Herrschaft hätte hindeuten können. Nach ihnen kamen zu Beginn des 16. Jahrhunderts die Spanier und löschten alles aus, was ihnen „heidnisch" erschien.

Immerhin mag als Indiz für eine Anwesenheit der Templer die Tatsache gelten, dass die spanischen Conquistadoren unter der einheimischen Bevölkerung immer wieder hellhäutige und sogar rothaarige „Indianer" vorfanden. Der Urbevölkerung war das Symbol des Kreuzes ebenfalls vertraut, jedoch nicht in der klassisch-christlichen Form, sondern eben als Tatzenkreuz. Dieses Emblem der Templer wurde von den Mayas und Azteken als „Kreuz der vier Weltgegenden" bezeichnet.

Doch nicht nur in Mexiko finden sich Spuren der Kriegermönche, sondern auch in Asien, genauer gesagt im Herzen Indiens. Dort existieren eindeutige Indizien dafür, dass die Templer am Bau und an der Gestaltung einer der ältesten und berühmtesten Städte Südindiens maßgeblichen Anteil hatten. Diese Stadt heißt Vijayanagara – die „Stadt des Sieges". Sie erlebte ihre Blütezeit als Hauptstadt des mächtigsten Hindu-Reiches von Südindien und als religiöses sowie politisches Zentrum der Region von der Mitte des vierzehnten Jahrhunderts an bis zum Jahr 1565, als die Stadt von moslemischen Angreifern erobert und zerstört wurde. Nach dieser Niederlage wurde sie nie wieder aufgebaut. Ihre Ruinen blieben fast vierhundert Jahre lang vergessen und unbeachtet.

Obwohl die herausragende Bedeutung von Vijayanagara für die Geschichte Indiens unumstritten ist, haben bisher nur wenige Historiker und Archäologen diesen einzigartigen Ort besucht. Wer jedoch dorthin kommt, wird sich dem Zauber des vergangenen Ruhmes und Glanzes der alten Hauptstadt nicht entziehen können, den man noch heute auf dem gesamten Gelände leicht nachempfinden kann.

Im Gegensatz zu den meisten anderen Hauptstädten der früheren Hindu-Königreiche, von denen nur noch vereinzelte Monumente übrig geblieben sind, finden sich hier eine beachtliche Anzahl von Überresten der verschiedensten Gebäude inmitten einer faszinierenden Landschaft, die von imposanten Granitfelsen geprägt wird und eine natürliche Festung bildet. Trotzdem errichteten die damaligen Bauherren eine komplette Zitadelle mit gewaltigen Mauern, Toren und Wachtürmen, aber auch kunstvolle Paläste und Pavillons, Freilichtbühnen, Festplätze, königliche Bäder, Ställe und Lagerräume. Das fast schon modern zu nennende Bewässerungssystem sucht unter den Anlagen der damaligen Epoche vergeblich seinesgleichen. Aber auch zahlreiche einzigartige Tempel und Schreine, die den verschiedenen Göttern der Hindus gewidmet sind, wunderbare Skulpturen und Reliefs machen diesen Ort zu einer Schatztruhe für jeden, der sich für die Geschichte und die Kultur Südindiens interessiert.

Es gibt nur wenige ähnlich gut erhaltene Fundstellen wie Vijayanagara auf der Welt, die uns auf einem so umfangreichen Areal Einblick in die Ausmaße, die Pracht und die Vielfalt eines ehemals geistigen und kulturellen Zentrums vermitteln. Immerhin bedecken die bisher ausgegrabenen Ruinen bereits eine Fläche von 33 qkm. Wenn wir die Überbleibsel der vielfältigen militärischen, königlichen, zivilen und religiösen Bauten genau betrachten, gelingt es uns tatsächlich, eine ungefähre Vorstellung von dieser Stadt zu erlangen, die einst so lebendig und bedeutend war und in der mehr als eine halbe Million Menschen lebten.

Die Ausgrabungen dauern weiter an und sicher brauchen die Archäologen aus Indien und aus zahlreichen anderen Ländern der Erde noch viele Jahre, bis sämtliche Gebäudeteile und Kunstwerke wie etwa wertvolle Töpfereien, Stein-, Metall- und Glasbearbeitungen freigelegt und geborgen sein werden und bis mit Hilfe der historischen Aufzeichnungen ein genaues Bild des damaligen Lebens an diesem Ort gezeichnet werden kann.

Dass Vijayanagara inzwischen von der UNESCO zu einem Bestandteil des Weltkulturerbes erklärt wurde und entsprechend geschützt und restauriert wird, war mit Sicherheit eine gute und wichtige Entscheidung.

Nach einer fast einen ganzen Tag dauernden Fahrt von Bangalore, der Hauptstadt des indischen Bundesstaates Karnataka, nach Hampi, einem Marktflecken bei Vijayanagara, über holprige Straßen, durch quirlige Dörfer voller fröhlicher, gastfreundlicher Menschen in bunten Kleidern, durch leuchtend grüne Reisfelder und Palmenhaine, vorbei an riesigen Stauseen und imposanten Felsen konnte auch ich mich von der Faszination dieses einmaligen Ortes gefangen nehmen lassen. Dabei hatte ich zunächst nur eine ziemlich wage Vorstellung von den Ausmaßen der alten Hauptstadt, von der Abdul Razzaq, ein Reisender aus Persien im Jahre 1443 sagte:

„Ich sah eine riesige, wundervolle Stadt mit ihren zahllosen Einwohnern und einen gerechten und Ehrfurcht gebietenden König, dessen Reich sich über Tausende von Meilen ausdehnte. Die verschiedenen Teile seines Imperiums entwickelten sich allesamt prächtig, und er besaß etwa dreihundert Häfen. Zu seinem Hofstaat gehörten tausend Elefanten von der Größe eines Berges und dem Ausdruck eines Dämons. Es war die Stadt Vijayanagara...., und es gibt keinen vergleichbaren Ort auf dieser Welt.“

Als ich zum ersten Mal selbst das Ausgrabungsareal betrat, begann ich zu verstehen, was dieser Reisende einst gefühlt und gemeint haben musste. Man braucht nicht viel Fantasie, um sich auszumalen, wie unsagbar beeindruckend diese Stadt in ihrer

Blütezeit gewesen sein muss. Von einem der noch recht gut erhaltenen Gebäude am Eingang zu den königlichen Palästen aus versuchte ich, mir einen allgemeinen Überblick zu verschaffen, was aber schon daran scheiterte, dass sich die Ruinen nicht nur bis zum Horizont, sondern bis weit darüber hinaus erstrecken.

So war ich dann zwei ganze Tage lang unterwegs in der „Stadt des Sieges", und wenn mir dafür kein Wagen zur Verfügung gestanden hätte, wäre es selbst in dieser Zeit unmöglich gewesen, auch nur annähernd zu begreifen, welche Kunstwerke, Schätze und Geheimnisse dieser Ort dem aufmerksamen Besucher bietet. Diese zwei Tage wurden für mich zu einer Atem beraubenden Entdeckungsreise in eine vergangene Epoche, die ich so bald wie nur möglich wiederholen und weiter ausdehnen werde.

Besonders interessant erschienen mir zu Beginn die zahlreichen Legenden, die davon berichteten, dass in Vijayanagara einst die Hindus ihren „Göttern" begegnet sind. Immerhin wird das Gelände noch heute in das „Königliche Zentrum" und das „Heilige Zentrum" unterteilt.

Bereits auf der Fahrt zu den Ausgrabungsstätten waren mir die gewaltigen und bizarr erscheinenden Felsformationen überall entlang des Weges aufgefallen, welche die Stadt umgeben und auf seltsame Art schon von weit her den Weg dorthin zu weisen scheinen. Nun stellte ich fest, dass sich diese riesigen Granitbrocken, die oft so unwirklich übereinander gestapelt sind, dass sie allen Gesetzen der Physik zu trotzen scheinen und an einen Spielplatz von Riesen oder vielleicht sogar an gewisse gewaltige Markierungen denken lassen, auch überall innerhalb der Stadt und zwischen den Ruinen befinden.

Bei ihrer näheren Betrachtung überraschten mich die eindeutigen Bearbeitungsspuren auf fast jedem dieser Steine, klare Hinweise auf regelmäßige Einschnitte und sogar Bohrungen. Die Kanten einiger Felsbrocken ähnelten dem äußeren Rand von Zahnrädern und irgendjemand hatte wohl einst versucht, sie zusammenzufügen. Aber wer sollte die Kraft haben, das bei dieser Größe und bei dem enormen Gewicht der Felsen zu bewerkstelligen? Selbst der stärkste Kran unserer heutigen Zeit stünde damit sicher vor einem gewaltigen Problem.

Aber es sollte noch spannender werden. Wie in der Gegend um Mahabalipuram in Tamil Nadu, wie auf der Mittelmeerinsel Malta und an zahllosen anderen Orten der Erde wiesen auch diese gigantischen Felsbrocken vollkommen glatte und teilweise sogar verglaste Schnittflächen auf. Wie diese zustande kamen, blieb bis heute ein Rätsel. Die einzige denkbare Lösung, welche mir dazu einfiel, war die, dass die Steine zur Zeit ihrer Bearbeitung weich gewesen sein mussten und jemand so etwas wie ein riesiges Messer angesetzt hatte. Eine solche Vermutung findet ihre Bestätigung in zahlreichen lokalen Legenden.

Noch unter dem Einfluss der zyklopischen Steinbearbeitungen stehend, erreichte ich schließlich eine Plattform, von der aus man einen herrlichen Überblick über den Bereich der alten Tempel von Vijayanagara hat. Aber schon nach den ersten Schritten stutzte ich. Hier musste es sich um zwei nebeneinander und teilweise sogar übereinander angeordnete Anlagen handeln. Mein einheimischer Führer bestätigte diesen Eindruck, aber die unterschiedlichen Materialien und Baustile genügten eigentlich schon für sich als Beweis dafür, dass hier mindestens zwei verschiedene Architekten aus vollkommen unterschiedlichen Epochen ihre Visitenkarten hinterlassen hatten.

Auch hier, wie an so vielen anderen bekannten Kulturstätten, wurden die deutlich älteren und viel dauerhafteren Bauwerke mit einer weitaus komplizierteren Bautechnik aus gewaltigen Monolithen errichtet, während die neueren Abschnitte aus einzelnen Steinen gemauert und viel anfälliger gegen natürlichen Verfall und schädliche Umwelteinflüsse sind. Wie lässt sich die Tatsache erklären, dass die früheren Bauherren die schwierigeren und selbst heute kaum nachvollziehbaren Baumethoden wählten, während ihre Nachfolger Generationen später anscheinend nicht mehr über das dafür nötige Wissen und heute rätselhaften Technologien verfügten?

Bevor ich weiter über diese Fragen nachdenken konnte, fiel mir etwas ins Auge, das ich hier an diesem Ort mitten im Süden des indischen Subkontinents niemals erwartet hätte: Die älteren Tempel der riesigen Anlage trugen Aufsätze, die in ihrer Form eindeutige Abbilder der mittelamerikanischen Maya-Pyramiden sind. In einem der Tempel stieß ich dann sogar noch auf eine Wandzeichnung, welche die verschiedenen Pyramidenformen der einzelnen Kontinente in einem einzigen Symbol zu vereinen scheint. Was wollten die Erbauer damit sagen? Soll uns dieses Symbol einen Hinweis auf die schon vor Jahrtausenden bestehenden Verbindungen zwischen den Völkern und Kontinenten dieser Erde geben und uns zeigen, dass es einst Hochkulturen gegeben hat, die der unseren ebenbürtig oder sogar überlegen waren?

Der indische Architekt Ganapati Sthapati entdeckte in alten Schriften, die sich mit dem Thema „Vastu“ – der vedischen Architektur – beschäftigten, Hinweise auf Verbindungen nach Mesoamerika. Als Begründer der vedischen Architektur und Astronomie wird Maya Danava genannt. Er entwickelte ein mathematisch begründetes System der Architektur, das in Indien bis heute sowohl beim Bau von Häusern als auch bei der Konstruktion von Tempeln Verwendung findet. Den Überlieferungen des alten Indien zufolge soll Maya Davana in der Zeit zwischen 10.000 und 3.000 v. Chr. gelebt haben.

Jenseits aller Legenden erbrachte die Expedition des Architekten Sthapati nach Mexiko im Jahr 1995 eindeutige Hinweise für Kontakte zwischen den Bewohnern der Maya-Reiche und den drawidischen Kulturen Südindiens. Die Maya-Tempel tragen nicht nur den Namen des Schöpfers der vedischen Architektur, sondern wurden auch nach den gleichen mathematischen Formeln und geometrischen Gesetzmäßigkeiten errichtet. Das südindische Maß der „Kushku-Elle“ findet sich vor allem in der mexikanischen Region *Kishku* wieder. Neben architektonischen Parallelen weisen auch linguistische Übereinstimmungen auf einen Kontakt Maya Danavas oder seiner Nachfolger mit der Maya-Kultur hin. Das Wort „Citrambalam“ beispielsweise, das so viel wie „heiliger Raum“ bedeutet, hatte in Alt-Mexiko die gleiche Bedeutung wie im drawidischen Indien.

Selbstverständlich wollte ich von meiner Entdeckung eine Fotodokumentation anfertigen. Durch den Sucher der Kamera bemerkte ich jedoch etwas, das mir den Atem stocken ließ und die Maya-Pyramiden noch übertraf: Am Fuße eines dieser Bauwerke lag – leicht angelehnt – ein schweres, gleicharmiges Kreuz aus Stein – das dem berühmten Kreuz der Templer zum Verwechseln ähnlich sieht!

Wie kommt ein solches „Templerkreuz" nach Indien? Gemäß der offiziellen Geschichtsschreibung waren die Templer niemals dort gewesen. Oder doch? Im ersten Augenblick wagte ich noch nicht, an eine tatsächliche Verbindung zu glauben, denn wenn es sie wirklich gab und sich eine solche Verbindung beweisen ließe, müsste zumindest ein Teil der mittelalterlichen Geschichte Europas und Asiens neu geschrieben werden. Lag dieses Kreuz also nur zufällig dort?

In Laufe meiner weiteren Untersuchung der Tempel und Ruinen stieß ich auf so viele eindeutige Beweise, dass ich schließlich jeden Zweifel oder Zufall völlig ausschließen konnte. Im Innenhof eines Tempels fand ich mehrere gewaltige Steinplatten, die mit einem Relief verziert waren, in dessen oberer linker Ecke sich wiederum das Tatzenkreuz der Templer befindet, und selbst die Säulen sämtlicher erhaltener Tempel – und das übrigens nicht nur in Vijayanagara – beinhalten bei genauerem Hinsehen in der Mitte nach allen Seiten hin sichtbar das Symbol dieses Geheimnis umwitterten Ordens.

Die Krönung dieser Entdeckungen bildete dann ein weiteres Templerkreuz als Bestandteil einer Darstellung des damaligen Lebens – mitten in einer vollkommen realistisch abgebildeten Jagdszene. Hier war es direkt eingearbeitet in das alte Kunstwerk – und das gut erhalten und eindeutig erkennbar. Spätestens an dieser Stelle wurden auch meine allerletzten Zweifel beseitigt. Die Künstler, die der Nachwelt so realistische und unverkennbare Abbildungen von den Menschen, Tieren und Landschaften ihrer Zeit hinterlassen haben und auf deren beeindruckenden Reliefs nicht ein einziges, winziges Detail sinnlos oder überflüssig ist, haben ganz gewiss nicht ausgerechnet dieses Templerkreuz ohne eine bestimmte Absicht in diese Szene einbezogen.

Aus dieser Schlussfolgerung entstanden sofort neue Fragen. Nach dem bisherigen Kenntnisstand der Historiker hat es keinerlei Verbindungen zwischen dem Orden der Tempelherren und Indien gegeben. Doch wenn man bedenkt, dass nach den Erkenntnissen einiger indischer Historiker wie Dr. M. S. Nagaraja Rao die Geschichte Vijayanagaras sogar bis in das 1. Jahrhundert vor unserer Zeitrechnung zurück reicht, so erscheint ein Kontakt zwischen den Rittermönchen und den Angehörigen der mittelalterlichen Hindu-Kultur zumindest theoretisch denkbar.

Bestätigt werden diese Vermutungen durch einige Legenden, die noch heute unter der Bevölkerung in den indischen Bundesstaaten Kerala, Karnataka und Maharashtra kursieren. Diese Legenden berichten von weißen bärtigen Männern, die lange Zeit vor den Portugiesen von Westen auf großen Schiffen über den Ozean kamen. Sie sollen von den einheimischen Herrschern die Erlaubnis erhalten haben, sich im Lande niederzulassen, und allmählich in der Bevölkerung aufgegangen sein. Es heißt, dass die fremden Einwanderer zur Zeit der ersten Moghulherrscher ins Land kamen. Dies würde auf eine Periode am Ende des 13. oder zu Beginn des 14. Jahrhunderts hindeuten.

In Europa gab es nur ein einziges Land, in dem die Templer nicht verfolgt wurden: Portugal. Nachdem der Orden durch einen Beschluss des Konzils von Vienne am 3. April 1312 aufgelöst worden war, wandelte der portugiesische König die Gemeinschaft der Templer in seinem Land in den so genannten Christusorden um. Dieser Orden übernahm später die Verwaltung der portugiesischen Kolonien und existierte bis zum Anfang des 20. Jahrhunderts als weltlicher Verdienstorden mit drei Klassen. Auch die von König Heinrich dem Seefahrer in Sagres gegründete nautische Forschungsanstalt wurde vom Christusorden verwaltet. Vasco da Gama, der „Entdecker Indiens", gehörte dem Christusorden an. Auch seine Schiffe segelten auf den Expeditionen von 1498 und 1502 / 1503 unter dem roten Tatzenkreuz. Während die Templer 200 Jahre vor ihm selbst als Verfolgte in der Hoffnung auf Zuflucht nach Indien kamen, hegte Vasco da Gama ganz andere Absichten. Doch lassen wir den portugiesischen Christusritter selbst berichten:

„Wir segelten in fünfzehn Tagen über den großen Golf (den Indischen Ozean) und sahen am 21. August des Jahres 1502 das Land Indien. An dem Lande entlang nach Arabien liegt die Stadt Mekka, wo Mohammed begraben liegt. Wir fuhren vorbei an einer Stadt namens Goa. Da ist ein König, der achttausend Pferde und siebenhundert Elefanten für die Schlacht gerüstet hat. Jede Stadt hat dort ihren eignen König. Wir nahmen vor der Stadt Goa vierhundert Schiffe, schlugen die Bemannung tot und verbrannten die Schiffe.

Am 11. September sind wir dann in das Königreich Kanamer gekommen. Da warteten wir die Schiffe von Mekka ab. Das sind die Schiffe, die die Spezierein (Gewürze) in unser Land bringen. Wir wollten sie vernichten, damit der König von Portugal allein die Spezerein holen kann.

Am 27. Oktober kamen wir in das Königreich Kalikut. Da legten wir uns mit unserer Macht vor die Stadt, kämpften drei Tage lang, fingen viel Volks und hängten sie an die Schiffsrahen.

Am 2. November fuhren wir an eine Stadt namens Cuschin (das heutige Conchin), und zwischen den beiden Städten liegt die Christenstadt Cranaganur. Die Christen sind gute Christen, sie treiben an Heiligentagen keinen Kauf und Verkauf und essen und trinken auch mit niemandem, außer mit Christen. Sie kamen auf unsere Schiffe und bewirteten uns aufs beste.

In Cuschin gingen wir an Land, um mit dem König zu verhandeln. Unsere Herren haben mit dem König über Handel und Spezereien gesprochen. In der Stadt Kulang kamen viele Christen und brachten uns zwei Schiffe mit Spezereien. Es sind der Christen wohl 25.000. Sie zahlen eine Kopfsteuer wie bei uns die Juden."

Aus dem Bericht Vasco da Gamas geht eindeutig hervor, dass es an der Westküste Indiens bereits größere christliche Gemeinden gab, die friedlich mit den Hindus lebten. Da Vasco da Gama diese Glaubensbrüder als *gute Christen* bezeichnet, handelte es sich um Anhänger der katholischen Glaubensrichtung des Christentums. Hätte es sich um äthiopische, koptische oder gar orthodoxe Christen gehandelt, wäre der Portugiese vorsichtiger mit seiner Wortwahl gewesen. Das Logbuch Vasco da Gamas bezeugt also, dass das Christentum katholischer Prägung den Indern bereits vor der „offiziellen“ Entdeckung ihres Landes durch die Portugiesen vertraut war. Da ihnen auch die Tatzenkreuze auf den Segeln der portugiesischen Schiffe bekannt waren, können diese Umstände als weitere Indizien für die These gelten, dass die Templer bereits 200 Jahre vor Vasco da Gama Indien erreichten und hier sesshaft wurden.

Verbindet man nun die Erkenntnisse des Historikers Jaques de Mahieu über den Aufenthalt der Templer in Mittelamerika mit den Aufzeichnungen Vasco da Gamas und den Entdeckungen von Vijayanagara, so ergibt sich daraus eine faszinierende Hypothese.

Wenn die Templer kurz vor ihrem endgültigen Untergang in Europa 18 Schiffe zur Verfügung hatten, um ihr herausragendes geheimes Wissen in Form von Aufzeichnungen oder Daten, egal welcher Art, fern von der Heimat in Sicherheit zu bringen, wäre es dann sinnvoll gewesen, alle 18 Schiffe in die gleiche Richtung zu lenken? Eigentlich ist es doch viel logischer anzunehmen, dass diese Elite ihrer Flotte in zwei oder vielleicht sogar in drei Gruppen aufgeteilt wurde, die mit jeweils einem Teil der kostbaren Fracht völlig verschiedene Himmelsrichtungen ansteuerten. Schließlich wussten die Templer genau, dass ihre Feinde ihnen dicht auf den Fersen waren und dass sie ganz sicher auch auf dem Meer weiter verfolgt werden würden. Sie konnten also nicht ausschließen, dass ein Teil der Flotte aufgebracht und vernichtet werden würde, wie es im Mittelmeer dicht unter der italienischen Küste auch durchaus geschehen ist.. Hätten es Menschen ihrer Intelligenz in dieser Situation tatsächlich riskiert, alle Schiffe gemeinsam zum gleichen Ziel aufbrechen zu lassen? Ganz gewiss nicht!

Wir wissen seit der Recherche de Mahieus zwar mit ziemlicher Sicherheit, dass einige der verschollenen Galeassen die mittelamerikanische Küste erreicht haben müssen, doch wie erklären wir dann die eindeutigen Hinweise auf die Anwesenheit der Templer in Südindien? Ist vielleicht ein anderer Teil der Flotte nach Osten gefahren, hat schließlich den Subkontinent angesteuert und in Vijayanagara einen Unterschlupf, ein neues Zuhause und sicher auch gelehrige und wissbegierige Schüler gefunden? Sind wir heute endlich reif dafür, die uns dort von den Templern hinterlassenen Hinweise zu verstehen? Haben wir dann auch den Mut, die Geschichte umzuschreiben und zu korrigieren? Bleiben wir also neugierig und halten wir die Augen offen! Auch in unserer scheinbar so nüchternen Zeit birgt unsere Welt noch unendlich viele Geheimnisse, die es zu enträtseln lohnt. Manchmal erzählen uns uralte Steine die aufregendsten Geschichten, wenn wir ihnen nur aufmerksam zuhören – so wie in Vijayanagara.

Nach diesem Exkurs über den möglichen Exodus der letzten Templer nach Mittelamerika und Indien wollen wir nun wieder zum Schauplatz des Geschehens in Südfrankreich zurückkehren.

Während überall in Frankreich die Angehörigen des Ordens gefangen genommen und gefoltert wurden, blieben einige wenige Templer auf freiem Fuß – die Besatzung der Festung von Le Bezu. Über diese merkwürdige Tatsache ist viel spekuliert worden, doch möglicherweise findet sich eine recht einfache Erklärung. Den Le Bezu befehligte im Jahr 1307 ein Seigneur de Got. Er war verwandt mit Betrand de Got – dem früheren Erzbischof von Bordeaux und zu jener Zeit amtierenden Papst Klemens V. Die Mutter dieses Papstes hieß Ida de Blanchefort und war eine Nachkommin jenes Betrand de Blanchefort, der 1156 die deutschen Bergleute nach Okzitanien geholt hatte. Möglicherweise war der Papst also Mitwisser jenes Geheimnisses geworden, das die Blanchforts bis zum Tod von Marie de Negre im Jahr 1781 hüteten. Unter diesen Umständen erscheint es durchaus möglich, dass der Papst bei Philipp IV. Schonung für seinen Verwandten und die anderen Templer vom Le Bezu erwirkte.

Doch weder der Papst noch König Philipp wagten es, an dieses Geheimnis zu rühren, und das, obwohl Philipp der Schöne – wie er auch genannt wurde – alles daran setzte, den Templerorden nicht nur in seinem Land, sondern in ganz Europa zu vernichten. Doch selbst bei der intensiven Suche nach dem „Schatz“ der Templer wurden die unter Betrand de Blanchefort am Le Bezu angelegten Minen nicht wieder geöffnet.

Könnte dies damit zusammenhängen, dass König und Papst wussten oder zumindest ahnten, was sich hinter den vermauerten Stolleneingängen befand, und das es besser war, nicht daran zu rühren?

Betrachtet man dann die Aussagen von Cesar d' Arcons aus dem 17. Jahrhundert, so stellt man rasch fest, dass sich der Bergbauingenieur über den Charakter der von den deutschen Bergknappen ausgeführten Tätigkeiten selbst nicht recht schlüssig war. Eisenerz war in erheblichen Mengen eingeschmolzen und eine merkwürdige unterirdische Anlage errichtet worden.

Es sei an dieser Stelle noch einmal daran erinnert, dass alle Hüter des Geheimnisses von Rennes-le-Chateau es stets vorgezogen haben, sich vor Ort niederzulassen. Dieses „Geheimnis“ war also nichts, was man hätte einfach bergen und an jeden beliebigen Ort verbringen können. Es handelte sich also weder um Gold noch um Silber oder edle Steine. Es war kein Heiliger Gral, keine außerirdische Manna-Maschine und es waren auch keine brisanten Bücher oder sonstigen Dokumente.

Dennoch investieren etliche Persönlichkeiten und Institutionen sehr viel Geld, um in den Besitz dieses Geheimnisses zu gelangen, wie das Beispiel der Zahlungen an Berenger Sauniere und seine Mitverschworenen beweist.

Das Adelshaus Blanchefort, die Templer, die Habsburger, der Vatikan, jene mysteriöse Geheimgesellschaft, die sich das Priorat von Zion nennt, die SS während der Zeit des III. Reiches und heute Baron Edmond de Rothschild oder der französische Staat – sie kannten oder ahnten zumindest das Geheimnis von Rennes-le-Chateau.

Vielleicht lässt sich der Charakter dieses Geheimnisses ergründen, indem man nach dem Bindeglied zwischen so verschiedenen Organisationen wie dem Priorat von Zion und der SS oder zwischen dem Vatikan und dem Haus Habsburg sucht.

Ein solches Bindeglied existiert durchaus. Es ist das uneingeschränkte Streben nach Macht und letztlich nach der Weltherrschaft.

Die **römische Kurie** ist eine *ecclesia catholica* – also eine Kirche mit einem universellen Anspruch, der die zumindest geistliche Weltherrschaft mit einschließt.

Das **Haus Habsburg** führt den Sinnspruch AEIOU im Wappen – *Austria est imperari orbi universo* – Österreich soll den ganzen Erdkreis beherrschen.

Das **Priorat von Zion** propagiert die theokratische Herrschaft eines Nachkommens der Merowingerdynastie als Priesterkönig über Europa und den Rest der Welt.

Das **III. Reich** sollte *Tausendjähriges* werden und die Welt beherrschen – dem Schwarzen Orden der SS, der sich auch am Vorbild der Templer orientierte, war dabei eine führende Rolle zugedacht.

Auch heutige französische Politiker von Format – so der verstorbene Staatspräsident Francois Mitterand und sein Nachfolger Jaques Chirac – haben Rennes-le-Chateau jeweils zu Beginn ihrer Amtszeiten einen Besuch abgestattet. Ihnen schloss sich der deutsche Bundeskanzler Gerhard Schröder an, der nach dem Wahlsieg seiner SPD bei den Bundestagswahlen 1998 noch vor seiner offiziellen Ernennung zum Bundeskanzler nichts Eiligeres zu tun hatte, als nach Paris zu fliegen, um seinen Freund Jaques Chirac zu treffen. Diese Gelegenheit soll er ebenfalls zu einem kurzen „informellen" Besuch in Rennes-le-Chateau genutzt haben. Kein Wunder, sollte man meinen, da Deutschland und Frankreich doch die beiden *führenden Länder* der Europäischen Union sind.

Das Geheimnis von Rennes-le-Chateau hat also stets Personen und Organisationen angezogen, die nach der Maximierung ihrer persönlichen Macht streben; die letztlich so etwas wie *Gottähnlichkeit* wollen. Ist das Geheimnis von Rennes-le-Chateau also eine übernatürliche Macht – eine Macht, die nicht von dieser Welt ist?

Kehren wir kurz zu jenen deutschen Bergleuten zurück, die im Auftrag der Templer um 1156 im Valleè de Bezu jene merkwürdige unterirdische Anlage errichteten. In Anbetracht des Charakters ihrer Tätigkeit ist anzunehmen, dass die Templer etwas, das sich bereits im Valleè de Bezu befand – etwas Außergewöhnliches, unter Umständen vielleicht sogar Gefährliches –, für Unbefugte unzugänglich machen wollten. Man bedenke die kryptische Warnung in den von Pfarrer Sauniere aufgefundenen Pergamenten, dass *„dieser Schatz der Tod ist"*.

Solche Gefühle mögen auch Berenger Sauniere bewegt haben, als er mehr als 700 Jahre später auf das Vermächtnis der Templer stieß. In seiner Dorfkirche ließ er die Statue Asmodis aufstellen, des Hüters der verborgenen Schätze und Geheimnisse. In vielen Arbeiten über Rennes-le-Chateau ist zu lesen, wie Schrecken erregend diese Statue auf die Besucher der Kirche wirken soll.

Doch bei näherer Betrachtung der Fotodokumente scheint der Dämon eigentlich eher selbst erschrocken, ja geradezu entsetzt zu sein. Mit vor Angst geweiteten Augen und offenem Mund starrt er auf den Boden der Kirche, als fürchte er sich panisch vor etwas da unten, tief unter den Hügeln und Tälern des Rhazes. Wovor?

Vor etwas, das völlig außerhalb der menschlichen Erfahrung liegt, das so ganz anders ist – vor einer gewaltigen Macht, die nicht von unserer Welt stammt?

Geht man davon aus, dass die Templer unter Betrand de Blanchefort im 12. Jahrhundert etwas auch für sie unter Umständen Bedrohliches, auf jeden Fall aber Fremdes unzugänglich machen wollten, so lässt sich dabei am ehesten an einen Eingang denken – ***den Eingang zu einer anderen Welt***.

X. Das Tor zur Zukunft

Diese andere, fremde Welt muss nicht zwangsläufig in einer parallelen Dimension existieren. Sie könnte sogar unsere Welt der Zukunft sein – jedenfalls nach den physikalischen Modellen eines Stephen Hawking oder Burkhardt Heim. Auf diesen Denkansatz werde ich weiter unten in diesem Kapitel noch eingehen.

Bei dem Eingang könnte es sich aber auch um einen Weg in die Innere Erde handeln. Die These von der Existenz einer Inneren Erde besagt vereinfacht, dass wir auf der Außenseite einer ca. 1.600 km bis 2.000 km starken Erdschale leben. Durch diese Schale nun ziehen sich zahllose Gänge und Höhlensysteme, die teils natürlichen Ursprungs und teils künstlich geschaffen sind. Über sie ist ein Zugang zur Inneren Erde möglich. Außerdem soll es im Bereich der beiden Pole je eine riesige Öffnung in der Erdkugel geben.

Die Innere Erde ist ebenso beschaffen wie unsere äußere Erde. Es gibt dort Meere, Kontinente, Flüsse und natürlich Leben. Beleuchtet wird die Innere Erde durch eine Zentralsonne, die im Mittelpunkt der Erdschale schwebt. Bevor der geschätzte Leser nun zur Auffassung gelangt, dass jemand, der eine hohle Erde für möglich hält, selbst auch hohl im Kopf sein muss, seien an dieser Stelle einige Tatsachen dargelegt, die mit einer Inneren Erde durchaus in Zusammenhang gebracht werden können.

Bereits Homer berichtete von Höhlen im antiken Griechenland, die zu einer vom Hades – dem unterirdischen Totenreich der Griechen – verschiedenen subterranen Welt führten. Eine dieser Höhlen ist die von Ntavelis. Dort sei es auch möglich gewesen, Kontakt zu Wesen aufzunehmen, die im Innern der Erde leben. Es sind die Angehörigen einer Zivilisation, die älter ist als die Menschheit und älter als die Welt, wie wir sie kennen.

Im Jahr 1901 unternahmen französische Geologen den Versuch, die Größe der Erde genauer zu berechnen. Bei ihren Experimenten kamen sie zu dem Ergebnis, dass das Zentrum der Gravitation nicht wie bis dahin vermutet mitten in der Erdkugel liegen muss, sondern sich in einer Tiefe von lediglich etwa 600 km lokalisieren lässt. Amerikanische und später chinesische Wissenschaftler, welche den Versuch der Franzosen wiederholten, kamen zu gleichen Ergebnissen.

Das *TIME Magazine* berichtete in einer Ausgabe des Jahres 1993 über einen unterirdischen Kontinent unter Island. Auch der *Scientific American* bestätigte diese Entdeckung in einem Artikel, der etwa sechs Monate später erschien. Die Existenz dieses Kontinentes war zufällig festgestellt worden im Ergebnis geologischer Messungen, die eigentlich zur Auswertung eines chinesischen Atombombenversuchs bestimmt waren.

Etwa Mitte der siebziger Jahre erschienen in der Weltpresse Meldungen über merkwürdige Höhlenstädte am nordöstlichen Karakorum-Sattel im nordindischen Bundesstaat Kaschmir. Vor mehr als 10.000 Jahren, so hieß es in den Berichten, seien bei einem Erdbeben drei große Städte, etwa dreißig Siedlungen sowie eine Anzahl kleiner Dörfer von Bergrutschen verschüttet worden. Von diesen Städten und Siedlungen sollen zahlreiche Hohlräume unter den Gesteinsmassen erhalten geblieben sein. Diese Kavernen wurden dann von den Überlebenden unter Ausnutzung natürlicher Hohlräume zu einem System von Verbindungsgängen und Belüftungsschächten ausgebaut. Nach indischen und tibetischen Aufzeichnungen, auf die sich die Presseberichte berufen, gibt es sechs Zugänge zu diesem System. Diese Eingänge sollen aber außer den Bewohnern der unterirdischen Städte nur dem Dalai Lama bekannt sein. In Tibet und Kaschmir wird jener Ort als die *Goldene Stadt Takla Makan* bezeichnet.

Solche Legenden von einem verborgenen Paradies sind im fernen Osten wohlbekannt. In frühen buddhistischen Schriften taucht dieser Ort unter dem Namen Chang Shambhala auf und wird als Quelle antiker Weisheit beschrieben. Das Wissen um seine Existenz war einstmals in Asien weit verbreitet. Aus China ist überliefert, dass es im Kunlun-Gebirge ein Tal geben soll, wo Unsterbliche in nicht gekannter Harmonie lebten. Indische Legenden berichten von Kalapa, einem Ort, an dem vollkommene Menschen zu Hause sein sollen. Aus dem alten Russland sind Berichte bekannt, nach denen man nur den Weg der Tatarenhorden in die Mongolei zurückverfolgen müsse, um nach „Belovodye“ zu gelangen, wo heilige Menschen – getrennt vom Rest der Welt – im „Land der Weißen Wasser“ lebten.

Den Bewohnern dieser Reiche wurde neben einem hohen moralischen und gesellschaftlichen Entwicklungsniveau sowie einer auch für unsere Maßstäbe hoch entwickelten Technik vor allem eine außergewöhnliche geistige und spirituelle Reife nachgesagt.

Zu allen Zeiten hat es Menschen gegeben, denen es vergönnt war, in dieses verborgene Reich der Rishis oder Mahathmas – der „Großen Seelen“ – vorzudringen. Zu den bekanntesten Forschern, denen dieser Schritt gelang, zählt die Familie Roerich. Nicholas Roerich, ein begnadeter russischer Maler, Philosoph und unermüdlicher Arbeiter für einen wahrhaft Welt umspannenden Frieden, seine Frau Helena – Medium für den Rishi oder Meister Morya – sowie ihr gemeinsamer Sohn George, der später Professor an der renommierten Yale-Universität wurde, unternahmen in den Jahren 1925 bis 1928 eine groß angelegte Expedition durch Indien, China und die Mongolei bis zu den Grenzen von Tibet. Im Ergebnis dieser Reise veröffentlichten die Roerichs mehrere Bücher – eines trug den Namen *Shambhala*.

Für Nicholas Roerich war Shambhala das Symbol des kommenden Weltfriedens. Alles, was er auf seiner Expedition in Indien, China und der Mongolei aus erster Hand lernte, integrierte er in seine eigene Weltanschauung. Die Expedition der Roerichs hatte eine tiefe spirituelle, vielleicht sogar magische Dimension und damit verbunden auch eine politische Aufgabe. Über das Ziel seiner Suche notierte Roerich in seinem Reisetagebuch: „Shambhala selbst ist der heilige Ort, an dem sich die irdische Welt mit den höchsten Bewusstseinszuständen verbindet. Im Osten weiß man, dass es zwei Shambhalas gibt – ein irdisches und ein unsichtbares. Es ist viel über den Ort des irdischen Shambhala spekuliert worden. Gewisse Anzeichen verlegen diesen Ort in den extremen Norden, indem sie erklären, dass die Strahlen der Aurora Borealis die Strahlen des unsichtbaren Shambhala sind. Dies ist so jedoch nicht zutreffend. Das irdische Shambhala liegt nur von Indien aus gesehen nördlich. Daher ist es im Himalaja, im Pamir und Turkestan oder der zentralen Gobi zu suchen."

In seinen Schriften verband Roerich die Idee Shambhalas wiederum mit den Überlieferungen, die von den Rishis oder Mahathmas berichten und außerdem mit der Idee des unterirdischen Reiches von Agartha. Den Überlieferungen zufolge, mit denen die Roerichs in Indien und China in Berührung kamen, existiert unter den Plateaus von Zentralasien ein ausgedehntes Höhlensystem. Diese gewaltigen unterirdischen Kavernen werden noch heute von dem Volk der Chud von Agartha bewohnt, schrieb Roerich. In ganz Asien war er auf Erzählungen über diesen friedlichen und hoch zivilisierten Stamm gestoßen. Die Chud waren durch Angriffe kriegerischer Nachbarn gezwungen worden, unterirdisch Schutz zu suchen.

Der Reisende und Schriftsteller Ferdinand Ossendowski ergänzte in seinem bereits 1924 erschienen Buch *Tiere, Menschen und Götter* zum Thema Agartha folgendes:

„Das Land unter der Erde ist ein gewaltiges Königreich. Zu ihm gehören Millionen von Menschen. Sein Herrscher wird Rigden-Jyepo genannt – das heißt: der König der Welt. Dieser kennt alle Kräfte der Welt und vermag in den Seelen der Menschen und in dem großen Buch ihres Geschickes zu lesen. Dieses Königreich ist Agartha. Alle unterirdischen Völker und unter der Erde befindlichen Räume werden von Herrschern regiert, die Rigden-Jyepo untertan sind. In den Höhlen unter der Erde herrscht ein besonderes Licht, dem es zu verdanken ist, dass dort Getreide und Pflanzen gedeihen und die Menschen ein langes, von Krankheiten freies Leben führen können. Die Hauptstadt Agarthas ist von Städten umgeben, die von Hohepriestern und den Männern der Wissenschaft bewohnt sind. Wenn die wahnsinnige Menschheit der oberen Erde einen Krieg gegen das unterirdische Königreich beginnen sollte, so wäre dieses imstande, die ganze Oberfläche in die Luft zu sprengen und sie in eine Einöde zu verwandeln. Die Bewohner von Agartha können Meere trocken legen, Kontinente in Ozeane verwandeln und Berge zu Wüstenstaub werden lassen."

Dies schrieb ein Mann, der die Schrecken des Ersten Weltkriegs nur zu gut kannte!

Sollte nur ein Bruchteil der Aufzeichnungen von Ferdinand Ossendowski und Nicolas Roerich der Wahrheit entsprechen – und es gibt keinerlei rationalen Grund, an der Integrität beider Persönlichkeiten zu zweifeln – dann ergeben sich für denjenigen, dem es gelingt, Kontakt zu jener Zivilisation der Inneren Erde aufzunehmen, nahezu unvorstellbare Möglichkeiten. Verbündet mit Wesen, deren spiritueller, gesellschaftlicher und technischer Entwicklungsstand nach den vorliegenden Schilderungen dem unseren weit überlegen sein dürfte, würde demjenigen, der sich der Gefolgschaft Rigden-Jyepos versichern kann, eine Unterwerfung der Äußeren Erde durchaus möglich sein.

Nicht umsonst betrachtet Nicolas Roerich Rigden-Jyepo als Boten einer Neuen Epoche, der eine unbesiegbare Armee in den Kampf gegen die Mächte der Finsternis führen wird. Roerich identifizierte diesen Herren der Welt als Maitreya, den Letzten Avatar, welcher das Eiserne Zeitalter – das Kali-Yuga – zu Ende führt und zugleich das neue Krita oder Satya-Yuga – das kommende Goldene Zeitalter eröffnet.

Geradezu berüchtigt für mysteriöse Höhlen- und Tunnelsysteme ist Südamerika. Zahlreiche Eingänge zu diesen so genannten „Chinkanas" sind abgeriegelt worden. Der Zutritt wurde verboten, da schon etliche Abenteurer auf der Suche nach den sagenhaften Inka-Schätzen in den unerforschten Abgründen für immer verschwunden sind. Andere kamen mit schwerwiegenden psychologischen Schäden zurück. Aus ihren fragmentarischen Berichten geht hervor, dass sich diese Schatzsucher in den unterirdischen Labyrinthen mit Wesen konfrontiert sahen, die sie als „Schlangen-" oder „Echsenmenschen" beschrieben.

Solche Berichte mögen dem Normalbürger des Internet-Zeitalters absurd erscheinen, da er weder in der Schule noch in den Massenmedien je etwas darüber erfahren hat. In früheren Kulturen jedoch war das Wissen um die Existenz solcher Wesen Allgemeingut. Dieses Wissen hat sich nicht nur unter den Indios Südamerikas, sondern auch in Indien und in den Regionen des Himalaya bis zum heutigen Tag erhalten. Die Bevölkerung der betreffenden Gegenden kennt seit Menschengedenken nicht nur die Berichte über Shambhala oder Agartha, sondern weiß auch über die *Nagas* Bescheid, unterirdisch lebende „Schlangenmenschen". Diese Reptiloiden wurden und werden sogar von bestimmten Stämmen verehrt. Meist geschieht das aus einer archaischen Angst heraus, manchmal auch wegen bestimmter magischer Interessen. Viele Hindus wissen noch heute von den alten Legenden über die *Nagas*, die in ausgedehnten Höhlensystemen unter dem Himalaya leben sollen. Es heißt, dass diese Wesen mit Hilfe von mechanischen Apparaten, den so genannten Vimanas, auch fliegen können. Außerdem sollen sie über eine ungeheure Intelligenz und eine geradezu magisch anmutende Macht verfügen.

Die *Nagas* sind den Menschen nicht unbedingt wohl gesonnen, insbesondere dann nicht, wenn diese als Forscher oder Abenteurer in ihre unterirdischen Refugien eindringen. Die Hindu-Überlieferung weiß auch von sagenhaften Schätzen zu berichten, die in den Naga-Höhlen zu finden sind. Die Schlangenmenschen sollen über Jahrtausende hinweg edle Metalle und wertvolle Mineralien in ungeheuer großen Mengen angehäuft haben.

Doch nicht nur dem Hochplateau von Tibet und im Himalaya sollen sich unterirdische Reiche dieser Schlangenmenschen finden, sondern auch in Nordamerika. Die Hopi-Indianer wissen über sie Folgendes zu berichten:

„Die Echsenmenschen sind kaltblütig. Die Wärme der Emotion ist in ihnen nicht vorhanden. Sie suchen die Wärme außerhalb von sich selbst und können nur überleben, indem sie die Wärme vom Feuer und von anderen Wesen stehlen. Das ist die Lebensart des Reptils. Die Kinder des Reptils haben in der Geschichte der Menschheit ebenfalls ihre Spuren hinterlassen. Täuschung und Lüge, Angst und Aufruhr, das sind die Spuren, die verraten, dass die Kinder des Reptils am Werk waren. Sie versuchen, in die Welt der Sonne einzudringen, indem sie sich vom Feuer anderer Wesen ernähren. Vergesst dies nie! Haltet deshalb euer Feuer immer gut unter Kontrolle! Betrachtet die Spur des Reptils, und ihr stoßt durch alle Zeiten hindurch auf die Fälle größter Arglist und Irreführung. Es war die Schlange, die von den Menschen verehrt werden wollte. Und es war die Schlange, die nach des Menschen Seele griff. Diejenigen, die deine Emotionen, deinen Geist und deine Seele wollen – das sind die Kinder des Reptils."

Die Legenden der Hopi von den Echsenmenschen und die Berichte über die *Nagas* in Indien lassen an *Cthulhu*, *Yog-Sothoth* und all die anderen Geschöpfe der *Großen Alten* denken. Diese Wesen beschreibt der Schriftsteller H. P. Lovecraft in seinen Erzählungen als ein *„in uralten Tagen von den Sternen herabgestiegenes Gezücht"*. Ihnen widmete er sein ganzes literarisches Schaffen. Lovecraft wird heute zu den Vätern der Fantastischen Literatur gerechnet. Dennoch drängt sich die Vermutung auf, er habe die Schriftstellerei nur als ein Ventil genutzt, um sich das namenlose Grauen von der Seele zu schreiben, mit dem er irgendwann einmal in seiner Jugend konfrontiert wurde und das ihn sein ganzes Leben lang begleiten sollte.

Howard Phillips Lovecraft wurde am 20. August 1890 in Providence, Rhode Island, geboren. Er stammte aus einfachen Verhältnissen. Nach einer unauffälligen Kindheit und Jugend begann Lovecraft, der sich in seiner Autobiografie als einen „mechanischen Materialisten" bezeichnete, das Leben eines Sonderlings zu führen, der Kontakte mit der Außenwelt scheute und der mit seinen Freunden und mit Autorenkollegen in den USA und Europa fast nur schriftlich verkehrte. Er starb am 15. März 1937. Sein hinterlassenes Werk ist nicht umfangreich. Zu seinen Lebzeiten erschien nur ein einziges Buch – „Der Schatten über Innsmouth", das 1936 veröffentlicht wurde. Etwa 40 Kurzgeschichten und 12 Erzählungen publizierte Lovecraft in verschiedenen Magazinen, vor allem in der Zeitschrift *Weird Tales* (Unheimliche Geschichten). Sein Biograph Giorgio Manelli schrieb über ihn: *„Lovecraft will kein Visionär sein, sondern ein Chronist des Grauens, ein Chronist der Unterwelt. Lovecraft hat einen besonderer Ehrgeiz kultiviert – es ist die Erfindung einer Mythologie, die Beschreibung eines geschlossenen, totalen Universums; ein vielleicht überfordernder, jedenfalls aber großzügiger Ehrgeiz eines außerordentlichen Schriftstellers."*

Seine grundlegende Idee, dass der Mensch sich fürchtet vor dem Unbekannten und Unheimlichen aus den unermesslichen Tiefen des Universums, verwendete Lovecraft erfolgreich bei der Schöpfung seiner Cthulhu-Mythologie. Es ist durchaus bedenkenswert, ob Lovecraft Jahrzehnte vor Autoren wie Erich von Däniken oder Robert Charroux den Kontakt mit einer außerirdischen Zivilisation nur aus einem „großzügigen Ehrgeiz" heraus postulierte, oder ob seine Erzählungen reale historische Vorbilder haben. Der Cthulhu-Mythos jedenfalls ist die Wiederbelebung uralter Sagen und Dämonengeschichten wie etwa der Legenden über die Nagas und die Echsenmenschen, in einem kosmischen Rahmen. Lovecraft beschreibt eine Rasse außerirdischer Wesen, die vor Jahrmillionen die Erde beherrschten. Er nennt sie

„Große Alte“. Diese Wesen zogen sich später laut Lovecraft in andere Dimensionen zurück, doch sie sind noch existent und warten auf den geeigneten Augenblick, die Erde erneut zu besiedeln. Sie sind jedoch vollkommen anders als alles, was sich menschliche Phantasie je ersinnen könnte. Deshalb ist der Kontakt mit diesen Wesen für Menschen Verderben bringend. Menschen sterben oder verfallen dem Wahnsinn, wenn sie in das wahre Antlitz der „Großen Alten“ schauen. Dabei beschreibt Lovecraft diese fremden Wesen nicht als grundsätzlich böse, sondern als so anders geartet, dass ein Kontakt mit ihnen für Menschen eben nicht gut ist.

Woher aber bezog Lovecraft die Ideen für seinen Cthulhu-Mythos? Immer wieder taucht in seinen Werken ein geheimnisvolles, verbotenes Buch auf, das von den unheimlichen Sternengöttern der Vorzeit kündet. Lovecraft bezeichnet dieses Buch als *Necronomicon*, was sich am besten mit „Buch der Toten Namen“ übersetzen lässt. Dieses *Necronomicon* soll nach Lovecraft von einem arabischen Autor mit Namen Abdul Alhazred um 700 n. Chr. verfasst worden sein. Der Originaltitel des Werkes lautet *Al Azif*, was mit „Die Insektenwesen“ übersetzt werden kann. Lovecraft fasste die Geschichte des *Necronomicon* und seines Autors selbst zusammen:

„Abdul Alhared, ein verrückter Dichter aus Sanaa in Jemen, der während der Zeit der Omajiden-Kalifen wirkte, suchte die Ruinen von Babylon und die unterirdischen Geheimnisse von Memphis auf. Er lebte zehn Jahre lang allein in der großen südarabischen Wüste, dem Roba El Khaliyeh oder „Leeren Raum“ der antiken oder „Dahna“ oder „Karmesinroten Wüste“ der heutigen Araber, die von bösen Schutzgeistern und Ungeheuern des Todes bewohnt sein soll. Von dieser Wüste erzählt man sich unter denen, die so tun, als wären sie zu ihr vorgedrungen, viele seltsame und unglaubliche Wunder. In seinen letzten Lebensjahren ließ sich Alhazred schließlich in Damaskus nieder, wo das Necronomicon (Al Azif) geschrieben wurde. Von seinem Tod oder Verschwinden (738 n. Chr.) erzählt man sich die entsetzlichsten und widersprüchlichsten Dinge. Ebn Challikan (ein Biograf aus dem 12. Jahrhundert) behauptet, er sei am hellichten Tag von einem unsichtbaren Ungeheuer ergriffen und vor den Augen einer großen Zahl vor Schreck erstarrter Zeugen verschlungen worden. Über seinen Wahnsinn ist so manches in Umlauf. Er behauptete, das märchenhafte Irem oder die Stadt der Säulen gesehen und in den Ruinen einer gewissen Stadt ohne Namen in der Wüste die erschreckenden Annalen und Geheimnisse einer Rasse entdeckt zu haben, die älter ist als die Menschheit. Er war nur ein indifferenter Moslem und verehrte Wesenheiten, die er Yog-Sothoth oder Cthulhu nannte.

Um 950 n. Chr. wurde das Azif, das unter den Philosophen der Zeit beträchtliche, wenn auch heimliche Verbreitung gefunden hatte, von Theodorus Philatus in Konstantinopel unter dem Titel Necronomicon heimlich ins Griechische übersetzt. Ein Jahrhundert lang regte es gewisse Schwarzkünstler zu entsetzlichen Versuchen an, bis es von dem Kirchenvater Michael unterdrückt und verbrannt wurde. Danach hörte man nur noch verstohlen von ihm, doch fertigte Olas Wormius in der Folge im Mittelalter (1228) eine lateinische Übersetzung an und der lateinische Text wurde zweimal gedruckt – einmal im fünfzehnten Jahrhundert in Fraktur (offensichtlich in Deutschland) und einmal im siebzehnten (vielleicht spanischen Ursprungs). Beide

Ausgaben enthalten keine bibliographischen Angaben und lassen sich nur anhand von typographischen Merkmalen im Innern Raum und Zeit festlegen. Das Werk, sowohl die lateinische wie die griechische Ausgabe, wurde 1232 von Papst Gregor IX. unmittelbar nach der Übersetzung ins Lateinische auf den Index gesetzt, was Aufmerksamkeit auf das Buch lenkte. Schon zur Zeit des Wormius ging das arabische Original verloren, worauf er in seiner einleitenden Erklärung hinweist. Von der griechischen Ausgabe, die zwischen 1500 und 1550 in Italien gedruckt wurde, hat man nicht gehört, dass sie irgendwo aufgetaucht wäre. Eine von Dr. Dee angefertigte Übersetzung blieb ungedruckt und ist nur in Bruchstücken erhalten, die vom ursprünglichen Manuskript gerettet wurden. Von den noch jetzt existierenden lateinischen Texten weiß man, dass sich ein Exemplar (aus dem fünfzehnten Jahrhundert) im British Museum befindet, ein weiteres wird in der Bibliothèque Nationale in Paris aufbewahrt. Exemplare aus dem 17. Jahrhundert befinden sich in der Widener Bibliothek in Harvard, auch in der Bibliothek der Universität von Buenos Aires gibt es eines. Unzählige andere existieren versteckt... Das Buch wird von den Behörden der meisten Staaten unbarmherzig unterdrückt, ebenso von allen Religionsgemeinschaften. Seine Lektüre führt zu entsetzlichen Folgen..."

Zahlreiche Literaturhistoriker und Philologen haben sich angestrengt bemüht, das sagenumwobene *Necronomicon* als Ausgeburt von Lovecrafts lebhafter Phantasie darzustellen. Dennoch fand dieses Werk seinen festen Platz in der okkulten Literatur. Es hat vor allem Beschwörungsformeln zum Inhalt, die dazu dienen sollen, den „*Großen Alten*" Tore im Raum und in der Zeit zu öffnen, um sie wieder auf die Erde zurückkehren zu lassen. Dies würde dann allerdings das Ende der menschlichen Zivilisation bedeuten. Ob es ein historisches Vorbild für Lovecrafts *Necronomicon* gab, konnte bislang nicht abschließend geklärt werden. Dennoch dürfte die Beschäftigung mit uralten Dokumenten und Überlieferungen die Ursache für Lovecrafts merkwürdigen Lebenswandel und für seine seltsame Angst vor der Außenwelt gewesen sein. Dieses verbotene Buch scheint das Symbol für ein ebenso uraltes wie erschreckendes Wissen zu sein, von dem Lovecraft Kenntnis erhalten hatte.

Als Quelle für Lovecrafts Informationen kommt Lord Dunsany, ein großzügiger Förderer Lovecrafts, in Frage. Der irische Adlige war bekannt für sein außerordentliches Interesse an okkulten Geheimnissen und ein Vertrauter des Dichters W. B. Yeats. Lord Dunsany verfasste auch selbst zahlreiche fantastische Erzählungen, die eine ganz eigenständige Mythologie zum Inhalt haben. Es steht außer Frage, dass er einen wesentlichen Einfluss auf das literarische Schaffen des jungen Lovecraft ausübte. Dies belegt eindrucksvoll ein 1922 von Lovecraft verfasster Aufsatz, in dem er Lord Dunsany als „*den vielleicht originellsten und fantasievollsten unter den derzeit lebenden Autoren*" bezeichnet. Lord Dunsany gehörte nicht nur zu dem illustren Künstlerkreis um W. B. Yeats und Claude Debussy, sondern war auch des öfteren zu Gast bei Berenger Sauniere in Rennes-le-Chateau.

Liegt hier also das wirkliche Geheimnis Rennes-le-Chateaus? Hatte Berenger Sauniere so wie vor ihm die Familie Blanchefort und die Templer Kontakt zu jenen unterirdischen Wesen, seien es nun die reptiloiden Nagas oder die Zivilisation von

Agartha? Verkaufte er dieses Geheimnis seinen adligen Gönnern, dem Priorat von Zion und als ebenso traditionell wie monarchistisch gesinnter Priester auch seinem Dienstherrn – dem Vatikan – als er begriff, dass diese Institutionen – das Haus Habsburg, die römische Kurie und vor allem das mächtige Priorat von Zion – mit Unterstützung jener Zivilisation der Inneren Erde durchaus in der Lage sein könnten, auf der Äußeren Erde eine Herrschaftsform zu errichten, von der auch Berenger Sauniere träumte? Die uneingeschränkte theokratische Herrschaft einer kleinen, mit beinahe übernatürlichen Kräften ausgestatten Elite nach dem Vorbild der merowingischen Priesterkönige oder der ägyptischen Pharaonen – zunächst über Europa und langfristig über die gesamte „zivilisierte Welt".

Dass dieser Plan letztendlich wohl am Widerstand der Bewohner der Inneren Erde scheiterte, die nicht gesonnen waren, sich in einen Machkampf auf unserer Welt hineinziehen zu lassen, steht auf einem anderen Blatt.

So größenwahnsinnig die hier skizzierte Vorstellung der absoluten Weltherrschaft einer kleinen Elite auf den ersten Blick auch scheinen mag, schimmert dabei doch nur allzu deutlich der Archetypus des „Weisen Herrschers" durch, nach dem sich nicht nur Berenger Sauniere, sondern auch viele seiner Zeitgenossen in der zunehmenden Orientierungslosigkeit des *fin de siecle* sehnten.

Betrachten wir nun die Welt des ausgehenden zwanzigsten Jahrhunderts, so lässt sich nur allzu leicht feststellen, wie wenig verschieden sie von der Welt vor einhundert Jahren ist. Eine schleichende, dafür aber tief greifende Verunsicherung im beruflichen und privaten Bereich greift immer weiter um sich. Es ist die Angst vor dem sozialen Abstieg, die Ohnmacht, dem scheinbar alles beherrschenden Marktsystem als Einzelner hilflos ausgeliefert zu sein. Das Wegbrechen aller Traditionen, bedingt durch die ständig rücksichtsloser vorangetriebene Globalisierung und eine schon längst nicht mehr beherrschbare, geschweige denn kontrollierbare Informationsflut, erzeugen ein Gefühl von Orientierungs- und Heimatlosigkeit, das sich leicht zu einer dumpfen Angst vor der Zukunft verdichtet.

Ist unter diesen Aspekten der Plan des Priorats von Zion wirklich so größenwahnsinnig? Würden nicht auch die meisten von uns jene „Weisen Herrscher" jubelnd begrüßen, wenn diese nur für ausreichende soziale Sicherheit sorgten? Würden nicht Einbußen der persönlichen Freiheit hingenommen werden für die Gewissheit, wieder gebraucht zu werden im Dienste einer scheinbar großartigen Idee oder Vision?

Alle bislang erwähnten Berichte über Zugänge in die Innere Erde beziehen sich jedoch auf den asiatischen oder amerikanischen Raum. Es überrascht den Leser aber sicher nicht, wenn sich ganz ähnliche Augenzeugenberichte und Legenden auch in der Pyrenäen finden.

Der Historiker Louis Fedie hat darüber einiges an Material in seinem 1880 erschienen Buch *Le Comte du Rhazes* zusammengetragen. Obwohl sich sein Werk vor allem mit der Geschichte und dem Werdegang der Grafen von Rhazes beschäftigt, versäumt es der landeskundige Fedie nicht, seine Leser auch auf allerlei Merkwürdigkeiten im Tal der Aude und dem Valleè de Bezu hinzuweisen. So sollen sich nach Fedie in dem beschriebenen Gebiet mehrere Eingänge zu einem riesigen unterirdischen Tunnelsystem befinden. Diese Höhlen sind zum Teil natürlichen Ursprungs, andere Abschnitte wurden künstlich geschaffen. Die Größe des gesamten Systems konnte nach Fedie noch nicht bestimmt werden, da sich zahlreiche Höhlen und Kavernen in unbekannte Tiefen fortsetzen. Wie der Historiker weiter berichtet, soll in diesem unterirdischen Labyrinth, das von einem seltsamen Licht erfüllt wird, ein hoch entwickeltes Troglodytenvolk wohnen, das zwar um unsere Welt weiß, sich aber von ihr fernhält. Fedie vergleicht diese humanoiden Höhlenbewohner, die in der Lage sein sollen, weit über die normale menschliche Lebensspanne hinaus zu existieren, mit dem legendären Volk der weißäugigen Tschuden. Die Tschuden bewohnen angeblich große Höhlensysteme im Gebiet des heutigen Sibirien.

In der Bibliothek des geologischen Instituts von Archangelsk ist das Tagebuch eines russischen Geologen einsehbar, der von seltsamen Begegnungen mit den letzten Überlebenden der Tschuden im Gebiet der Steinigen Tunguska in den fünfziger Jahren berichtet. Während seines Aufenthalts in einem gigantischen unterirdischen Höhlenlabyrinth entdeckte der Geologe die Ahnenreihe der Herrscher der Tschuden, welche bis zu seltsamen humanoiden Geschöpfen zurück reichte, von denen die Tschuden ihre Abstammung herleiteten. Die tschudischen Partner des Geologen behaupteten, dass jene Urväter der Tschuden noch am Leben seien in einem unterirdischen Reich, das von unserer physischen Realität durch subtile Mauern getrennt sei. Sie nannten dieses Reich Agartha.

Louis Fedie lokalisiert in seinem *Le Comte du Rhazes* die Eingänge zu jener unterirdischen Welt recht genau. Einer dieser Zugänge befindet sich demnach sogar mitten in Rennes-le-Chateau! Von den unterirdischen Gewölben des Chateaus d' Hautpoul nimmt der Gang seinen Verlauf zunächst durch einige kleinere natürliche Höhlen, bis er in jenes ausgedehnte unterirdische Tunnelsystem mündet, das nach Fedie zur Heimat des geheimnisvollen Troglodytenvolkes führt. Das Schloss von Hautpoul ist seinerseits durch einen unterirdischen Gang mit der Krypta der Grundherren von Rennes unter der kleinen Kirche des Ortes verbunden. Dies geht aus den Gemeinderegistern des 17. Jahrhunderts hervor.

Als Berenger Sauniere im Verlauf der Arbeiten an seiner Kirche im Jahr 1891 auf die Krypta der Grundherren von Rhedae stieß, könnte er von dort aus auch einen Zugang in die Innere Welt entdeckt haben. Da Sauniere den Eingang zur Krypta jedoch wieder vermauern ließ, kann er bei seinen Forschungen unter der Kirche nicht allzu weit gekommen sein. Möglicherweise ist der Verbindungsgang zwischen dem Chateau d' Hautpoul und der Kirche eingestürzt oder anderweitig unpassierbar.

Einen weiteren Eingang zum Höhlensystem der Troglodyten beschreibt Louis Fedie in der Nähe von Le Bezu. Dies dürften vermutlich jene Grotten und unterirdischen Galerien gewesen sein, auf welche die Templer bei ihren Bauarbeiten an der Burg von Le Bezu stießen und die dann bei dem Einsatz der deutschen Bergleute sorgfältig verschlossen worden sind.

Auch bei der Ausbeutung der Silberminen am Mont Blanchefort scheinen die Bergknappen ein wenig zu tief gegraben zu haben und auf Gänge gestoßen zu sein, die in jenes unterirdische System führten. Die Minen am Mont Blanchefort wurden wohl deshalb schon Mitte des 12. Jahrhunderts aufgegeben, obwohl sie noch nicht erschöpft waren, wie Cesar d'Arcons bei seinen Studien im 17. Jahrhundert feststellte. Die Eingänge sämtlicher Stollen wurden ebenso verschlossen, wie es mit den Höhlen am Le Bezu geschah.

Louis Fedie weiß von insgesamt zwölf verschiedenen Eingängen in diese nichtmenschliche Unterwelt. In der Nähe des natürlichen Kromlechs von Rennes le Bains befindet sich ein solcher Zugang, weitere im Lavaldieu und bei dem Aven von Les Lagastous, südlich Rennes-le-Chateaus. Alle diese unterirdischen Galerien treffen an einer bestimmten Stelle unter dem Tal von Boudous zusammen, wo sich der eigentliche Eingang zum Labyrinth der Troglodyten befinden soll. Die von Fedie erwähnten Zugänge sind alle zu Fuß von Rennes-le-Chateau aus bequem innerhalb weniger Stunden zu erreichen. Dieser Umstand würde auch die ausgedehnten Wanderungen von Berenger Sauniere und seine häufigen Tagesausflüge in die Umgebung des Dorfes erklären.

Für das in „Le Comtè du Rhazes" beschriebene Höhlensystem finden sich in der Nähe von Rennes-le-Chateau und Le Bezu weitere Hinweise. Fedie hatte in seinem Buch bereits bemerkt, dass ein Teil der unterirdischen Höhlen eingestürzt sei. In der Tat gibt es südlich von Rennes-le-Chateau – in unmittelbarer Nähe des in den sechziger Jahren von des Ausgräbern des Barons Edmond de Rothschild abgetragenen Berges – einen recht auffälligen Bergschaden. Dieser Begriff bezeichnet eine geologische Formation, die durch den Einsturz einer natürlichen Höhle oder eines künstlich gegrabenen Stollens entsteht. Der Bergschaden bei Rennes-le-Chateau dürfte durch den Einbruch eines riesigen unterirdischen Saales ausgelöst wurden sein. Darauf deutet jedenfalls die heute sichtbare, große trichterförmige Vertiefung hin. Diese merkwürdige Formation trägt den Namen „Le Casteillas". Auch im Valleè de Bezu, in der Nähe der Ruinen von La Jacotte findet sich ein nahezu identischer Bergschaden. Beide Formationen sind allerdings recht alt. Sie müssen bereits vor mehreren Jahrhunderten entstanden sein.

Der Boden des Rhazes ist allerdings auch heute noch in Bewegung, wie ein Ereignis aus jüngerer Vergangenheit beweist. Am späten Abend des 7. Juni 1903, zwischen 22.30 Uhr und Mitternacht, erschütterte ein lang anhaltendes unterirdisches Grollen die Gegend um eine „La Pique" genannte Felsspitze etwa drei Kilometer südöstlich von Rennes-le-Chateau. Am nächsten Morgen stellten die Bauern der Umgebung fest, dass an der Ostflanke von La Pique auf mehreren hundert Quadratmetern der Boden in einem Bergrutsch nachgegeben hatte. Auch dort musste eine der zahlreichen unterirdischen Galerien zusammengestürzt sein.

Sofern man akzeptiert, dass Berenger Sauniere wirklich Kontakt zur Zivilisation der Inneren Welt hatte, musste er seinen Auftraggebern – dem Priorat von Zion, den Habsburgern und dem Vatikan – auch glaubhaft machen, dass eine Koalition mit diesen fremden Wesen den angestrebten Weltherrschaftsplänen dieser Institutionen auch wirklich förderlich war.

Es gibt in der Tat Überlieferungen, die davon erzählen, dass Wesen aus der Inneren Erde tatsächlich in unserer Welt aktiv gewesen sind.

Bereits aus dem Jahr 1845 datiert ein Bericht, der eine bewaffnete Auseinandersetzung zwischen Großbritannien und der Inneren Erde überliefert. Damals wurde ein in der Beringstraße kreuzendes Schiff der Royal Navy von Kriegern angegriffen, die ein Volk der Inneren Erde angehört haben sollen. Der Angriff fand in der Nähe einer kleinen Insel statt, die sich nur auf Seekarten des betreffenden Gebietes findet. Nähere Angaben für den Grund des Angriffs wurden nicht gemacht.

Auch auf der Expedition von Nicolas Roerich kam es zu einem – diesmal allerdings friedlichen Kontakt – mit Vertretern der Inneren Erde. Die Roerichs und ihre Begleiter wurden im Distrikt von Kukunor am 5. August 1927 Zeugen einer geradezu klassischen UFO-Sichtung. Dies geschah immerhin zwanzig Jahre vor dem „offiziellen" Beginn des Phänomens mit der Sichtung von mehreren unbekannten Flugobjekten durch den amerikanischen Geschäftsmann und Sportflieger Kenneth Arnold im Jahr 1947. Während Arnold die gesichteten Objekte mit der unglückseligen Bezeichnung „fliegende Untertassen" belegte, und damit das Phänomen von Anfang an der Lächerlichkeit preisgab, schrieb Roerich sehr sachlich:

„Wir alle sahen, wie sich etwas Großes und Glänzendes, die Sonne reflektierend, in einer Richtung von Nord nach Süd, wie ein riesiges Oval mit hoher Geschwindigkeit bewegte. Als es unser Lager überquerte, änderte es seine Richtung von Süd nach Südwest. Wir sahen, wie es im tiefblauen Himmel verschwand. Wir hatten noch Zeit, unsere Feldstecher zu nehmen, und sahen ganz deutlich eine ovale Form mit glänzender Oberfläche, eine Seite von der Sonne bestrahlt."

Der einheimische Führer von Roerichs Expedition, ein tibetischer Lama, bemerkte zu dieser Sichtung: „Ein sehr gutes Zeichen. Wir werden beschützt. Rigden-Jyepo selbst achtet auf uns."

Auch die deutsche Asienexpedition des Dr. Ernst Schäfer von 1938 soll Zeuge ähnlicher Ereignisse geworden sein. In Anbetracht dieser Tatschen scheint die Annahme gerechtfertigt, dass es sich bei dem Großteil der alljährlichen UFO-Sichtungen höchstwahrscheinlich nicht um außerirdische Intelligenzen, sondern um Flugscheiben aus dem Innern der Erde handelt – aus Agartha, Shambhala oder wie man die unterirdischen Reiche auch immer bezeichnen will. Für diese Hypothese spricht ebenfalls das außerordentlich große Interesse, welches die Besatzungen der fremden Flugobjekte für die Entwicklung der Menschheit und der Erde hegen. Sofern sie tatsächlich aus den Tiefen des Alls kämen, bestünde für sie kein nachvollziehbarer Grund, immer öfter die Menschheit vor einem kollektiven Selbstmord durch einen weltweiten Krieg oder eine hausgemachte Umweltkatastrophe zu warnen. Wenn unsere Zivilisation aber durch ihr leichtsinniges oder besser gesagt, größenwahnsinniges Spielen mit den Kräften der Natur auch an dem Ast sägt, auf dem zugleich mit uns jene Wesen aus der Inneren Erde sitzen, dann bestünde tatsächlich

Handlungsbedarf für Rigden-Jyepo und die Legenden über den Herrn der Welt erscheinen plötzlich in einem neuen, brandaktuellen Licht.

Dass die Bewohner der Inneren Erde sich im Ernstfall sehr gut zu verteidigen vermögen, zeigt ein Beispiel aus der jüngsten Vergangenheit. Am 30. Januar 1995 kam es wieder einmal zu einem Grenzkonflikt zwischen den beiden Ländern Peru und Ecuador.

Die Ursache dafür war der nie ganz geklärte Grenzverlauf zwischen den beiden Ländern. In dem umstrittenen Urwaldgebiet soll es angeblich reiche Goldminen geben. Der heutige Grenzverlauf wurde am 30. Januar 1947 von einer Kommission festgelegt, die sich aus Vertretern der USA, Mexikos, Ecuadors und Perus zusammensetzte. Im Nachhinein behaupteten die Ecuadorianer dann, von den USA einseitig unter Druck gesetzt worden zu sein, so dass sie den Vertrag nicht anerkannten.

Der Konflikt weitete sich zu militärischen Aktionen aus, die schließlich zu einem regelrechten Krieg eskalierten, der auf beiden Seiten Dutzende Todesopfer forderte. Doch nach knapp drei Wochen zogen sich beide Seiten plötzlich auf ihre Ausgangspositionen zurück und beendeten die militärischen Auseinandersetzungen mit einem Waffenstillstand. Obwohl beide Kriegsparteien den jeweiligen Gegner beschuldigten, „neue, vernichtende Waffen" eingesetzt zu haben, beanspruchten sowohl Peruaner als auch Ecuadorianer den Sieg für sich. Merkwürdig ist dann jedoch, dass keine der angeblich „siegreichen" Mächte ihre Truppen in dem beanspruchten Gebiet stationierte. Doch eben dort befinden sich glaubwürdigen Berichten aus der Kolonialzeit zufolge ebenfalls Eingänge zu gewaltigen unterirdischen Höhlensystemen, vergleichbar den so genannten „Chinkanas" in Peru.

Die Tunnel im Grenzgebiet zwischen Ecuador und Peru werden mit unterirdisch lebenden Völkern in Zusammenhang gebracht. Es kann also durchaus sein, dass die peruanischen und ecuadorianischen Söldner bei ihren Grenzgefechten diesen Eingängen zu nahe kamen und von Streitkräften aus der Inneren Erde zurückgeschlagen wurden. Dies würde auch den „Einsatz neuer, tödlicher Waffen" erklären, den sich die Kriegsparteien wechselseitig vorwarfen.

Doch nicht nur in den Dschungeln Südamerikas, sondern auch in Okzitanien dürfte eine Begegnung mit den fremden Wesen der Inneren Welt uns heute noch genauso möglich sein, wie sie dem Priester Berenger Sauniere vor mehr als einhundert Jahren möglich war.

Es gibt außer den erwähnten Überlieferungen des Louis Fedie und den merkwürdigen geologischen Strukturen in der Umgebung von Rennes-le-Chateau noch weitere merkwürdige Vorfälle, die vielleicht Indizien dafür sein können, dass Vertreter einer innerirdischen Zivilisation im Gebiet um Rennes-le-Chateau aktiv waren und es vielleicht noch immer sind. Diese Indizien sind jedoch so geartet, dass sie auch für eine andere Interpretationsvariante sprechen können, die ich zu Anfang des Kapitels bereits angedeutet habe. Vielleicht befindet sich bei Rennes-le-Chateau nicht nur ein Tor zur Inneren Erde, sondern ein Tor zur Zukunft.

Monsieur Henri Buthion, der bis 1993 Eigentümer der Besitzungen von Berenger Sauniere war, vertraute mir in einem persönlichen Gespräch im Jahre 1992 an, dass in der Nacht vom 13. zum 14. Oktober eines jeden Jahres über dem Pic de Bugarach seltsame Leuchterscheinungen zu beobachten sind. Der Pic de Bugarach ist ein 1.230 m hoher Berg, der sich etwa ein Dutzend Kilometer südöstlich von Rennes-le-Chateau erhebt. Er beherrscht mit seiner eindrucksvollen Silhouette die Landschaft ringsum.

Zahlreiche Sagen ranken sich um den Pic de Bugarach. So soll einer Legende nach auf dem Berg die biblische Arche erbaut worden sein. Natürlich gibt es auch hier Berichte, nach denen die Katharer ihren sagenhaften Schatz irgendwo am Berg versteckt haben sollen. In der Oktobernacht, in der sich jene merkwürdigen Lichterscheinungen zeigen, soll eine Geisterprozession auferstandener Tempelritter, von der alten Templerburg Le Bezu kommend, schweigend und unheimlich zum Pic de Bugarach ziehen, um dort in dem riesigen unterirdischen Labyrinth einer Mine zu verschwinden, die bereits in grauer Vorzeit angelegt worden sein soll.

Der Bericht über dieses Tunnelsystem dürfte einer genaueren Nachprüfung durchaus wert sein, denn auch am Fuß des Pic de Bugarach ließen sich in den letzten Jahren einige großflächige Bergschäden feststellen, die davon zeugen, dass hier erst vor kurzer Zeit unterirdische Säle und Gewölbe eingestürzt sein müssen.

Weiterhin ist bemerkenswert, dass einige Forscher den Pic de Bugarach mit dem Berg Sinai vergleichen. So verwundert es sicherlich nicht, dass auch jüdische Organisationen wie zum Beispiel die Großloge B'NAI BRITH und sogar Institutionen des Staates Israel ein auffällig starkes Interesse an Rennes-le-Chateau und dem Pic de Bugarach zeigen. Anlässlich eines so genannten „Großen Grals-Seminars“, welches regelmäßig Anfang Oktober eines jeden Jahres stattzufinden scheint, äußerte 1994 mir gegenüber ein jüdischer Besucher des Ortes, der Pic de Bugarach sehe dem Berg Sinai tatsächlich täuschend ähnlich. Dieser Mann stellte sich anschließend als Kulturattachè des Staates Israel in Frankreich vor.

Auch Monsieur Buthion hatte mir versichert: „Auf dem Berg Sinai stieg der HERR zu den Menschen herab. Wenn Sie zu den GÖTTERN hinaufsteigen wollen, dann gehen Sie auf den Pic de Bugarach!“

Jene Leuchterscheinungen, die sich zeitweise über dem Berg manifestieren, sind geradezu klassische UFO-Phänomene. 1978 wollen bis zu 200 Zeugen stark strahlende, scheibenförmige Objekte über dem Berg gesehen haben. Es wurden jedoch auch schon dreieckige und trapezförmige Flugkörper beobachtet. Einige Zeugen der damaligen Sichtung sind sich absolut sicher, dass etliche dieser Flugobjekte am Berg auch niedergingen und dort auf mysteriöse Weise verschwanden. Die lokale Gendarmerie will damals „Landespuren“ in Form von Bodenverfärbungen in geometrischen Mustern und kreisrunden verbrannten Grasflächen sichergestellt haben.

Ich beobachtete in den Jahren 1995 bis 1999 jeweils in der fraglichen Oktobernacht den Pic de Bugarach. Wenn sich auch das beeindruckende Schauspiel von 1978 nicht wiederholte, so konnte ich doch feststellen, dass sich am Berg eine Art

Aura oder Energiefeld manifestiert. Die geschieht in Form eines Lichtgewitters, das an intensives Wetterleuchten erinnert. Diese Leuchterscheinungen setzten jeweils gegen 21.00 Uhr ein und dauerten teilweise bis in die frühen Morgenstunden.

Meine Anfragen bei meteorologischen Stationen in Perpignan und Montpellier ergaben, dass in den fraglichen Nächten im Gebiet des Rhazes keine Gewitter auftraten, so dass atmosphärische Ursachen der Leuchterscheinungen ausgeschlossen werden können. Tatsächlich ergaben vergleichende Beobachtungen im Juni 1996 und im Mai 1998, dass die Leuchterscheinungen offensichtlich an die Örtlichkeit und auch den genannten Zeitpunkt geknüpft sind. Im Juni 1996 wurde ebenso wie im Mai 1998 keine Aktivität am Pic de Bugarach verzeichnet. Somit dürften auch piezoelektrische Phänomene als Ursache des Lichtgewitters ausscheiden.

Während der Beobachtungen in den Oktobernächten 1995, 1996 und 1999 sichtete ich am Pic de Bugarach ebenfalls tennisballgroße, orange bis rubinrot leuchtende Flugkörper jeweils nach Mitternacht für eine Zeit von ca. 5 bis 8 Minuten. Struktur und Flugverhalten dieser Leuchterscheinungen waren vollkommen verschieden von dem nächtlichen Erscheinungsbild eines konventionellen Helikopters oder Flugzeugs.

Als weiteres Phänomen ist das in der Nacht vom 13. zum 14. Oktober 1995 gesichtete starke Leuchten zu nennen, welches von der Bergspitze La Pique Grosse von 00.35 Uhr bis ca. 00.40 Uhr ausging. Das weiße Licht war sehr intensiv und erinnerte an sogenannte „Lichtkanonen“ oder einen Flakscheinwerfer. Mein Wagen, der sich zu dieser Zeit ca. 2.500 Meter Luftlinie von La Pique Grosse entfernt befand, wurde von diesem Licht angestrahlt und taghell beleuchtet. Bemerkenswert an dieser Leuchterscheinung war, dass der Lichtstrahl fast keine Streuung aufwies, sondern im Gegenteil regelrecht scharf abgegrenzt war, was an die von UFO-Phänomenen her bekannten „Solid Lights“ denken lässt. Weiterhin war zu beobachten, dass dieses Licht in einem bestimmten Rhythmus pulsierte, der die Assoziation von Morsezeichen weckte. Da ich den Pic de Bugarach bereits seit den späten Nachmittagsstunden des 13. Oktober 1995 beobachtet hatte, lässt sich auch mit an Sicherheit grenzender Wahrscheinlichkeit die Möglichkeit ausschließen, dass sich auf dem unwegsamen Gipfel der La Pique Grosse zu der genannten Zeit Menschen aufhielten, die durch die Anwendung von lichtstarken Handscheinwerfern oder ähnlichen Geräten das beschriebene Lichtphänomen hätten verursachen können.

Neben der Sichtung dieser nächtlichen Lichter ist noch ein Erlebnis bemerkenswert, das ich im Herbst 1999 in der Nähe des natürlichen Kromlechs von Rennes-les-Bains hatte. Passiert man den Kromlech auf einem schmalen Pfad in Richtung Osten, so erreicht man nach etwa 800 Metern den Zugang zu einer Höhle. Der Eingang zu dieser unterirdischen Galerie ist aufgrund der Vegetation vor allem in der warmen Jahreszeit sehr schwer aufzufinden. Doch die Höhle lohnt den Aufwand der schwierigen Suche. Sie ist außergewöhnlich, weil sich hier ein merkwürdiges akustisches Phänomen beobachten lässt. Je tiefer man in die Unterwelt eindringt, desto stärker werden seltsame Laute hörbar. Sie erinnern an Geräusche, die von mächtigen

Generatoren verursacht werden. Außerdem lassen sich Vibrationen wahrnehmen, so wie sie ein großer Verbrennungsmotor, etwa ein schweres Dieselaggregat, verursachen könnte. Zuweilen wurde von Besuchern der Höhle – auch von mir – auch ein matter, grünlicher Lichtschein wahrgenommen, der aus dem tiefsten Innern der Kaverne zu dringen scheint. Die Licht- und Geräuschphänomene sind seit geraumer Zeit bekannt und wurden sogar durch Videoaufzeichnungen dokumentiert. Sie fanden dennoch bis heute keine hinreichende Erklärung.

Mein Erlebnis bezieht sich jedoch nicht unmittelbar auf die Höhle, sondern auf das Gebiet zwischen ihr und dem Kromlech von Rennes-les-Bains. Dort waren meine Begleiter für Fotoaufnahmen zurückgeblieben, während ich die Höhle erkundete. Während ich mich in der Höhle aufhielt, waren für mich die eben beschriebenen Geräusche und Lichtphänomene wahrnehmbar. Auf dem Rückweg sollte ich meine Begleiter wieder am Kromlech treffen. Gemeinsam wollten wir dann zu unseren Fahrzeugen zurückkehren. Als ich zu der vereinbarten Zeit am Kromlech erschien, war niemand von meinen Begleitern zu sehen. Ich suchte und rief ihre Namen – vergeblich. Während ich zwischen den natürlichen Menhiren umherkletterte, fiel mir auf, dass es hier still war, zu still. Totenstill. Im herbstlichen Wald sang kein Vogel, kein Windhauch bewegte die Äste der Bäume. Alles schien wie in Watte verpackt zu sein. Selbst meine Schritte auf dem feuchten Walboden verursachten keinerlei Laut. Auf meine Rufe antwortete kein Echo. Sie schienen in der Luft zu ersticken. Nachdem ich den gesamten Kromlech abgesucht und nach meiner Meinung dabei mindestens eine halbe Stunde verloren hatte, setzte ich meinen Weg zu den geparkten Fahrzeugen fort, in der Annahme, dass meine Begleiter dort bereits auf mich warten würden. Doch bei den Fahrzeugen war niemand. So blieb mir nichts anderes übrig, als wieder zu dem Kromlech zurückzukehren. Die merkwürdige Stille war inzwischen von der Landschaft abgefallen. Im Wald schrie dann und wann ein Eichelhäher oder eine Krähe, unten murmelte der Sals-Fluss und ein leichter Wind ließ feine Nässeschauer von den Ästen der Bäume rieseln. Hinter einer Wegbiegung hörte ich die Stimmen meiner Begleiter. Sie erzählten mir, dass sie eine halbe Stunde vergeblich am Kromlech auf mich gewartet hätten. Das war eigentlich unmöglich, da ich ihnen bei meinem Rückweg geradenwegs hätte in die Arme laufen müssen. Meine Erklärung, dass ich den ganzen Kromlech abgesucht hätte, glaubte mir natürlich keiner. Während wir über die Zeit sprachen, kam jemand auf die Idee, unsere Uhren zu vergleichen. Meine Uhr ging als einzige fast zwanzig Minuten nach. War ich also nur wegen einer fehlerhaften Zeitanzeige nicht rechtzeitig am vereinbarten Treffpunkt erschienen? Wieso aber war ich dann eher als meine Begleiter, deren Uhren „richtig“ gingen, bei unseren Fahrzeugen gewesen? Wieso hatte ich meine Gefährten nicht am Kromlech bemerkt, wo sie doch dort auf mich warteten? Wieso hörte ich nicht schon dort ihre Stimmen und sie nicht mein Rufen? Könnte es also sein, dass wir in zwei verschiedenen Realitäten aneinander vorbei gegangen sind, bis sich dieser „Zeitriss“ wieder schloss und wir uns wieder in einem gemeinsamen Raum-Zeit-Gefüge befanden?

Es ist fast überflüssig zu erwähnen, dass Gangungenauigkeiten selbst modernster Uhren auch am Pic de Bugarach auftreten und dort ebenso wie am Kromlech von Rennes-les-Bains Funktelefone fast ebenso häufig versagen wie Bündelfunk oder CB-Geräte.

Die Atmosphäre dieser Orte lässt an den Bericht des Arztes Dr. M. Doreal denken. Er will 1931 am Mount Shasta – einem erloschenen Vulkan in Kalifornien – eine Stadt im Stil der Maya-Kultur entdeckt haben. Für einige Stunden war Dr. Doreal damals in dieser fremden Welt Gast geheimnisvoller Wesen, von denen sich die Einheimischen erzählen, dass sie am Mount Shasta ein- und ausgingen und zuweilen in strahlend bläulichen Blitzen verschwinden. Diese Fremden nannten ihre Stadt „Telos".

Solche Berichte lassen erkennen, dass an bestimmten Orten unserer Erde sonderbare Feldzustände herrschen, die offenbar von einer Auflockerung des Raum-Zeit-Gefüges herrühren. Dann kommt es zur Unterbrechung von Telefon- und Funkverbindungen, zum Ausfall von Zündmechanismen von Kraftfahrzeugen sowie zu Phänomenen, die wir eigentlich nur aus dem Bereich der Paraphysik kennen. So werden beispielsweise belebte und unbelebte Objekte psychokinetisch beeinflusst. Ferner treten häufig auch Zeitanomalien auf, wie ich sie bereits beschrieben habe. Es kann für die von solchen Phänomenen Betroffenen zu „Zeitausfällen" kommen, die zwischen wenigen Minuten und einigen Tagen liegen. Gelegentlich wird auch über erstaunliche Zeitkontraktionen berichtet. Die sind Fälle, in denen Menschen – ganz ähnlich wie bei Träumen – innerhalb von Sekunden Erlebnisse hatten, die ihrem Gefühl nach mehrere Stunden oder sogar noch länger dauerten.

Dies sind ernst zu nehmende Hinweise darauf, dass es in unserem scheinbar festen Raum-Zeit-Gefüge durchaus Schwachstellen oder Löcher geben kann, die den Übergang zu anderen Welten oder auch in die Zukunft bzw. die Vergangenheit unserer Erde ermöglichen. Ob diese Veränderungen im Raum-Zeit-Gefüge natürlicher Art sind oder von einer wie auch immer gearteten Intelligenz manipuliert werden, vermag ich noch nicht abschließend zu beurteilen.

Die Gebiete am Pic de Bugarach und am Kromlech von Rennes-les-Bains stellen offenbar solche Übergangsstellen aus unserer Realität in ein anderes Raum-Zeit-Gefüge dar und ebenso Orte, an denen man unter bestimmten Dingen Geschehnisse aus der Zukunft wahrnehmen kann. Mit Sicherheit benutzte Berenger Sauniere wie seine Vorgänger diese Orte, um ein Wissen zu erwerben, das er dann auf seine ganz eigene Weise verwertete. Vielleicht hatte er seinen Gönnern einige Dinge aus der näheren Zukunft konkret voraussagen können, ohne zu wissen, dass er letztlich immer nur eine aus vielen Möglichkeiten der Zukunft sah.

Die Lichtphänomene am Pic de Bugarach und die Zeitanomalie am Kromlech von Rennes-les-Bains markieren also weitere Zugänge in eine andere Welt. Ob es sich dabei um die Innere Erde handelt oder in eine parallele Dimension oder um ein Tor zu unserer Zukunft – davon mag sich der Leser nach der Lektüre dieses Buches ein eigenes Bild machen.

Es existiert in diesem Zusammenhang noch eine Überlieferung die Templer vom Le Bezu betreffend, die hier nicht unerwähnt bleiben soll. Nach der Zerschlagung des Ordens in Frankreich blieben die Templer des Rhazes unter dem Präzeptor Raimund sa Guardia aus Mas-Dieu auf freiem Fuß. Sie büßten jedoch ihr gesamtes Vermögen ein. Im Jahr 1318, vier Jahre, nachdem ihr letzter Großmeisters Jaques de Molay in Paris auf dem Scheiterhaufen in den Tod gegangen war, verschwanden 13 ehemalige Templer aus der Festung Le Bezu spurlos. Die Bauern im Valleè de Bezu schwören noch heute, dass die Templer am Pic de Bugarach unter mysteriösen Umständen in der Nacht vom 13. auf den 14. Oktober 1318 untertauchten.

Bedeutet dies, dass jene 13 Templer einfach hinüber wechselten in eine andere Welt? Werden wir ihnen eines Tages sogar folgen können? Die geheimnisvolle Geschichte von Rennes-le-Chateau hat in uralten Tagen begonnen. Sie ist noch längst nicht zu Ende.

Possendorf, Januar 2000

Thomas Ritter

Danksagung

Ein herzliches Dankeschön soll an dieser Stelle all jenen ausgesprochen werden, ohne die mein Buch nicht entstanden wäre.

Großen Dank schulde ich meinem leider viel zu früh verstorbenen Mentor, Herrn Dr. Johannes Fiebag und seinem Bruder Peter Fiebag, ohne deren inspirierendes Werk *Die Entdeckung des Grals* ich vermutlich nie auf die spannende Geschichte von Rennes-le-Chateau aufmerksam geworden wäre.

Mein Dank geht ebenso an Sonia Moreu, die Inhaberin der Buchhandlung „Librairie du Chateau" in Rennes-le-Chateau, die mir bei der Beschaffung von manch seltenem Buch behilflich war.

Nicht unerwähnt bleiben soll der begnadete Dichter Andrè Maynard, dessen unvergessliche Balladen mich die Geschichte der Katharer und des Montsegur so erleben ließen, als sei ich selbst dabei gewesen.

Mein Dank geht weiterhin an all jene zuverlässigen Hoteliers und Gastronomen, die während meiner Recherche vor Ort für mein leibliches Wohl sorgten und mir so auf ihre Art und Weise die okzitanische Kultur und Gastfreundschaft vermittelten.

Abschließend will ich all jenen herzlich danken, die in dieser kurzen Aufzählung nicht namentlich erwähnt werden konnten, ohne deren Hinweise, Ratschläge und sachliche Kritik dieses Buch aber nicht in der vorliegenden Form entstanden wäre.

Thomas Ritter

Literaturverzeichnis

Andrews, Richard - *Das letzte Grab Christi,* Paul Schellenberger, Gustav Lübbe Verlag, Bergisch-Gladbach, 1996

Aubarbier, Jean-Luc - *Les Sites Templiers de France* Binet, Michel - Editions Quest-France, Rennes, 1997

Aue, Michele - *Das Land der Katharer*, Edition MSM, Toulouse, 1992

Aufheimer, Hans - Schiffsbewaffnung von den Anfängen bis zur Mitte des 19. Jahrhunderts, Hinstorff Verlag, Rostock, 1983

Beffeyte, Renaud - *Les Machines de Siege au Moyen Age*, Castelmoron-sur-Lot, 1994

Bernadac, Christian - *Montsegur et le Graal – Le mystere Otto Rahn,* Editions France-Empire, Paris, 1994

Boudet, Henri - *La Vraie Langue Celtique, et Le cromleck de Rennes-les-Bains*, Reprint de Originalsausgabe, Edition Belisane, 1984

Carmin, E. R. - *Das Schwarze Reich,* Geheimgesellschaften und Politik im 20. Jahrhundert, Wilhelm Heyne Verlag, München, 1997

Childress, David Hatcher - *Lost Cities of China*, Central Asia and India Adventures unlimited, Stelle IL 60919, 1991

Dimde, Manfred - *Die Gralsverschwörung*, Falken Taschenbuch, Niedernhausen /Ts., 1997

Dunsany, Lord - *Das Fenster zu einer anderen Welt*, Phantastische Bibliothek, Band 161, Suhrkamp

Ereira, Alan - *Die Kreuzzüge,* Terry Jones, Weltbild Verlag, Augsburg, 2000

Fanthorpe, Lionel and Patricia - *Rennes le Château,* Its Mysteries and Secrets, Bellevue Books, Ashford, 1991

Fiebag, Dr. Johannes u. Peter - *Die Entdeckung des Grals,* Goldmann TB Verlag, München, 1989

Gabriel, Michael - *The Holy Valley and the Holy Mountain,* Shinfield Printers, Berkshire, 1994

Gehring, Heiner - *Die Innere Erde – eine Übersicht*, CTT-Verlag, Suhl, 1997, *Ausblicke auf die Innere Erde*, CTT-Verlag, Suhl, 1998

Godwin, Malcolm - Der Heilige Gral, Ursprung, Geheimnis und Deutung einer Legende, Bechtermünz Verlag, Augsburg, 1996

Größing, Sigrid-Maria - *Schatten über Habsburg*, Heyne Verlag, München, 1997

Haydock, Tim - *Verschollene Schätze der Welt*, Pietsch Verlag, Stuttg., 1989

Henry-Claude, Michel – *Montsegur*

Peyrou, Joël - Collection La Mémoire des Pierres, Gavaudun, 1998

Kiess, Georg - *Des Templiers en Haut-Razes,* Privatverlag, Champagne-sur-Aude, 1990

Kletzky-Pradere, Tatjana - *Rennes le Château*, Touristischer Fremdenführer, Privatverlag, 1997

Landspurg, Adolphe - *Orte der Kraft im Lande der Katharer,* Edition DNA, Straßburg, 1994

Lange, Hans-Jürgen - *Otto Rahn – Leben und Werk*, Arun Verlag, Engerda, 1995

Lebegue, Antoine - *Lieux Insolites et Secrets des Pyrénées,* Edition Sud Quest, Bordeaux, 1994

Lincoln, Henry - *The Holy Place,* Corgi Books, Transworld Publishers Ltd., London, 1991

Lincoln, Henry - *Der Heilige Gral und seine Erben,* Michael Baigent, Bastei Lübbe Taschenbuch, Bergisch-Gladbach, 1984 und Richard Leigh, *Das Vermächtnis des Messia*s, Bastei Lübbe Taschenbuch, Bergisch-Gladbach, 1987

Loos, Volker - Die Armen Ritter vom Tempel Salomonis zu Jerusalem, Frieling & Partner Verlag, Berlin, 1997
Lovecraft, H. P. - *Cthulhu* Geistergeschichten, Phantastische Bibliothek, Band 19, Suhrkamp und *Azathoth*, Phantastische Bibliothek, Band 230, Suhrkamp
Mahieu, Jaques de - *Die Templer in Amerika oder Das Silber der Kathedralen*, Grabert Verlag, Tübingen, 1979
Maclellan, Alec - *The lost world of Agarthi*, Seventh Zenit Ltd., London, 1982
Meckelburg, Ernst - *Zeitschock*, Heyne Taschenbuch Verlag, München, 1996
Ostler, Reinhold - *Handbücher für Schatzsucher*, Pietsch Verlag, Stuttgart, 1987
Piekalkiewicz, Janusz - *Schatzsucher haben noch Chancen,* Bastei Lübbe Taschenbuch, Bergisch-Gladbach, 1975
Payne, Robert - *Die Kreuzzüge*, Benzinger Verlag, Zürich, 1986
Risi, Armin - *Gott und die Götter*, 2. Auflage, Govinda Verlag, Zürich / Berlin, 1996, *Machtwechsel auf der Erde,* Govinda Verlag, Neuhausen / Altenburg, 1999
Rosenberg, Pierre – *Poussin,* Renaud Temperine, „Je n'ai rien néglige", Edition Gallimard, Eveux, 1994
Roquebert, Michel - *Die Burgen der Katharer,* Georges Serrus, Edition Loubatieres, Portet-sur-Garonne, 1991
Rivière, Jaques - *Le fabuleux Trésor de Rennes le Château,* Edition Belisane, Nizza, 1983
de Sede, Gérard - *Rennes le Château*, Edition Robert Laffont, Paris, 1988
Wendling, Peter - *Die Unfehlbaren*, Bertelsmann Verlag, Gütersloh, 1991

PRINZIPIA DISCORDIA
Die TRAUMmaschinen-PLÄNE
DROGENFREIE VISIONEN!
Reisen in das innere deines Selbst
und andere Phantastische Bereiche
JENSEITS von RAUM & ZEIT!
Die VIRTUELLE Mechanik der ZAUBEREI
Die Aktualisierung unsichtbarer Formen in der okkulten Arbeit
von Stephen Mace
Bohmeier Verlag ...damit Sie erleben, worüber Sie sonst nur lesen!
Bestellen Sie unseren kostenlosen Gesamtkatalog unter...
Fon: 0700-62 44 25 78
Ängste erfolgreich besiegen
Aktuellste Informationen im Internet: www.magick-pur.de
oder per Mail: info@magick-pur.de
Am Anfang war die Apokalypse
Walter-Jörg Langbein
Raumfahrzeuge der Zukunft
Ausserirdische Technologie
Auf den Spuren der interstellaren Raumfahrt
Bohmeier Verlag
Sie kamen aus der Zukunft
Das Geheimnis der alten Propheten
von Roland M. Horn
Bohmeier Verlag
Begleiter aus dem Universum
von Lars A. Fischinger
Erinnerungen an Atlantis
Fachbücher für Magie und...
Vorstoß zu den Göttern der Vorzeit
- Das OMIKRON-Projekt -
Geheimagenten aus der Zukunft?
Eine Verschwörung wirkt sich rückwärts aus
von Roland M. Horn
Bohmeier Verlag
RÄTSELHAFTE & PHANTASTISCHE Formen des Lebens
GEHEIMPROJEKT MIKROKOSMOS
Bohmeier Verlag
Geheime Invasion - Die Masken der Fremden
...Alternative Weltsichten